REBEL IDEAS

THE POWER OF DIVERSE THINKING

多様性の科学

画一的で凋落する組織、
複数の視点で問題を
解決する組織

マシュー・サイド 著

Discover

多様性の科学

画一的で凋落する組織、複数の視点で問題を解決する組織

いつも刺激をくれる父、アバスに捧げる

多様性の科学　目次

第1章　画一的集団の「死角」

第2章　クローン対反逆者

第3章 不均衡なコミュニケーション

第4章 イノベーション

※文中の〔　〕は訳注

第1章

画一的集団の「死角」

COLLECTIVE BLINDNESS

I　取り返しがつかない油断が起こるとき

2001年8月9日、33歳のモロッコ系フランス人、ザカリアス・ムサウイは、ミネソタ州イーガンのパンナム・インターナショナル・フライト・アカデミーに入学した。[1]この航空訓練学校には高性能のフライトシミュレーターが完備されており、民間ジェット機の操縦を総合的に学べる。ムサウイは、少なくとも表面的には、ほかの生徒となんら変わりなかった。人当たりがよく、好奇心旺盛で、一見して裕福な印象だった。しかし気になる点もあった。まず、ムサウイは8300ドル（約87万円）という学費の大半を現金で、しかもすべて100ドル札で支払っていた。[2]そして訓練が始まると、彼はコックピットのドアに異常な関心を示し、ニューヨーク市内やその近辺の飛行パターンについて繰り返し質問をした。

不審に思ったスタッフは、ムサウイが入学して2日後、ミネソタ州のFBIに通報。ムサウイは逮捕された。FBIは尋問を行うと同時に、ムサウイのアパートの捜索令状を申請。しかし捜索が必要な根拠を十分に示すことはできずじまいだった。つまりこの時点でアメリカは、ムサウイという不審な人物と、その背景にうごめくさらに大きな脅威――イスラム過激派組織——とを結び付けることができなかった。ムサウイには入国管理法違反の疑いもかけられていたが、そんな人物が、史上最悪のテロリスト事件のほんの数週間前に、アメリカの航空訓練学校で飛行技術を学んでいたのである。

*

9・11以降、さまざまな調査が始まり、なぜこれほど大胆なテロ計画を、何万人もの人員と何百億ドル（何兆円）もの資金を誇るアメリカの一連の情報機関が阻止できなかったのかが問われた。調査報告の多くは、このテロ攻撃を未然に防げなかったのは壊滅的な失態だと結論付けている。

極めて厳しい批判の大半はCIAに向けられた。FBIが基本的に国内の治安維持を担っているのに対し、CIAはそもそもこうした国外からの脅威に対抗するために設立された諜報機関だからだ。1998年後半〜1999年前半にアルカイダが同時多発テロ計画に着手することを最高指導者のオサマ・ビンラディンが承認した時点から、9・11当日まで、CIAにはその実行を阻止する猶予が29カ月余りあったのにできなかった。コロンビア大学ザルツマン戦争・平和研究所のリチャード・K・ベッツ前所長は、9・11は「アメリカにとって第2の真珠湾攻撃」だと指摘する。また諜報活動研究の第一人者、マイロ・

ジョーンズとフィリップ・シルバーザンの両氏は、9・11を阻止できなかったのは「CIA史上最大の失態」と明言した。

もっともな意見だ、と言う人がいてもおかしくはないだろう。なにしろ9・11までの数年間にはいくつもの手がかりがあった。アルカイダは、少なくとも1993年にはイスラム教のタブー（自殺）を破って自爆テロを実行している。裕福な実業家の息子としてサウジアラビアに生まれたビンラディンの名は、アラブのテロ組織に関する諜報報告書に繰り返し登場していた。クリントン政権下でテロ対策担当の国家調整官を務めたリチャード・クラークは、ビンラディンについてこう語った。「なんらかの組織的な力が動いているようだ。おそらく彼だろう。我々が知り得る限り、彼が複数のテロ組織をつなぐ唯一の共通点だ」

ビンラディンが最初にアメリカに宣戦布告したのは1996年9月2日録音声明の中で、「イスラムに対する弾圧者」を壊滅すると明言した。これが一部のムスリム（イスラム教徒）から大きな支持を得る。通常、テロ組織の半分は1年と持たずに解体する。10年存続するのはわずか5%だ。だがビンラディンが結成したアルカイダは永らえた。いわゆる「外れ値（アウトライアー）」〔統計上、他から大きく外れた値〕である。[3]

航空機を武器として利用する構想は9・11の10年近く前からあった。1994年には、アルジェリアの武装イスラム集団がエールフランスの旅客機をハイジャックする事件が発生。

最終的に鎮圧されたものの、エッフェル塔に突入させる計画だったことが明らかとなった。[4]同年には、トム・クランシーが『日米開戦』（ボーイング747がアメリカの議会議事堂に突入するスリラー）を出版。『ニューヨーク・タイムズ』紙のベストセラーリストで初登場1位となった。翌1995年には、CIA本部に航空機を突入させる自爆テロ計画が進行していたことが、フィリピン警察によって詳細に報告されている。

1997年、「ビンラディンの副官」と呼ばれたアイマン・ザワヒリが、エジプトで外国人観光客を標的にした無差別殺傷テロを扇動。子供を含む62人の死者を出した。あるスイス人女性は、父親の首を目の前で切断されている。スイス警察はこれをビンラディンの資金提供による犯行と結論付けた。アルカイダはそれまでのテロ組織と異なり、人間を無差別に大虐殺することを追求しているかのように思えた。

1998年、ビンラディンの対アメリカ攻撃はさらに残虐性を増す。彼はあるファトワ〔イスラム教指導者が発布する見解・宗教令〕を布告し、こう言った。「アメリカ人とその同盟者を――一般市民であろうと軍人であろうと――殺害することがムスリム一人ひとりの使命である。いかなる国においても可能な限り実行が望まれる」。同年8月7日、ケニアの首都ナイロビとタンザニアの首都ダルエスサラームで、アルカイダによる同時爆弾テロが発生。224人の死者と4000人超の負傷者が出た。ナイロビの爆撃には2000ポンド〔900キログラム強〕を超えるTNT火薬が使われたという。

2001年3月7日、ワールドトレードセンターに旅客機を突入させる6カ月前、ロシアの情報機関は、31人のパキスタン軍高官がビンラディンを積極的に支援しているとの情報を得たとして国連に報告書を提出。アフガニスタンに点在するアルカイダの55カ所の拠点も示した。[5] すると間もなく、エジプトのムバラク大統領もアメリカ政府に対し、爆薬を積んだ航空機でローマ訪問中のブッシュ大統領を狙うテロ計画が進行中であるとの警告をする。さらにタリバンの外相まで、ペシャワール（パキスタン）の米国総領事に、アルカイダがアメリカの壊滅を目論む攻撃を計画している事実をつかんだと報告した。これはその後アメリカの報復攻撃が始まった場合に、自国が危機に陥ることを恐れたためだ。

2001年6月、ムサウイがミネソタ州ミネアポリスの航空訓練学校に入学するほんの数週間前、アリゾナ州のFBI分析官ケネス・ウィリアムズは次のようなメールを送信した。「FBI本部並びにニューヨーク市に通告します。オサマ・ビンラディンによる組織的な計画の可能性が浮上しました。民間の航空大学に複数の生徒を送り込んでいるもようです」。ウィリアムズ分析官はほかにも本部に対し、国内にある全航空訓練学校の関係者に事情聴取して、訓練目的でビザを申請したアラブ系の学生をすべてリストアップすべきだと訴えた。これはのちに「フェニックス・メモ」と呼ばれる有名な文書だ。しかしなんら対策はとられなかった。

これだけの兆候があったにもかかわらず、アメリカの情報機関は潜入捜査などを開始せず、テロ計画が未然に特定されることはなかった。これに関し、上院情報問題特別調査委員会は次のように結んでいる。「テロリストがアメリカの象徴のいくつかを攻撃の標的としていたにもかかわらず、我が国の情報機関は、2001年9月11日以前にすでに見えていた『点と点を結ぶ』能力に欠けていた。それがもっとも根本的な問題（中略）である」

これは極めて手厳しい評価だ。CIAがむきになって反論したのも無理はないかもしれない。彼らは間違った行動はとっていないと主張した。また「テロ計画は容易に察知できたはずだと考えるのは、ことが終わった現時点で物事を見ているからにすぎない」と訴え、ある心理実験のデータを引き合いに出した。それは心理学者のバルーク・フィッシュホフが共同研究者とともに1970年代に行った実験だ。ニクソン米大統領による歴史的な北京訪問を前に、それがどんな結果をもたらすか被験者に予想してもらうという趣旨だった。予想の選択肢は「ニクソン大統領は毛沢東議長に少なくとも一度は会う」「ニクソン大統領は訪問が成功したと発表する」など、いくつか事前に用意されていた。

その後、北京訪問は実際成功に終わったが、面白いのは被験者が自分の予想をどう「記憶していたか」だ。たとえば訪問前に「失敗に終わる」と予想していた人が、「私は成功を楽観視していた」などと主張したのである。彼らは実際の結果にさして驚きもせず、自身の予想を過大評価した。フィッシュホフはこれを「後知恵バイアス」と名付けた。物事が起きたあと（つまり答えを知ったあと）で、「そうなると思っていた」「当然予測可能だった」と考える心理的傾向だ。[6]

9・11に置き換えた場合、事件が実際に起こったあとに思い返してみれば、テロ計画が着実に進行していたことは火を見るより明らかだ。しかし当時はどうだっただろう？ここでも「後知恵バイアス」が働いていないだろうか？ほかのさまざまな脅威に紛れて察知するのが困難なテロ攻撃について、CIAは不当に非難されているのだろうか？[7]

アメリカのような国は常に無数の危険にさらされている。テロ組織は世界中に散在する。監視システムは危険な可能性のある通信データをひっきりなしに傍受しているが、そのほとんどはたんなる戯言か舌先三寸の脅しだ。情報機関がその「すべて」を調査すれば人員も資金もひっ迫する。問題を過剰に判断することにもなって、状況の改善にはつながらない。問題は本物を見極めるのが困難なことだ。あるテロ対策責任者が言った通り、赤旗の山の中から赤旗を探し出すようなものだ。[8]

CIAやその擁護者は、9・11は情報機関の失態ではなく、複雑に絡んだ要因が招いた結果だと訴える。こうした論議は当時からずっと熱を帯びている。一方は「情報機関が明らかな兆候を見逃した」と非難し、もう一方は「CIAは考えられる限りの行動をとった。テロ計画を未然に察知するのは至難の業だった」と主張する。

しかし、両サイドとも間違っている可能性があると考えた人はほとんどいない。

II　人材の偏りが失敗を助長している

1947年の創設以降、CIAは厳格な人事採用基準を設けてきた。最高の人材を要する機関なら当然のことだ。志願者の背景を徹底的に調査し、ポリグラフ（嘘発見器）検査や信用情報の審査のほか、数々の試験や健康診断を行う。つまり、CIAはこれまで間違いなく並外れた人材を採用してきた。

「試験の中で主なものは2つあります。1つはSAT（大学進学適性試験）形式で候補者の知性を問うもの。もう1つは心理分析で精神状態を見極めるものです」と、CIAのあるベテラン職員は言う。「両方の試験で輝かしい成績を収めないとはじかれます。私が志願した年は2万人に1人という合格率でした。CIAが言う最高の人材とは、文字通り最高の人材なのです[9]」

しかし採用された人材は、そのほとんどが同じ特徴を共有していた。白人、男性、アングロサクソン系、プロテスタント。これは「同類性選好」とも呼ばれる。外見や考え方が自分に似た者を選ぶ傾向で、人材採用の場面では非常によく見られる。たしかに、物事の見方や考え方が似ている人に囲まれていると何かと心強い。ことわざにも「類は友を呼ぶ」

とある。前述のマイロ・ジョーンズとフィリップ・シルバーザンは、CIAに関する詳細な研究の中で次のように記している。「1947年から2001年まで、CIAの文化には一貫して著しい特徴があった。職員の人種、民族性、性別、社会的な階級などが（アメリカおよび世界のほかの機関に比べて）画一化されていたのだ」[10]。以下は、ある研究者が行ったCIAの人事に関する調査結果だ。

1964年当時、国家評価室［CIAの一組織］の職員に黒人、ユダヤ系、あるいは専門職の女性は1人も見られず、カトリック系もごくわずかだった。（中略）1967年には、事務員を除く約1万2000人のCIA職員の中でアフリカ系アメリカ人は20人に満たないことが明らかになった。元CIA人事担当者によれば、1960年代のCIAは、アフリカ系アメリカ人のみならずラテン系その他のマイノリティも採用していなかったという。その傾向は1980年代に入っても続いた。（中略）また1975年まで、IC［（アメリカの）インテリジェンス・コミュニティ（国内に散在する情報機関の総称）］は同性愛者の採用を公式に禁じていた。[11]（＊）

1979年6月、CIAは女性捜査官を昇進させなかったとして訴訟を起こされ、翌年示談となった。それから間もなく、勤続24年の職員からも性差別で訴えられ41万ドル（約

4200万円）を支払っている。さらに1982年にも同様の団体訴訟を起こされ、100万ドル（1億円超）を支払った。しかしそれでもCIAが採用方針を大きく変更することはなかった。実際「特に何も変わらなかった」と、あるCIA分析官は指摘している。[12]

1980年代のCIAについては、ある内部関係者が次のように記している。「CIAに採用された新たな職員は、採用する側の職員と非常に似通っていた。白人で、ほとんどはアングロサクソン系。かつ中・上流階級の出身で、リベラルアーツ・カレッジ（全人教育を理念とする4年制大学）の卒業生だ。（中略）非白人や女性はほぼいなかった。民族的マイノリティについても同様だった。（中略）つまりCIAは設立当初よりさらに多様性を失いつつあった[13]」

1999年には「米国の情報機関と冷戦の終結」と題したCIA主催の協議会が開かれたが、35人の講演者と司会者のうち34人が白人男性だった。「唯一の例外は、ディナー・スピーカーを紹介した白人の女性だった[14]」。300人の参加者のうち、非白人は5人に満たなかった。

情報活動の優先順位を判断する立場にあるCIA職員について、宗教的背景を示すデー

＊これは同性愛者の職員が（特に、それを本人が公表していない場合）恐喝の対象となるのを懸念したことが一因だった。

タはないが、ジョーンズとシルバーザンはこう言っている。「ラングレー〔CIA本部。所在地がバージニア州ラングレーであることからこの別称で呼ばれる〕の職員の特徴が画一的だった事実から推察して、ムスリムは（いたとしても）ごくわずかだったと考えていいだろう」[15]。この推察は、ある元CIA職員の次の証言によって裏付けられている。「ムスリムは存在しないも同然だった」

冷戦後はさらに多様性を失っていく。ピューリッツァー賞を受賞したジャーナリスト、ティム・ワイナーの『CIA秘録―その誕生から今日まで』では、内部関係者自身がそう語っている。1990年代にCIA長官を務めたロバート・ゲーツによれば、CIAは「自分たちとは少し異なる人、一風変わった人、スーツやネクタイが似合わない人、いわゆる砂場でほかの人たちとうまく遊べないタイプの人」を進んで採用しなくなっていったという。「心理テストにしても何にしても、とにかく採用を決める数々の試験によって、ユニークな特徴を持つ人々がふるい落とされやすくなっていました」

ある元捜査官は、1990年代のCIAは終始「米のように白かった」と言う。9・11の数カ月前に発行された学術誌『*International Journal of Intelligence and Counter Intelligence*（諜報および対諜報活動に関する国際ジャーナル）』にも次のような小論が掲載された。「（アメリカの）インテリジェンス・コミュニティは、当初からずっとプロテスタント系のエリート白人男性ばかりだったが、それは彼らが社会的に権力を持つ立場にいたからというだけではない。自分たちこそがアメリカの理念を守る存在だと信じていたのだ」

政治家の中には、こうしたCIA職員の画一性に気づいて声を上げる者もいた。彼らは「アメリカを守るべく設立されたはずのCIAが、アメリカ社会を象徴する構成をなしていない」と危惧を表明し、「女性や民族的マイノリティの採用を増やし、もっと包括的な人員構成にすべきだ」と訴えた。しかしCIAには反論の切り札があった。「能力を最優先して人員を採用しなければ、国家の安全を脅かすことになる」。たしかに、たとえばリレーチームの選手を選ぶなら、速さを最優先するだろう。その結果、肌の色や性別がみな同じになってもなんら問題はない。逆にスピード以外の基準で採用を決めたら、チームの成績が危うくなる。国家の安全に翻って考えた場合、政治的な正しさ（ポリティカル・コレクトネス）を最優先するという選択肢はあり得なかったのだ。

こうした「能力の高さと多様性は両立しない」という考え方は長い間主流になっていた。最高裁判事を務めたアントニン・スカリアも、多様性を選ぶか超一流になるかどちらかだと発言し、アメリカ社会に大きな影響を及ぼした。能力の高さを追求した結果、自然発生的に多様性が生まれるならそれでいい。しかし能力以前に多様性を求めるのは別の話だ。目標の達成を危うくしかねない。

リレーチームなら、レースに負けることになるだろう。企業なら倒産につながる。国の情報機関なら、本来守るべき国民を危機にさらすことになる。この場合、多様性を求めるのは倫理的行動と言えるだろうか？　ある元ＣＩＡ分析官はこう言った。「ＣＩＡには、妥協は許されないという強い信念がありました。能力の高さを犠牲にしてまで人員の『幅を広げる』ことに――それがどういう意味であれ――価値はなかったのです。ＣＩＡの決断は決して柔軟性に欠けていたわけではなく、強い愛国心によるものでした」

安全保障の専門家らも、２０１６年の時点で、ＣＩＡと同様の主張をしている。ＣＩＡの分析官を経てトランプ政権下の国家安全保障会議で首席補佐官を務めたフレッド・フライツは、『ナショナル・レビュー』誌にコラムを寄稿し、ＣＩＡ人事に多様性を求める動きを批判した。「テロ攻撃などの脅威から国家を守るには、危険な状況の中で、法制度にのっとって分析や諜報活動を行う極めて有能な人員が欠かせない。（中略）多様性を求める社会的な動きに流されていては、ＣＩＡの使命を全うすることなど不可能だ」

民族的マイノリティの採用に消極的だった一因には、二重スパイなどへの懸念もある。しかしＣＩＡにはそれよりも根強い信念があった。ＣＩＡを構成するのは選び抜かれた最高の人材であるべきだ！　国家の防衛という重要な職務において、能力より多様性を求めるなど言語道断だ！　多様化を求める声は、卓越した業績を脅かすものとしてかき消された。ある専門家もこれに声を揃える。「国家の安全を差し置いて政治的な正しさを優先することなどあってはならない」

しかし彼らは気づいていなかった。自分たちの考えが誤りであることにも、危険な二項対立であることにも。

Ⅲ　多様性は激しい競争を勝ち抜くカギだ

本書のテーマは多様性だ。考え方が異なる人々の集団がもたらす大きな力をさまざまな角度から検討していく。この多様性の力について、今はピンとこない人もいるかもしれない。そもそも何か問題を解決しようというときに重要なのは、正しく考えることであり、人と違った考え方をすることではない。異なる考え方が必要になるのは、まわりの人々が間違っているときだけだ。まわりが正しいのにそれと違う考え方をしていたら、失敗につながるだけ。それが当たり前。そう思っている人は多い。

前述のスカリア最高裁判事の発言も、常識的な見解と見られている。「人と違う」ことを採用基準の優先事項にすると業績に支障が出る。「有能だから」「速いから」といった基準で選ぶべきだ。知識や能力や速さが劣る人物を、なぜ人と違うからという理由で採用しなければならないのか？

本書でこれから紐解いていくのは、そうした考え方こそが間違いであるという事実だ。少なくとも、我々にとって重要かつ複雑な問題においてはそう言える。新製品の開発から疾病の治療まで、さらには気候変動や貧困の問題まで、一筋縄ではいかない問題を解決しようとする際には、正しい考え方ばかりでなく「違う」考え方をする人々と協力し合うことが欠かせない。複雑な物事を考えるときは、一歩後ろに下がって、それまでとは違う新たな視点からものを見る必要がある。

従来は、たとえば「成功術」について語る場合、科学にしろ大衆文学にしろ「個人」に焦点を当てていた。どうすれば自分の（あるいは部下など個人個人の）知識や判断力を高めることができるのか？『超一流になるのは才能か努力か？』（アンダース・エリクソン著）、『決断の法則―人はどのようにして意思決定するのか？』（ゲーリー・クライン著）、『マインドセット―「やればできる！」の研究』（キャロル・S・ドゥエック著）などベストセラーとなった著書は、それぞれアプローチの方法こそ異なるものの、どれも個人の能力を高める方法を説いていた。

また、個人が十分に能力を発揮したり、賢明な判断をしたりする際に障害となるバイアスに焦点を当てた本もある。『ファスト＆スロー―あなたの意思はどのように決まるか？』（ダニエル・カーネマン著）、『予想どおりに不合理―行動経済学が明かす「あなたがそれを選ぶわけ』』（ダン・アリエリー著）、『行動経済学の逆襲』（リチャード・セイラー著）は、そうしたバイアスをいかに理解して防ぎ、個人のパフォーマンスの改善につなげるかを説く。

しかし個人に焦点を絞っていると、全体論的な視点を失いやすくなる。つまり「木を見て森を見ず」といった結果を招く。たとえばアリの巣で考えてみるといい。経験の浅い昆虫学者は、個々のアリを調べて巣全体を理解しようとするだろう。アリたちは列を作って行進したり葉っぱを集めたりさまざまな行動をする。非常に興味深い昆虫だ。しかし個々のアリを1年間、あるいは一生観察し続けたところで、巣全体については実質的に何も学べない。なぜか？　部分にとらわれて全体を見ていないからだ。巣全体を理解するたった1つの方法は、個々のアリにズームインする代わりにズームアウトすること。そうやって一歩下がれば、全体を視野に入れることができる。するとアリの巣を1つのまとまった生命体として理解できる。仲間同士で協力して餌を見つけたり、洗練された住処を作って高度な社会を形成したり、複雑な問題を解決できる集団としてとらえられる。アリの巣はいわゆる「創発システム」（個々の単純な和にとどまらない組織）だ。アリストテレスの言葉にもあるように、「全体は部分の総和に勝る」のだ。

本書ではこれが人間の集団にも当てはまることを明らかにしていく。現代社会が直面する難題には、ほぼすべてチームで解決に当たっているが、その理由はシンプルだ。個人で挑むには問題が複雑すぎる。実際、ほぼどの研究分野においても、個人で論文を執筆しているケースは年々減少している。理工学分野では、全論文の90％がチームによるものだ。医学分野の場合、共同執筆と個人執筆は3対1の割合になる。

同様の傾向はビジネス界でも見られる。米ケロッグ経営大学院で組織マネジメント学を教えるブライアン・ウッツィは、アメリカで1975年以降に取得された200万件に及ぶ特許の出願傾向を調査した。すると36種に分類されたカテゴリーのすべてにおいて、チームによる出願が個人のそれを上回っていた。株式市場においても同様だ。25年前には、株式ファンドのほとんどが個人で運用されていたが、現在ではチームによる運用が圧倒的に多い。ウッツィは言う。「人間の創造活動においてもっとも顕著に見られるトレンドは、個人からチームへのシフトだ。しかも両者の差は時とともに広がっている」

こうした傾向があるからこそ、全体論的なものの見方について今一度しっかりと考える必要がある。個人個人の能力ばかりでなく、チームや集団全体を見る姿勢が欠かせない。それでこそ高い「集合知」を得られる。そこで重要なカギとなるのが、多様性だ。

ただ一口に多様性といってもさまざまな種類がある。性別、人種、年齢、信仰などの違いは、「人口統計学的多様性」としてよく分類される。本書ではこの種の多様性のほかにもう1つ、ものの見方や考え方が異なる「認知的多様性」についても検討する。通常は、人口統計学的多様性が高いと認知的多様性も高くなることが多い。背景が異なれば(常にではないが)考え方も異なりやすくなるのは当然だろう。両者の関連性については、のちほど詳しく取り上げることにしよう。

認知的多様性は、数百年前まではそれほど重要視されていなかった。当時の人々が抱えていた問題は、今と比べれば単純か、直線的(たとえば答えや解決方法が1つに決まっていた)か、小さく分解可能か、あるいはこの3つすべてが当てはまるものだったからだ。たとえば月の軌道は計算で正確に予測できる。それができる物理学者は、チームに違う意見を聞いて助けてもらう必要はない。自分自身で正解を弾き出せる。異なる意見は間違いであり、余計なものでしかない。しかし、計算では解決できない難題になると話が違う。その場合は同じ考え方の人々の集団より、多様な視点を持つ集団のほうが大いに——たいていは圧倒的に——有利だ。

しかもこの原理は人間だけに当てはまるものではない。ミシガン大学教授で複雑系科学の専門家スコット・ペイジが指摘する通り、コンピューターにも応用できる。事実、今日の人工知能に用いられているのはもはや単一のアルゴリズムではない。「考え方」の異なる複数の多様なアルゴリズムが組み合わされて、進化に大きく貢献している。

本書はこのあと科学の新たな領域へと足を踏み入れていく。その中で我々は一風変わった目的地へ向かって旅をする。エベレスト山頂付近の「デスゾーン」（人間が生存不可能なほど酸素濃度が低い「死の領域」）、2008年の大統領選後に激化したネオナチ運動の現場、人類の幕開けを迎えたサハラ以南のアフリカ。また、アメリカ空軍が1950年代前半になぜあれほど数多くの墜落事故を起こしたのか、オランダはいかにしてサッカーに革命を起こしたのか、なぜダイエットや食事療法の大半に効果がないのか、といった問題も解き明かす。さらにサクセスストーリーもいくつか紹介して、何がどううまくいったのか、ことの裏側をじっくりと覗いてみたい。もちろん重要な失敗例も取り上げる。原因を詳細にたどり、その中から成功への手がかりを鮮明に照らし出していこう。

本書を読み終える頃には、それまでとは違った視点から新たな成功の法則が見えてくるはずだ。政府機関や企業ばかりでなく、あなた自身にとっても役立つに違いない。認知的多様性は、競争優位を勝ち取る上でもっとも重要なカギの1つだ。成長や改革のたしかな足がかりとなる。我々はもうすでに多様性の時代に突入しているといっても過言ではない。

ではそろそろ本題に入っていこう。まずは手始めに、いくつかの思考実験を覗いてみたい。そもそも認知的多様性とはどういうものなのか、なぜ大事なのかが見えてくるはずだ。そのあとは9・11当日までの流れに戻って、現代における諜報機関の決定的な失敗の全容をさらに紐解いていこう。こうした現実社会の実例こそが真実を照らし出してくれる。

Ⅳ　異なる視点を持つ者を集められるか

2001年、ミシガン大学の社会心理学者、リチャード・E・ニスベットと増田貴彦の両氏は、2つのグループ――一方はみな日本人、他方はアメリカ人――に水中の様子を描いたアニメーションを見せ、そのあと各被験者に何が見えたかと質問した。するとアメリカ人は魚について語った。彼らは魚に関して細部まで詳細に覚えている様子だった。「大きな魚が3匹、左に向かって泳いでいました。お腹が白くてピンクの斑点がありました」。一方、日本人は背景について語った。「川のような流れがあって、水は緑色でした。底には石や貝や水草が見えました。ああ、そう言えば魚が3匹、左のほうへ泳いでいきました[16]」

2つのグループはまるで別々のアニメーションを見ていたかのようだ。これにはそれぞれの文化の違いが影響している。アメリカは個人社会の傾向が強く、日本はより相互依存的だ。アメリカ人は手前や中心にある「もの」に重点を置き、日本人は「背景」に着目する傾向が見られた。

同実験の次の段階では、被験者は別の場所の水中の様子を見る。そこには前回と同じものもあれば、違うものもある。しかし日本人はそれを識別できない割合が高かった。それよりも背景が変わったことのほうに意識が向いていた。逆にアメリカ人は、背景が変わったことに気づかない割合が高かった。

これは研究者にとって極めて驚くべき結果だった。それまで何十年もの間、心理学の世界では、人の世界のとらえ方はみな根本的に共通しているという考え方が主流だった。いわゆる「普遍主義」である。ニスベットは言う。「私も人間の思考性についてはずっと普遍主義を通していた。（中略）認知のプロセスはみな基本的に同じで、ニュージーランドのマオリ族であろうとアフリカのクン族（狩猟採集民族）であろうとIT起業家であろうと、知覚や記憶や分析（中略）の過程に大きな違いはないと考えていた」

しかし実験では、人の物事のとらえ方には——ただものを見るという単純な行動にさえ——文化に基づく違いがあるという事実が明らかになった。ニスベットらの論文は今や1000回以上引用され、数々の新たな研究プログラムにつながっている。アメリカ人と日本人は、異なる「枠組み」で物事をとらえる。アメリカ人のものの見方は、もちろん個人差はあるものの、おしなべて個人主義的だ。一方日本人は、より背景や状況を考慮する。どちらの枠組みも有益な情報に関心を向け、どちらの枠組みも水中の重要な要素を拾い出す。どその反面、どちらの枠組みにも盲点があり、全体像を描き切れてはいない。

しかし日本人とアメリカ人がチームを組んだらどうだろう？　どちらか片方だけなら、部分的なとらえ方になって見逃す要素が出てくる。しかし両者が協力し合えば、ものも背景も認識できる。2つの部分的な枠組みを合わせれば、全体像を鮮やかにとらえられる。現実をより包括的に理解できる。

ニスベットらの実験は、それまでの直観的な思い込みに疑問を呈した最初の試みの1つだ。スカリア最高裁判事の「多様性を選ぶか超一流になるかどちらかだ」という発言を覚えているだろうか？　能力の高さと多様性は両立しないというこの考え方は、リレーチームの人選のような（あるいは月の軌道を算出するような）直線的な課題にはたしかに当てはまる。

しかしニスベットらの実験で、当てはまらない場合もあることが示唆された。人は不完全なものの見方をするが、違う見方をする者同士が協力し合えば、1人のときよりも多くの発見を得られる。個人個人で見れば見落としは多いかもしれない。いわばみな間違っている。しかしその間違いの方向はそれぞれに異なる。つまりそれらを共有し合えば、濃密かつ精密な全体像を描き出せる。その一例を、次の問題を通して見てみよう。いわゆる「ひらめきパズル」と呼ばれるものだ。ちょっと一緒に考えてみてほしい。

あなたは医者で、胃に悪性腫瘍が見つかった患者の治療方針について考えている。手

術は不可能だが、腫瘍を取り除かない限りその患者が生きる道はない。しかしある種の放射線で腫瘍を破壊することはできる。一定の高濃度の放射線を一度に照射すれば腫瘍はきれいに破壊される。ただそうすると、途中にある正常組織も傷つけてしまう。かといって照射線量を下げれば、正常組織は守れるものの悪性腫瘍にも効果がなくなる。さて、正常組織を傷つけずに悪性腫瘍だけを破壊するにはどんな方法をとればいいだろう?[17]

ここで答えがわからなくても大丈夫。解けないのはあなただけではない。実に75%以上の人が解決方法はないと答えている。そこでちょっと次の話を見てみよう。一見関連がないように思うかもしれないが読み進んでほしい。

ある国の中心部に、村や畑にぐるりと囲まれた砦《とりで》がある。つまり田園風景の中、いくつもの道がその砦へと通じている。敵の将軍はその砦の陥落を誓ったが、道にはそれぞれ地雷が埋め込まれていることがわかった。どうやら人数の少ない小隊なら安全に通れるが、大軍が通れば地雷が爆発する仕組みになっているようだ。そこで敵の将軍は軍隊を少人数の部隊に分け、それぞれの道に配置した。そして号令をかけると、みな一斉に砦に向かって行進を始めた。各部隊はそれぞれの道を進み、やがてみな同じ時間に到着。敵の将軍は見事に砦を陥落した。[18]

さて、腫瘍の問題に戻ろう。今なら解決策がわかるだろうか？　砦の話を読んだあとは、70％以上の人が患者を助ける方法を見つけたというデータが出ている。読む前と比べて約3倍近くに増えた形だ。砦のたとえを通して、最初は見えなかった解決の糸口が見えたようだ（ちなみに答えは、高濃度の放射線をまとめて照射するのではなく、照射ノズルを10個に分けて10％ずつ一斉に照射するというものだ。そうすれば途中の正常組織を守りながら腫瘍だけを破壊することができる）。

もちろんこれは架空の問題だ。しかし「違う視点から物事を考えれば、難題の解決につながることがある」というポイントは伝わるだろう。軍隊経験者が、がん専門医の手助けになることもあり得なくはない。こうした直線的ではない複雑な問題の場合、誰が正しくて誰が間違いという明確な線引きは難しい。肝心なのは、異なるレンズを通してものを見てみることだ。そこから新たなヒントや解決策が見えてくる。

またこの腫瘍の問題は、誤った直観的行動にも警鐘を鳴らしてくれる。医学的な難題には、つい医者を増やして解決に当たろうとする。医学的な知識を一番持っているのは医者なのだから、そう考えて当然だ。しかしその医者たちがみな同じような背景を持ち、同じような訓練を受けていたとしたら（つまりみな同じような枠組みで物事を考えていたとしたら）、「盲点」も共通している可能性が高い。その場合、ときには部外者の目を借りることも必要だ。そうすれば新たな視点から問題を見つめ直せる。

何層にも折り重なった複雑な問題の解決には、何層もの視点が欠かせない。アメリカの偉大な心理学者フィリップ・E・テトロックはこう言った。「視点が多様化すればするほど、見つけられる有益な解決策の幅が広がる」。つまりカギは、異なる視点を持つ人々を集めることだ。

V 画一的な組織では盲点を見抜けない

9・11の分析に戻る前に、ここで盲点そのものについて簡単に触れておこう。視点があるからこそ盲点がある。これは本書の主軸の1つとなるコンセプトだ。我々はみな、自分自身のものの見方や考え方には無自覚だ。誰でも一定の枠組みで物事をとらえているが、その枠組みは自分には見えない。結果、違う視点で物事をとらえている人から学べることがたくさんあるのに、それに気づかずに日々をすごしてしまう。

こうした認識の盲点は、アメリカの作家、デヴィッド・フォスター・ウォレスが2005年にケニオン大学の卒業生に贈ったスピーチのテーマだった。このスピーチは『タイム』誌上で史上最高の卒業スピーチの1つに選ばれている。当のスピーチは水槽を泳ぐ魚の話で始まる。「2匹の若い魚が泳いでいると、向こうから年上の魚がやって来てこう言った。『やあ、おはよう。今日の水はどうだい?』2匹の若い魚はそのまま年上の魚とすれ違い、しばらく泳いだあと、顔を見合わせてこう言った。『水って何?』」

我々は普段、ものを見たり考えたりすることをあまりに無意識に行っていて、自分がどんなフィルターを通して世界を見ているのか自覚することはまずない。しかしそのせいで、世の中にはいろんなものの見方をしている人間がいて、そういう人が自分の見識を深めてくれる(あるいは互いに深め合える)ということをつい忘れてしまう。イギリスのコメディアン、ジョン・クリーズはこう言った。「誰にでも自分なりの論理がある。みんなほぼ無意識にその論理にのっとって行動している。危ないのは、自分でそれに気づいていない人間だ」

イギリスのジャーナリスト、レニ・エドⅡロッジはこうした盲点にまつわる事例を数多く紹介している。その1つは、彼女自身が電車と自転車で通勤していた頃のエピソードだ。当時の経験は、彼女が世界を新たな目で見直す機会になったという。

自転車を運びながら郊外の駅の階段を上り下りするようになって、私にはそれまでとは違う世界が見え始めた。大半の駅にスロープが設置されていないのだ。エレベーターもない。ベビーカーを押す親や、車いすに乗っている人、歩行困難で杖をついている人などにとってはアクセス不可能と言っていい。しかし私は自分で自転車を運ぶようになるまで、その事実に気づいてさえいなかった。数え切れないほどの人々が悪影響を受けていたことにまったく無関心だった。[19]

この経験で、彼女はそれまで自分に欠けていた――欠けていることに気づいてさえいなかった――新たな視点を得た。「盲点は目に見えない」という事実に目を覚まされた。もちろん、彼女はこのエピソードで全駅にスロープやエレベーターを付けるべきだと訴えているわけではない。問題を理解したり解決したりするためには、そもそもその問題が見えていてこそ、という話だ。そしてこういう場合に欠かせないのが、多様な視点で、自分の盲点に気づかせてくれる人々（あるいは気づかせ合える人々）が必要なのだ。

ものの見方や考え方の枠組みから飛び出すのは、どれだけそうしたいと思っていても驚くほど難しい。いわゆる「ウェディングリスト・パラドックス」がいい例だ。結婚式を間近に控えたカップルは、招待客に向けて、お祝いにほしいプレゼントのリストを用意することがある。しかし面白いことに、招待客はリストを無視して、自分が独自に選んだプレゼントを贈って喜んでもらおうとすることが多いという。

なぜそうなるのか？　２０１１年、ハーバード大学のフランチェスカ・ジーノとスタンフォード大学のフランク・フリンの両教授は、その答えを知ろうと90人の被験者を対象に実験を行った。彼らは被験者を半分に分け、一方はプレゼントを贈る側、もう一方は受け取る側に設定した。その後、受け取る側はAmazonで「ほしい物リスト」を作成する。価格は10～30ドル（約1000～3000円）までの間だ。一方、贈る側はリストから選んでも自分で決めてもいい。

結果は明確に出た。贈る側は、自分が独自に選んだ、気持ちのこもったプレゼントのほうが喜ばれるに違いないと信じたのである。しかし彼らは間違っていた。その証拠に、受け取る側は自分が「ほしい物リスト」で指定した品物のほうをはるかに好んだ。心理学者のアダム・グラントも同様の研究結果を報告している。やはり贈る側は自分でプレゼントを選びたがり、受け取る側はもともと指定したプレゼントをほしがった。

なぜそんなことになるのか？　原因はもちろん盲点だ。人はなかなか自分の枠組みから抜けられない。贈る側は自分がそれを受け取ったときにどう感じるかを想像する。だから無意識に自分が気に入るものを贈ろうとする。しかしそれは受け取る側が期待するプレゼントではない。好みが違う。それがほしかったら最初からリストに挙げていたはずだ。

実はこうしたケースにも、人口統計学的多様性（人種、性、年齢、性的指向、信仰などの違い）がもたらす集合知が役立つ。多様な背景や経験を持つ人々の集団は、そうでない集団に比べて人間を深く理解する能力に長けているからだ。多角的な視点を備えていれば、それだけ盲点も小さく（あるいは少なく）なる。枠組みと枠組みの橋渡しもできる。アメリカの経済学者チャド・スパーバーの調査によれば、司法業務、保健サービス業務、金融業務において、職員の人種的多様性が平均から1標準偏差上がっただけで、25％以上生産性が高まったという。[20]またコンサルティング会社のマッキンゼーがドイツとイギリスの企業を対象に行った分析では、経営陣の人種および性別の多様性の豊かさが上位4分の1に入っている企業は、下位4分の1の企業に比べて自己資本利益率が66％も高いという結果が出た。[21]同様のアメリカの企業では実に100％高かった。（＊）

もちろん、人口統計学的に同じグループに属しているからといってみな同じ背景を持っているわけではない。一口に黒人といってもさまざまだ。同じ人種や民族グループに属していようと、異なる視点を持つ人は当然いるだろう。いずれにしても、多様な人々を集めれば、集合知の幅も深みも増す。人を理解するという点においては特に効果を発揮する。一方、多様性に欠ける画一的な集団は、ただパフォーマンスが低いというだけにとどまらない。同じような人々の集団は盲点も共通しがちだ。しかもその傾向を互いに強化してしまう。これはときに「ミラーリング」と呼ばれる。ものの見方が似た者同士は、まるで鏡に映したように同調し合う。そんな環境では、不適切な判断や完全に間違った判断にも自信を持つようになる。まわりの同意を受けて、自分がこれだと思うことが正しいと信じてしまうのだ。

ほかにもこんな実験がある。米コロンビア・ビジネス・スクールのキャサリン・フィリップス教授は、被験者を特定のグループに分け、複数の殺人事件を解決するという課題を与えた。各グループには、証拠やアリバイ、目撃者の証言や容疑者のリストなどさまざまな資料が提示された。グループの半数は4人の友人で構成され、残りの半数は友人3人とまったくの他人――社会的背景も視点も異なる人物――が1人だ。本書をここまで読んだ方はもうおわかりだと思うが、結果は他人を含めたグループのほうが高い成績を上げた。彼らの正解率は75%。友人ばかりのグループは54%にとどまった。ちなみに個人で取り組んだ場合の正解率は44%だった。

しかし特に興味深いのは次の点だ。多様性のあるグループと画一的なグループでは、メンバーがまったく異なる体験をしていた。前者はグループ内の話し合いについて「(認知的な面で)大変だった」と感じていた。多角的な視点でさまざまな議論がなされ、反対意見も多く出たからだ。しかも高い確率で正解を出したものの、それを知るまで自分たちの答

＊こうした研究結果は数多く、どれも多様性の意義を示唆するものではあるが、決定的な裏付けとはまだ言えないかもしれない。多様性が成功をもたらしたのではなく、その逆の可能性も考えられる。成功している企業なら多様な職員を雇う余裕もあるだろう。しかし因果関係は定かではない。これについてはのちほど詳しく取り上げることにする。

えには強い自信を持っていなかった。

一方、画一的なグループの体験は180度違っていた。彼らは気持ち良く話し合いができたと感じていた。みな似たような視点で、互いに同意し合うことがほとんどだったからだ。結局正解率は低かったが、自分たちの答えにかなりの自信を持っていた。つまり盲点を指摘されることはなく、それがあることに気づく機会もなかった。彼らは異なる視点を取り入れられないまま、自分たちが正しいと信じた。画一的な集団が犯しやすい危険はこれだ。重大な過ちを過剰な自信で見過ごし、そのまま判断を下してしまう。

Ⅵ CIAの大きなミス

1996年8月23日、オサマ・ビンラディンはアフガニスタンの東部、トラボラの洞窟から、アメリカに対する「ジハード」(聖戦)を宣言した。「世界中にいる我がムスリムの兄弟たちよ。2つの聖地〔メッカとメディナ〕とパレスチナの兄弟たちが、あなた方の助けを求めている。彼らの敵であり、あなた方の敵でもあるイスラエル人とアメリカ人との戦いに加わってほしいと願っている」

当時出回った画像には、胸まであご髭を蓄えたビンラディンが写っていた。戦闘服の下には質素な服が覗いている。今日、世界を震撼させたテロ事件のあとで振り返れば、この男の宣言は脅威に満ちている。しかしCIAのある関係者は当時についてこう語っている。「キャンプファイヤーを前にしてしゃがんでいる、あご髭の長いひょろりとしたサウジアラビア人が、アメリカにとって脅威になるなどとはとても思えませんでした[22]」

CIAの分析官にとって、その当時、ビンラディンは現代文化とはほど遠い男に映った。アメリカのようなテクノロジー大国に重大な危機をもたらす人物にはまるで見えなかった。クリントン政権下で主要な外交ポストを歴任したリチャード・ホルブルックはこう言った。「世界をリードする情報大国との戦いに、洞窟の男がどうやって勝とうというのか[23]」。CIAに近い筋の専門家もこう言った。「洞窟に住んでいるようなビンラディンやアルカイダについて、国の資金や人員を投入してさらに詳しく調査しようとはとても思えませんでした。CIAにとってビンラディンは時代錯誤な存在でしかなかったのです[24]」

しかしイスラム文化に詳しい人間が見たらどうだっただろう？　ビンラディンは質素な姿で洞窟にいたが、決して現代社会に後れを取っていたわけではない。彼は自分自身をイスラムの「預言者」（神の使徒）のイメージに重ねていた。預言者に倣《なら》って断食も行っていた。彼の佇まいは、西側諸国の人々には原始的と映ったが、イスラム教徒には預言者の聖なる姿を彷彿とさせた。CIAに「取るに足らない」と思わせたイメージは、アラブ世界の人々にとって、ビンラディンの存在をこれでもかと知らしめるものにほかならなかった。

アメリカの作家ローレンス・ライトは、ピューリツァー賞を受賞した著書『倒壊する巨塔──アルカイダと「9・11」への道』に次のように書いている。「ビンラディンの行動はすべて計算されていた。ムスリムの多くにとっては深い意味を持ちながら、イスラム教に馴染みのない者には価値など微塵も感じさせないイメージを多用した」。CIAの内部関係者もこれを裏付ける発言をしている。「(CIAは)ビンラディンとその部下たちのみすぼらしい外見に欺かれた。ターバンを巻き、胸まであご髭を伸ばして洞窟に座り、AK-74(自動小銃)を抱えるその姿を見て、時代錯誤の無知な連中だと反射的に思い込んだのです」[25]

しかし洞窟にはさらに深い意味があった。ムスリムならほぼ誰にでもわかることだ。預言者のムハンマドはメッカで神の啓示を受けイスラム教を説いたが、多神教からの迫害を受けて洞窟に逃れた。この出来事は「ヒジュラ」(聖遷)と呼ばれている。ビンラディンの洞窟は神の介在を象徴する一連のシンボルで守られていた。入り口を覆い隠すように伸びるアカシアの木、中に人はいないと思わせる大きな蜘蛛の巣や鳩の卵……。そもそもムハンマドが神の啓示を受けたのも山の洞窟の中だった。[26]

つまりムスリムにとって洞窟は聖なるシンボルだ。ビンラディンは意図的にトラボラの洞窟を選んでプロパガンダの舞台とし、ムハンマドのヒジュラに重ね合わせた。あるムスリムの諜報専門家はこう言う。「ビンラディンは時代錯誤などではありません。彼は戦略家でした。イスラム教のシンボルを巧みに使い、のちに9・11で殉教者となる者たちをテロ攻撃へと駆り立てたのです」。前述のライトも著書の中でこう続けている。「ビンラディンはプロパガンダに関するその天賦の才能により、自身を預言者に仕立てる道具の1つとしてトラボラの洞窟を利用した。それがイスラム社会がかつての力を取り戻す日を待ち望んでいた大勢のムスリムの心をつかんだのだ」

ビンラディンが伝えたいメッセージは明らかだったが、それに合ったレンズを通して見ない限り何も読み取れなかった。しかし彼の言葉はその後世界中に広まっていく。サウジアラビア、エジプト、ヨルダン、レバノン、イラク、オマーン、スーダン、さらにはドイツのハンブルク。中でもハンブルクを拠点にしていたイスラム過激派集団は、1999年になってアフガニスタンのアルカイダ訓練キャンプへ向かっている。それはちょうどアルカイダが、西側諸国に対して航空機を使った攻撃を計画していたときだった。

その頃「時代錯誤の無知な連中」は2万人近くに膨れ上がっていた。みな1996年から2000年の間に訓練キャンプに参加している。ほどんどのメンバーは大学教育を受けており、機械工学に明るく、5〜6カ国語を操れる者も多かった。のちにアルカイダの炭疽菌研究者となるヤジド・スファートはカリフォルニア州立大学サクラメント校で化学と実験科学の学位を取得している。メンバーの多くは殉教者となる覚悟をしていた。

こうしてイスラム世界のあちこちで危険な警告の芽が顔を覗かせていたにもかかわらず、CIAはまともに取り合わなかった。当時のCIAは最高の人材を誇っていた。アメリカに対する危険な兆候を分析し、対策の優先順位を決めるのが彼らの仕事だった。アルカイダの優先順位は極めて低かった。しかしそれは調査が足りなかったからではなく、目に見えていた点と点をつなげることができなかったからだ。

「あご髭もキャンプファイヤーもみな小さな点の1つだった。しかし非ムスリムのアメリカ人は——情報分析のベテランでさえ——文化的背景の違いから、アルカイダの危険性を過小評価してしまった」ジョーンズとシルバーザンは著書『*Constructing Cassandra: Reframing Intelligence Failure at the CIA, 1947–2001*（カサンドラの構築——1947〜2001年におけるCIAの諜報活動の失態を検証する）』でそう語る。ムスリムで米情報機関専門の研究者も同様の指摘をする。「CIAは危険を察知できませんでした。当初から彼らの視点にはブラックホールのような盲点があったのです[27]」。ジョーンズとシルバーザンによれば、CIAの判断を鈍らせた要因はもう1つあったという。ビンラディンは自身の声明を出す際、詩の形式にするのを好んだ。たとえば2000年に米海軍の駆逐艦「コール」に自爆攻撃を仕掛けたあとは、次のような詩を読んでいる。

船が傲慢さや見せかけの力とともに船出し、破滅に向かってゆっくりと波間を進んでいく。その船を、小さなボート（*）が波に揺れながら待っている。

アデン（**）では、若い男たちが聖戦のために立ち上がり、強き者から恐れられる破壊者（***）を滅ぼした。


白人で中流階級出身のCIA分析官にとって、これは何やら時代がかった奇妙な行為に思えた。公式声明をなぜ詩などにするのか？　しかしこれも、「洞窟に住む預言者」のイメージに合わせた戦略だった。しかもムスリムにとって、詩は聖なるものだ。タリバンも常に自分たちの声明を詩にして読み上げた。それがイスラム文化の主要な要素の1つなのだ。CIAは詩の声明を分析してはいたが、歪んだ枠組みで見ていた。ジョーンズとシルバーザンは言う。「ビンラディンの詩はただアラビア語という外国の言葉で書かれていただけではない。CIAとはものの見方が何光年も離れた世界における概念の産物だったのだ」

2000年の駆逐艦「コール」へのテロ攻撃の直後、ビンラディンの名前は雑誌の表紙

＊自爆攻撃には小型ボートが用いられた。
＊＊コールはイエメン共和国のアデン港に停泊中だった。
＊＊＊英語で駆逐艦（destroyer）の意。

を次々と飾り、町のあちこちの壁にも描かれた。声明を録音したテープはバザール（市場）で売られた。パキスタンでは彼の写真をプリントしたTシャツや、「アメリカは用心しろ。オサマが来るぞ」と書かれたカレンダーが店頭に並んだ。情報機関は大規模な攻撃を匂わせる通信データを以前より広範にキャッチするようになっていた。その中では「凄まじい」「第2の広島」と言った表現が使われていた。9・11へのドラムロールが今や絶え間なく鳴り響いていた。

訓練キャンプの参加者は、この時点ですでに3段階の軍事訓練（ハイジャック、スパイ活動、暗殺）を終えていた。彼らは「専制的支配者へのジハードに関する軍事学」と題した180ページのマニュアルを読み込み、最新鋭の武器の扱い方や敵地への潜入方法などについて学んでいた。パズルのピースは以前にも増した速さで埋まり始めていた。

CIAはアルカイダの分析に資金や人員をもっと割り振れたかもしれない。潜入調査もできたかもしれない。しかし彼らは切迫した事態にあることを認識できずにいた。危機を察知できなければ、資金や人員の投入を増やすはずもない。アルカイダに潜入調査を行わなかったのも、自分たちの分析にぽっかりと開いた穴があることに気づかなかったからだ。問題はたんに点と点を結べなかったことではない。組織全体の情報活動が機能不全に陥っていた。CIAが優秀な人材を集めたのは、知識の幅を広げてより深い分析を可能にするためだった。しかし多様性に欠けた組織は巨大な盲点を生んでいた。

2000年7月、ヨーロッパから来たアラビア系の名前の2人の男が、フロリダ州のハフマン航空学校に入学した。モハメド・アタとマルワン・アル＝シェヒだ。2人は早速セスナ152を使った飛行訓練を開始した。同州のフロリダ航空訓練センターではジアド・ジャラヒも訓練を始めた。当時の教官はジャラヒについて「(航空会社に推薦するなら) 最高の候補生」だと考えていたという。アリゾナ州ではハニ・ハンジュールが高性能フライトシミュレーターを使った訓練に入った。決行の瞬間は目の前まで迫っていた。

一方、CIAの分析官らはビンラディンの宣戦布告をまだ深刻に受け止めていなかった。アルカイダがアメリカに密かに仕込んだ毒にも気づいていない。この頃にはアルカイダのネットワークがすでに中東全域に広がっていたが、その危険性も把握していなかった。中流階級出身の白人分析官らには、ビンラディンが「負け戦」を始めようとしているとしか思えなかった。全面攻撃などないだろうと楽観視していたのもそのためだ。

この時点で、CIAはまだ自分たちの枠組みの中だけで物事を見ていた。イスラム過激派によるコーラン解釈に詳しい者なら、ずっと容易に状況を把握できただろう。アルカイダはこう考えていた。「ジハードの聖戦士にとって、勝利とは地上ではなく天国でもたらされるものだ」。9・11のテロ攻撃作戦には、アルカイダ内部で「大いなる婚礼 (Big Wedding)」というコードネームが付いていた。彼らのイデオロギーでは、自爆テロの戦士が命を落とすときは、天国の門で永遠の処女に迎えられ婚礼を挙げるときでもあるのだ。それが自爆テロリストにとっての褒美であり、モチベーションでもあった。[28]

1998年のある「大統領日報」には、ビンラディンが航空機のハイジャックを計画中であることが記載されていたが、自爆テロの可能性については検討されていなかった。その代わり、アブドル・バシットの釈放を要求するための新たな犯行計画を察知することに焦点を絞っていた。点はいくつも見えていたのに、多様性に欠けたチームには、それを線でつなげることができなかった。

2001年夏、テロ計画はクライマックスに近づいていた。ヨルダンの諜報機関がある通話データの中から「大いなる婚礼」という言葉を傍受し、アメリカ政府に報告したが、この重大さが認識されることはなかった。今や19人のハイジャック実行犯全員がアメリカ国内に入っている。彼らの頭の中にはビンラディンの言葉が鳴り響いていた。その言葉（コーランの一節）は、のちに実行犯の1人で「ハンブルク・セル」（ハンブルクに拠点を置くイスラム過激派集団）の一員でもあった男のパソコンから見つかっている。「あなた方がどこにいようとも、死はあなた方を見つけるだろう。たとえそびえ立つ塔の中にいようとも」。ビンラディンはハイジャックに向かう実行犯に向けたメッセージの中で、この一節を3度繰り返したという。

ほぼその頃、ＣＩＡ高官のポール・ピラー（白人、中高年、アイビーリーグ出身）は、大々的なテロ攻撃の可能性そのものを疑っていた。「『壊滅的な』『大がかりな』『驚異的な』といった言葉で形容されるテロ攻撃に対抗措置をとることがテロ対策だと考えるのは誤りだ」とピラーは言う。「そうした表現はアメリカが実際に直面するテロ行為、あるいはアメリカの利益を脅かす行為のほとんどに当てはまらない」[29]

ＣＩＡは「テロを暗示するメッセージやメモを分析したが、実行の可能性を合理的に裏付ける結果は出なかった」と自らを擁護した。しかしＣＩＡの失態はそうした細かい作業の一つひとつがもたらしたものではない。問題はもっと大きな枠組みにあった。ある諜報専門家は言う。「特定の諜報報告書や作業方針の問題ではありません。もっと核心的な部分で、判断の誤りがあったのです」

9月10日、前述の『倒壊する巨塔』によれば、ビンラディンとその副官アイマン・ザワヒリはアフガニスタンのホースト州にある山に向かった。彼らはのちの残虐行為の成り行きを見守るため、部下たちに衛星放送用のパラボラアンテナとテレビを運び込ませている。[30]この頃ハイジャックの実行犯はすでに準備を終え、決心を固め、予定通りの場所で、天国の永遠の処女に思いを馳せていた。

ジョーンズとシルバーザンは、ビンラディンにはアメリカの諜報機関にブラックホールのような盲点があることがわかっていたに違いないと言う。テロ攻撃の48時間前、9月9日に、ビンラディンは大胆にもシリアの母親に電話をして、次のような趣旨の話をしていた。「2日後に大ニュースが出る。しばらくは話せなくなるはずだ」。アルカイダの調査に関して資金も人員も十分に投入していなかったＣＩＡは、その地域の音声通話の傍受・翻訳・分析のサイクルに優に72時間を要していた。つまり当の通話を傍受できたところで、分析が終わる頃にはもう手遅れだったのだ。

9月11日の午前5時、モハメド・アタはポートランド空港近くにあるコンフォートイン・モーテルの一室で目覚めた。髭を剃り、身支度を整えて、一緒に宿泊していたアブドルアジズ・アルオマリとともにフロントまで下りて行った。午前5時33分、彼らはフロントに部屋の鍵を返し、青い日産アルティマに乗り込んだ。数分後、空港に着くと、マサチューセッツ州ボストン行きのＵＳエアウェイズ５９３０便にチェックインした。その後はボストンのローガン国際空港で、ロサンゼルス行きのアメリカン航空11便に乗り継ぐ予定だ。[31]

ほぼ同じ時刻、ワイル・アル＝シェフリーとワリード・アル＝シェフリーの兄弟が、ボストン郊外のニュートンにあるパークイン・ホテルをチェックアウトし、ローガン国際空港へ向かった。アフマド・アル＝ガムディとハムザ・アル＝ガムディの兄弟もボストンのソルジャーズ・フィールド・ロード沿いにあるデイズ・ホテルをチェックアウトし、購入したアダルトビデオの代金を支払ったあと、ユナイテッド航空１７５便のファーストクラスのチケットを手にローガン国際空港へ向かった。そのほかのハイジャック実行犯もそれぞれ目的地へ向かった。手には飛行機のチケットを持ち、胸にはアルカイダのジハード訓練マニュアルを刻み込んで。飛行機に乗り込んだらすぐ、神に祈りを捧げるべし。ここから先は神に捧げる行為であり、神に祈る者こそが勝利を手にするのだ。

空港のセキュリティチェックでは、実行犯の誰一人として引き止められることはなかった。空港当局は事前になんら警告を受けていなかった。実行犯はそのまま刃渡り最長4インチ（10センチメートル強）のナイフを機内に持ち込んだ。当時の情報機関の分析では、このような武器でジェット機を恐ろしいミサイルに変えられるとは考えられていなかった。

最初の2機は午前8時前にローガン国際空港を離陸した。午前8時15分、ボストン航空交通管制センターの管制官は、おかしな動きに気づく。アメリカン航空11便が航路から西に逸れていたのだ。午前8時22分、11便のトランスポンダー〔航空機の位置などを知らせる装置〕から信号が途絶える。6分後、11便は機体を急傾斜させ、眼下に広がるニューヨーク州のハドソン渓谷をなめるように低空飛行を始めた。午前8時43分、機体は轟音を上げながらジョージ・ワシントン橋をかすめ飛んだ。

今や11便は、ワールドトレードセンターのノースタワーに向かう弾丸だ。

あなたは最後に神を想い、最期の言葉を唱える。『アラーのほかに神はいない。預言者ムハンマドはアラーの使徒』。飛行機は一度止まったあと再び飛び立つだろう。そのときあなたは神にまみえる。天使たちがあなたの名を呼んでいる。

Ⅶ　多様性が皆無だった当時のCIA

9・11のテロ攻撃による悲劇は本来なら回避可能だった。この点について、アメリカの情報機関に対する批判は正しい。しかしCIAが危険な兆候を見逃したのが原因だと言うのはどうだろう？　そうした批判は「後知恵バイアス」の影響に惑わされている。CIAにとって、危険な兆候は明らかではなかった。現在CIAを批判するいくつかの団体にとっても、当時はおそらくそうだっただろう。皮肉なことにそうした集団も画一的なのだから。多様性の欠如は世界随一の情報機関をも弱体化させた。多様性に富んだ集団なら、アルカイダのみならず世界中の脅威に対してもっと深い洞察力を発揮できただろう。考え方の枠組みや視点の違う人々が集まれば、物事を詳細かつ包括的に判断できる大きな力が生まれる。

CIAの職員は驚くほど高い率で中流階級出身だ。金銭的な苦境も、迫害も、過激思想に触れることも、その他諜報活動に知見をもたらし得る経験をほぼしていない。これらはどれも多様性に富んだチームを築く上では貴重な要素だ。しかしCIAという組織にはそれが欠けていた。みな同じ枠組みで物事を見ていた。これは決して白人・プロテスタントのアメリカ人男性への批判ではない。どれだけ優秀でも、同じ特徴の者ばかりを集めた多様性に欠けるチームでは、集合知を得られず高いパフォーマンスを発揮できないという話だ。

事実、9・11のかなりあとではあったものの、CIA内部から辛辣な発言が飛び出している。諜報部門の元副部門長カーメン・メディナは、就任当時は上層部にのぼりつめた数少ない女性の1人だった。しかし彼女が在籍した32年の間、何度も多様性を求める声を上げたもののほぼ徒労に終わっていたという。国家安全問題専門のニュース討論サイト『The Cipher Brief』に掲載された――注目すべき内容であるにもかかわらず、ニュースなどではほぼ取り上げられなかった――インタビュー記事で、彼女はアメリカの諜報機関が犯した史上最大級の失敗の核心をついた。

CIAは多様性のゴールを達成していません。アメリカの国家安全を守る組織が、たった1つの世界観でものを見る人間ばかりで組織されていては、敵を把握して何を計画しているか予測することなどできません。まずそれをインテリジェンス・コミュニティが理解し、多角的な視点で世界を鳥瞰できる組織作りを先導していくことが重要だと思います。

彼女はさらに続ける。「異なる意見や視点、経験や背景などについて真剣に考慮すれば、それまでより深く正確に世界を把握することができるはずです」

しかし、たとえアフガニスタンなどから発せられた危険なサインをとらえ、アルカイダのネットワーク（工作員が活動していたのは25カ国以上）に潜入して捜査を開始していたとしても、当時のＣＩＡではどの道うまくいかなかっただろう。ＣＩＡの分析官と同様、現場の捜査官にも多様性が欠けていたからだ。

諜報専門家のマイロ・ジョーンズはこう指摘する。ＣＩＡには中国語、韓国語、ヒンディー語、ウルドゥー語、ペルシア語、アラビア語を話せる分析官がほとんどいなかった。これらの言語を話す人口を合計すると世界人口の約3分の1にも当たる。スタンフォード大学国際安全保障協力センターの共同所長、エイミー・ゼガートによれば、２００１年の捜査官候補生のうちこうした非ロマンス語が堪能だったのは2割のみにとどまっていた。１９９８年時点でも、パシュトー語（アフガニスタンの主言語の１つ）を話す捜査官は１人もいなかった。これらの状況は9・11に関する調査委員会の不可解な報告内容を裏付ける。「真珠湾攻撃以降アメリカ政府が何十年にもわたって入念に開発してきた奇襲攻撃の察知・警告システムは、失敗に終わったのではない。そもそも実行されなかったのだ[32]」。世界でもっとも資金をかけて組織された情報機関が、スタート地点に立ってさえいなかったのである。

9・11の全容はこれまで何度もドラマ化されているが、その多くはまた別の要因を指摘している。ライバル意識からくる情報機関同士のコミュニケーション不足だ。たしかにそうした危ない局面は多々あった。中でも2001年5月に開かれたCIAとFBIの合同会議では、CIAがハリード・アル＝ミンザール（アメリカン航空77便をハイジャックした5人の実行犯の1人）に関する情報提供を拒否している。識者の中には、CIAがその情報を共有していれば、FBIはアルカイダの工作員がすでに米国内に入っていたことを察知できていたかもしれないと指摘する者もいる。

もちろんこのような事実を軽視することはできないし、まだほかにもいくつか問題点が指摘されているが、[33]それらが9・11を未然に防げなかった失敗の本質だと考えるのは間違いだ。根本的な原因は、何十年もずっと目に見えるところにあった。CIA諜報部門の元副部門長、カーメン・メディナがずっとあとになって指摘した通りだ。2017年のインタビューで彼女はこう発言している。「［CIAに多様性が欠如していたとは］皮肉なものです。異なる意見を効果的に取り入れるべき組織の筆頭が、インテリジェンス・コミュニティなのですから」

これは悲劇と言うほかないだろう。マイロ・ジョーンズは、CIAの歴史を振り返れば9・11以前にも同様の失敗が繰り返されていたことがわかると言う。キューバ危機やイラン革命はその典型だろう。旧ソ連の崩壊を予見できなかったのもそうだ。「どの一件における失敗も、元をたどれば、CIAの根底にある同じ盲点に議論の余地がないほどまっすぐに突き当たります」と、ジョーンズは私とロンドンで会ったときに話してくれた。情報機関を批判する意見と擁護する意見とが今なおぶつかり合い続けているのは、こうした根本的な原因を見過ごしているからだ。批判派は「(後知恵で)脅威は明らかだった」と主張し、擁護派は「CIAの人材は極めて優秀であり、脅威は明らかではなかった」と譲らない。

ただここで個々の分析官を責めるべきでないのはたしかだ。彼らは怠けていたわけではない。もちろん仕事中にうたた寝をしていたわけでもないし、とにかく職務怠慢と通常言われるような勤務態度ではなかった。知識が足りなかったわけでもなければ、愛国心や職業倫理が欠けていたわけでもない。実際、分析官一人ひとりに欠けているものは何もなかったとさえ言えるだろう。しかし集団で考えた場合、話は別になる。

CIAの職員は個人個人で見れば高い洞察力を備えているが、集団で見ると盲目だ。そしてこのパラドックスの中にこそ、多様性の大切さが浮かび上がってくる。

第2章

クローン対反逆者

REBELS VERSUS CLONES

I　なぜサッカー英国代表に起業家や陸軍士官が集められたのか

２０１６年の中頃、私は一通のメールを受け取った。差出人はナショナル・フットボールセンターのデイビッド・シープシャンクス会長で、イングランド・サッカー協会（ＦＡ）の技術諮問委員会に参加してほしいという内容だった。この委員会は、ＦＡのマーティン・グレン（当時のＣＥＯ）、ダン・アシュワース（テクニカルディレクター）、ガレス・サウスゲート（イングランド代表監督）に助言を行うために設立された組織だ。招集されたメンバーは、私のほかにマノジ・バデール（インド系イギリス人のＩＴ起業家）、スー・キャンベル（オリンピックの競技団体に資金援助などを行う政府機関「ＵＫスポーツ」の元会長）、サー・マイケル・バーバー（教育専門家）、スチュアート・ランカスター（元ラグビーイングランド代表ヘッドコーチ）、サー・デイブ・ブレイルスフォード（プロ自転車ロードレースチームのゼネラルマネージャー）などで、のちにルーシー・ジャイルズ（サンドハースト王立陸軍士官学校初の女性士官）も加わった。

委員会の目標は明確だった。サッカーのイングランド代表チームはここ何十年もの間、大舞台で十分な成績を残せずにいた。2016年にも欧州選手権でアイスランドに敗退している。サッカーの世界的な人気向上に大いに貢献してきたはずのイングランド代表チームが、ワールドカップでも欧州選手権でも50年以上優勝できないのは一体なぜなのか？　選手の精神的な問題か、コーチの指導の問題かとさまざまな推測が飛び交う中、特に指摘が多かったのはPK戦の弱さだ。ワールドカップでは1990年、1998年、2006年にPK戦で敗れている。欧州選手権でも1996年、2004年、2012年にPK戦の末敗退した。これまでワールドカップにおいても欧州選手権においても、イングランド代表ほどPK戦で負けたチームはいない。

そこで設立されたのが技術諮問委員会なのだが、招集されたメンバーのほとんどは門外漢だった。サッカー関係者は元イングランド代表選手のグレアム・ル・ソーただ1人。するとスポーツジャーナリストのヘンリー・ウィンターは『タイムズ』紙にこう書いた。「サッカーが不運な結果続きだからといって、自転車ロードレースやラグビーや卓球の専門家からの助言などFAには必要ない」。これでもほかの批判に比べたら相当優しいほうだ。たしかに、ずっとラグビー界にいたランカスターやIT業界に身を置くバデールより、サッカーに詳しい人はいくらでもいる。「(複数のサッカーチームの監督を歴任した) ハリー・レドナップがいるだろう。彼のほうがはるかにサッカーの知識がある」と、あるスポーツジャーナリストは言った。「なぜこんなメンバーにするのかまるで意味がわからない」

もっともな意見だ。専門家と門外漢では知識の量が違いすぎる。メンバーの私自身でさえ、ウィンターの批判記事を読んだときは何度も頷かずにいられなかった。本当にこんな委員会にイングランド代表監督らへの助言などできるのだろうか？

ところが、私はその委員会で目から鱗が落ちるような体験をした。メンバーはみな無給で参加していたが、互いをよく知るようになるにつれ、次に会うのがどんどん楽しみになっていった。委員会の会合は、ほかでは決してできない勉強ができる場だった。みんなが知らないことを誰かが発言したときは胸が躍った。各メンバーが自身の経験から導き出すアイデアはある種独特だった。言わば「反逆者のアイデア」だ。

たとえばラグビー専門のランカスターは、2015年のラグビーワールドカップでの自身の経験をもとに、大きな試合に向けた選手の選抜方法を提案した。自転車ロードレース専門のブレイルスフォードは、食事と運動の改善に関し、自身が監督するチームに用いた膨大なデータの検証方法をアドバイスした。陸軍士官のジャイルズは、軍隊経験をもとに不屈の精神の鍛え方を説いた。IT起業家のバデールは、組織に革新をもたらす秘訣について、スタートアップ企業を例にとって解説した。教育専門家のバーバーは、ブレア政権下で教育改革の実行責任者を務めた経験から、抽象的なアイデアを具現化する方法について指南した。それぞれの詳細を公表することはできないが、ポイントはそこではない。ここで肝心なのは、この委員会が認知的多様性に溢れたグループだったということだ。ときおり別の分野の専門家と入れ替えても、同じように有益なアドバイスが出続けたのではないかと思う。

一方で、レドナップ監督のようなサッカー界の人間ばかりを集めていたらどうなっていただろうとも思う。彼らなら経歴は申し分ない。サッカーの専門知識を有り余るほど持った、いわば賢者の集団だ。

しかしそれでどれだけ成果が出ただろう？　レドナップ監督らサッカー界の重鎮の知識は、互いに重なり合う部分が大きい。ものの見方や考え方の枠組みが似ている。プレーの仕方についても指導方法についても、その世界に長くいる人ならではの同じような固定観念にとらわれている。彼らはサッカーについては詳しいが――ここからが大事なのだが――助言をする相手のサウスゲート監督もすでに同じような知識を持っている。サウスゲート監督がまったく知らないことは彼らもほぼ知らない。そのような状況下では、互いの意見に同調し合うばかりで、潜在的にあった固定観念をより強固にしてしまう。これは画一的な人々が集まると現れる典型的なパターンだ。これではせっかくの賢者の集団が愚者の集団になってしまう。しかし決して一人ひとりが愚かなわけではない。せっかくの集団が「集合知」を発揮できないことが問題なのだ。

しかし多様性に富んだ人々が集まれば、根本的に異なる意見が飛び出す。選手の育成方法や指導方法にしても、マスコミへのPR方法にしても、PK戦に備える方法にしてもそうだ。委員会の会合でサッカーの門外漢たちが、それまで専門家たちが見逃していた弱点を暴き出す姿は痛快だった。たしかに、反逆者のアイデアは却下されることが多かったし、激しい論議になることもあった。しかしそれをきっかけに視点が広がって、より賢明な解決策を導き出せることがほとんどだった。

もちろん委員会が完璧だと言いたいわけではない。互いの考え方にズレがあると感じることもあったし、論議がぎくしゃくするような場面もあった。しかし委員会に限らずどんな集団にもそういうことはある。話し合いの方法などに、ときおり変化を加える工夫は必要だろう。それでこそ高い集合知を発揮できる。

私が本書のテーマについて考え始めた一番のきっかけは、この委員会での経験だ。多様性の大きな力は、思った以上に知られていない。それまでそんな風に考えたことなど一度もなかったが、なぜ知られていないのか、どうすればその大きな力をうまく発揮できるのか、私はどうしても詳しく知りたくなった。委員会で多様性の素晴らしさを実感したからといって、すぐにその力を最大限に活用する方法がわかるわけではない。

早速、私は多様性に関する会議を見つけては聴きに行ったり、その分野の人々に会いに行ったりし始めた。人材開発のプロや企業経営者のセッション、政治家の会合まで覗いた。しかしそうやって大勢の人々から話を聞く中でもっとも気になったのは、多様性の定義が人によって異なっていた点だ。一口に多様性と言っても、性の多様性、脳の多様性、人種の多様性など、人それぞれ別のことを考えているようだった。そのため論議の焦点が曖昧になっていることが多かった。

そこで重要なのが、多様性を「科学」することだ。なぜ画一的な集団は当人たちも気づかないうちに失敗する傾向にあるのか？　なぜ多様性豊かな集団は、その頭数以上の力を発揮できるのか？　今、多様性が学界のあらゆる分野で議論され始めているのは、そういった点を明らかにするためだ。スポーツやビジネスの世界にとどまらず、最先端組織の多くが、成功戦略として多様性を取り入れ始めている。

こうした事実を念頭に置きつつ、本章ではいくつかの具体例を見ながら、重要なポイントを明確にしていこう。そもそも集合知とは何なのか？　どうすればそれが生まれるのか？　その障害となるものは何なのか？　なぜ反逆者の集団がクローンの集団を打ち負かせるのか？　早速見ていこう。

II　人頭税の大失敗

まず多様性の基本的なコンセプトは図で表せる。たとえば図1の長方形は、有効な概念や知識を示す領域だ。つまり、特定の問題解決やゴール達成に必要な洞察力、視点、経験、物事の考え方などがこの長方形につまっている。これは「問題空間」（problem space）とも呼ばれる。

取り組む問題が単純な場合は、1人でこの空間の「情報」をカバーできる。多様性は必要ない。しかし問題が複雑になると、1人ではカバーしきれない部分が出てくる。どれだけ頭のいい人でも欠けている知識はあるはずだ。たとえば、聡明なデイビッドの知識は次の図1においては長方形の中の円で表される。彼は知識豊富だが、何もかもを知っているわけではない。

そこで見えてくるのが画一的な集団の危険性だ。同じような考え方の人々の集団は図2のようになる。一人ひとりは頭が良くて知識も豊富だ。しかし互いに知っていることも視

図１　賢い個人

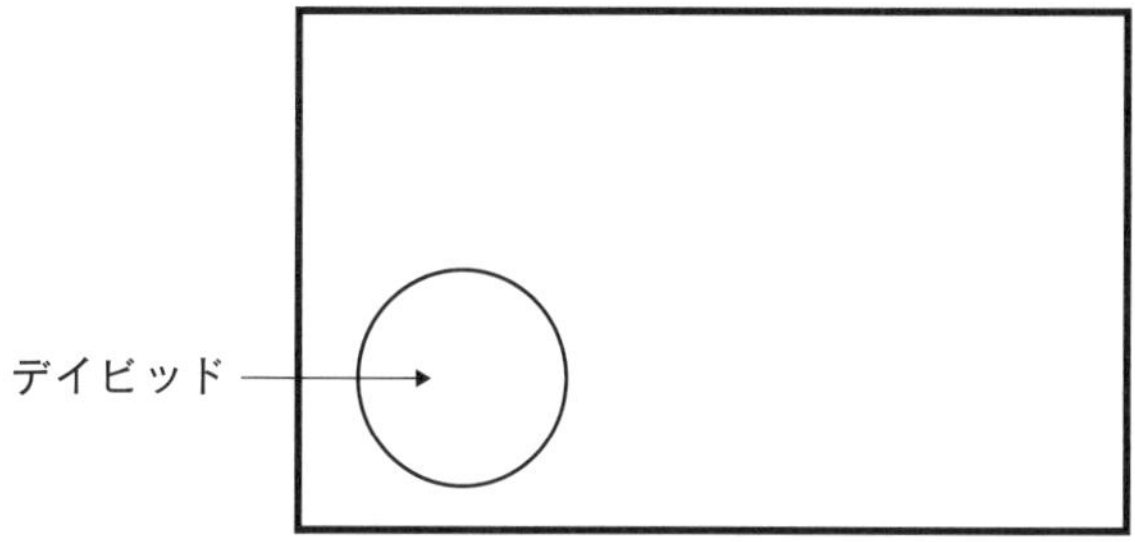

図２　無知な集団（クローン集団）

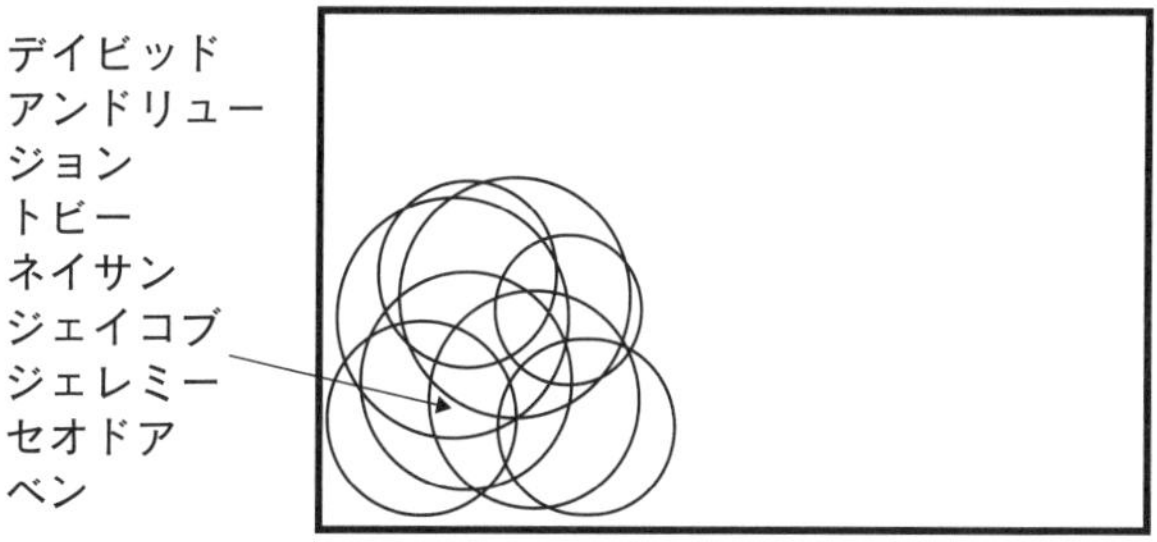

点も似通っている。いわばクローンの集団だ。これがCIAにおける問題の根幹だった。

　人は同じような考え方の仲間に囲まれていると安心する。ものの見方が同じなら意見も合う。すると自分は正しい、頭がいいと感じていられる。自分の意見を肯定されると、脳内の快楽中枢が刺激されるという研究結果もある。こうした「類は友を呼ぶ」傾向には、いわば引力のような力があって、その集団全体を問題空間の片隅に引きずり込んでしまう。

　このような危険は人類の歴史とともにある。古代ギリシアの賢人もその傾向をよく理解していた。アリストテレスは著書『ニコマコス倫理学』で、「［人は］自分と似た人間を好む」と指摘している。プラトンも『パイドロス』で「類似性が友を呼ぶ」と指摘した。[1] そもそも「類は友を呼ぶ」ということわざは、プラトンの代表作『国家』の第1巻に元をたどる。ギリシア文化を詳しく見ていくと、「居心地の良さ」が知の追求にもたらす危険性を常に唱えているのがわかる。同様の危険は現代にも蔓延している。我々も図2を念頭に置いておくべきだろう。一人ひとりは賢くても、集団になると無知になることが往々にしてある。

＊

1980年代末、イギリス政府は悪名高き「人頭税」の導入を決定した。これは従来の固定資産税に代わって、所得に関係なく「全」国民が一定額を支払う方式の地方税だ。しかしこの新たな制度は欠陥だらけだった。そもそも納税能力に関係なく一律に課されるため、スムーズに徴収できる見込みがほぼなかった。しかもそれまで多額の固定資産税を支払っていた資産家にとっては減税となり、狭い借家などに住む世帯にとっては増税になるという「逆進性」が際立った。

なにしろ世帯によっては1500ポンド（20万円強）以上の増税となった。多くは500ポンド（約7万円）以上の増税を被った。こうした金額が、1989年には、共働き家庭の世帯収入の大きな割合を占めていたというデータも出ている。その一方で、一部の資産家は、1万ポンド（約140万円）もの減税を享受した。こうした格差により、抗議の声が巻き起こるのは必至だった。不払いが頻発して徴収がなおさら困難になるのも目に見えていた。そして予測通り、悲惨な結果となった。ある情報源は次のように指摘している。「徴税コストの急激な増大により、いくつかの市の財政は事実上崩壊したも同然だ」

街には抗議デモが広がり、「払えない、払わない！」という大声が響いた。ときには軍隊も出動する始末で、騒ぎが治まる気配は見えなかった。ロンドンのデモ行進には25万人もの人々が参加し、暴徒化した人々が車を炎上させ、商店の窓ガラスを割り、略奪行為に及ぶ事態となった。このときの逮捕者は計339人。負傷者も100人以上出ている。イギリスの政治研究者、アンソニー・キングとアイヴァー・クルーは共著でこう指摘する。

あれから20年以上経った今もまだ、当時の出来事には唖然とする思いだ。（中略）人頭税の導入に関するあらゆる悲観的予測は、時期の差はあるものの、一つ残らず実現した。「犯人」たちは目を見開いたまま、ぱっくりと口を開けた落とし穴に落ちた。しかし彼らには何一つ見えていなかったのだろう。警告を意に介さず間違いを犯し続けた結果、人頭税政策は絶望的かつ壊滅的な失敗に終わった。[2]

一体どうしてそんな事態になったのか？ キングとクルーによればこうだ。人頭税の大失敗には、イギリスの戦後政治史に深く広く根を張る問題が関わっている。英政府による過去の重大な過ちの「実に多く」が、表面的な違いこそあれ、同じ要因によるものだ。その要因こそ、多様性の欠如。キングとクルーは特に政界のエリート集団に注目した。まず人頭税導入の責任者であるニコラス・リドレー環境大臣は、子爵の次男だ。イングランド北部のノーサンバーランドに建つ「ブラグドンホール」と呼ばれる大豪邸で育った。彼の母親は著名な建築家サー・エドウィン・ラッチェンスを父に持つ。リドレーの前後で人頭税の施行に関わった環境大臣もみな私立の名門校で学び、ケンブリッジ大学やオックスフォード大学を卒業している。リドレー自身、英国一の名門とも呼ばれるイートン校からオックスフォード大学に進学した。

人頭税の審議委員会を率いていたのは、のちに厚生大臣を務めるウィリアム・ウォルドグレーブ議員だ。第12代伯爵ジェフリー・ウォルドグレーブの次男に生まれ、イングランド南西部に位置するサマセット州最大の邸宅「チョートン・ハウス」で子供時代を過ごした。

ウォルドグレーブはのちに出版した回想録『*A Different Kind of Weather*（変わった空模様）』で、市井の人々とはかけ離れた自身の生い立ちについて、「地元の子供たちと遊んだことは一度もなかった」と正直に告白している。彼が「隣人」というときは、8マイル（約13キロメートル）先の大邸宅に住む男爵家、伯爵家や名士の一家、あるいはそのあたりの教区を取り仕切る司教を指していたという。

一緒に休暇を過ごしたのもそうした階級の人々だった。別荘の応接間に有名なピアニストを招いてグランドピアノの演奏を楽しんだ。子供時代のウォルドグレーブには住み込みの家庭教師やコックがついていた。兄と敷地内でキジ撃ちに興じることもあった。彼の母親は、邸宅のそばで1人の黒人を見かけた瞬間テロリストと思い込み、庭の草刈り機で退治しようとした。しかしその「テロリスト」は、当時小さかったウォルドグレーブが自転車をぶつけて転んだところを助けようとしていただけだった。

前述のキングとクルー（両氏ともイートン校出身）によれば、ウォルドグレーブの生い立ちは一般市民とはかけ離れているが、審議委員会のほかの議員とは似通っていたという。全員がウォルドグレーブほど恵まれていたわけではなかったが、非常に裕福な家の出身者ばかりであることに変わりはなかった。「イギリス社会のほかの階級や社会的地位を代表する者は1人もいなかった」と両氏は指摘する。つまり審議委員会は、「問題空間」のごく一部だけに集中したメンバー構成だった。みな頭脳明晰だが、みな同類でもあった。遺伝子的に見ればクローンではないが、人口統計学的にはみな同じ枠組みに入ると言っていい。多様な知識や経験が特に欠かせない政策決定の場で、こうした画一的な集団に責任が委ねられたのは悲劇でしかない。

しかも皮肉なことに、彼らはみな審議委員会での討議がこれ以上ない素晴らしい体験だったと語っている。キングとクルーの著書には、「並外れた団結心」があったという複数の関係者の証言が引用されている。審議委員会の面々はミラーリングでオウム返しに同調し合い、肯定し合い、自分たちが正しいと信じ合った。彼らは同類たちが集まった温かい環境にどっぷりと浸かっていた。その結果、自分たちが推し進めている人頭税は賢明な政策だと錯覚した。しかし現実はその逆だった。彼らは互いの盲点を塹壕《ざんごう》で取り囲み、さらに盲目になっていただけだった。

彼らの頭の中で警鐘が鳴ることは決してなかった。多様性に通じる者なら耳が痛いほどの轟音が鳴り響いていただろう。このクローン集団のような審議委員会に、人頭税が実質的に徴収が難しいことも、苦しい思いをする家庭が出てくることも見通せなかったのは何も不思議なことではない。各地方自治体、ひいてはイギリス社会全体を混乱に陥れることを予測できなかったことも当然と言えば当然だ。

しかし実際には、地方税である人頭税は地域によって額が異なり、特定の高齢者にとって大打撃となった。「ロンドン中心部に住む年金受給者夫婦の場合、手取り収入の22%を人頭税に支払うことにもなった。一方、郊外に住む収入の高い夫婦にとっては1%にとどまった」。しかしこのように高齢者夫婦が支払い困難になっている状況を直接指摘されたときでさえ、ニコラス・リドレー環境大臣は人頭税導入がもたらした問題をまだ把握できず、(一見した限り真面目に)こう答えた。「そうだな、困ったらいつでも絵を売ればいいんじゃないだろうか」

リドレーの数年前に環境大臣を務めたパトリック・ジェンキンも、1970年代に同様の発言をしていた。エネルギー危機の真っ只中にあった当時、彼はあるテレビ番組のインタビューで国民に向けてこう言った。「歯を磨くときには電気を消せばいい」。しかし、ジェンキン自身は電動歯ブラシを使っていたことがあとからわかり、その後撮影されたロンドン北部の自宅の写真では、すべての部屋の電気がつけっ放しになっていたことも明らかになった。
人頭税の問題は、キングとクルーによれば、関係した議員個人に帰するものではなかった。彼らの多くは公務に真面目に取り組んでおり、優れた思想家でもあった。選挙学者サー・デイビッド・バトラーはある共著書の中で、内部関係者による次の発言を引用している。「審議委員会には［地方自治体の制度改革を検討するメンバーとして］史上もっとも優秀な人々が招集された」。キングとクルーもこう指摘する。「もちろん特権階級出身だからといって、政府高官への道を閉ざされるべきではない。そもそもこれまで大勢の資産家の議員（相続によるものでもそうでなくても）が国の公益のために多大な貢献をしている」
しかしこれこそ問題の核心をついている。個人個人はどれだけ頭脳明晰でも、同じ背景を持つ者ばかりで意思決定集団を形成すると盲目になりやすい。キングとクルーは言う。「人は誰でも自分自身のライフスタイルや好みや考え方を他者に投影する傾向がある。（中略）しかし英政府［の高官］が無意識のうちに投影した自分たちの価値観や生き方は、国民の現実とは遠くかけ離れていた」[3]（＊）
こうした傾向は、保守党に限らず労働党議員にももちろん見られる。キングとクルーは数多くの例を挙げているが、その1つは2000年7月、トニー・ブレア元首相が「反社会的行動禁止命令」に関して警察の権限強化を謳った演説だ。「人の家の門扉を蹴ったり、道路に置かれた三角コーンを投げ散らかしたりするゴロツキも、暴れる前に考え直すようになるだろう。これからは警察が出てきて、その場で現金自動支払機まで連れて行かれ、たとえば100ポンド（1万3000円強）の罰金を支払わされるようになるのだから」。演説後は、人権擁護団体などから警察の過度な介入を懸念する声が矢継ぎ早に上がった。しかしそうした団体のほとんどは、さらにはジャーナリストでさえ、根本的な問題を見過ごしていた。反社会的行動禁止命令は、内容そのものに欠陥があったのだ。そもそもゴロツキはまともなキャッシュカードなど持ち合わせていないだろう。あったとしても100ポンドも残金があるはずがない。キングとクルーはこう指摘する。「ブレア元首相は国民も自分のような生活をしていると想定したが、それにはなんの根拠もなかった」(**)

＊人頭税がなぜ否決されなかったのか？　キングとクルーは、「チェック・アンド・バランス〔いわば三権分立の原理〕が保たれなかった結果だ」と指摘する。人頭税案は政府内のある片隅でひっそりと温められて生を受けた。それがのちにチェッカーズ（首相の地方官邸。議会の会期中はここで定期的に閣議が行われる）で閣議決定されたのだが、このとき列席したのは内閣のわずか半数だった。しかもそのほとんどは、事前に何について閣議をするかを知らされておらず、書類も一切配布されていなかった。

＊＊もちろん歴史的に見れば、多様性の低いグループ（たとえば貴族や農民の集団）が賢明な判断をしたり刺激的なアイデアを出したりした例もあるだろう。しかしそれで彼らに高い意思決定能力があると結論付けるのは間違いだ。「反事実」を検証していない。つまり同じ状況で、多様性の高いグループならさらに賢明な判断を下していたかどうかを確認しなければ答えは出ない。だから多様性を科学することが大事なのだ。実際に行われた複数の「ランダム化比較試験」〔研究の対象者を無作為に複数のグループに分けて行う試験〕では、多様性の高いグループのほうがより優れた判断を下し、予測の的中率も高く、賢明な戦略を考え出したという結果が出ている。

III　町議会の盲点はこうして見抜かれた

画一化の罠はどこにでも見られる。我々の社会的ネットワークは、経験やものの見方や信念がよく似た人たちでいっぱいだ。たとえ最初は多様性に富む集団でも、そのうち主流となる考え方に「同化」してしまうことはよくある。ジャーナリストのシェーン・スノウは、ある大手銀行に勤める上級管理職の女性からショッキングな話を聞いたときのことをこう綴っている。

銀行がせっかく雇った素晴らしい新卒の行員たち――それぞれ違った背景を持ち、さまざまなアイデアに溢れた若者たち――は、組織文化に「適応」しようと次第に型にはまっていったという。そんな変化を見るのはつらい、と彼女は肩を落とした。みんなはじめは独自の視点や意見を持っていたのに、彼らの声は少しずつ聞こえなくなっていった。組織に「認められた考え方」に合わない声はかき消されていったのだ。[4]

こうした人間の心理を考えると、問題空間のわずかな一部に人々が重なり合うのは必然だと言えるかもしれない。集団には本質的に「クローン化」する傾向が備わっている。その点では、ＣＩＡも人頭税の審議委員会も外れ値ではない。本来の傾向が出た結果だ。弁護士の事務所でも、軍の上層部でも、公務員でも、閣僚でも、ＩＴ企業の幹部でも、それが「画一的な集団だ」と言うときは、決して個人を非難しているわけではない。個人個人は頭脳明晰でも、同じ枠組みの人ばかりが集まると近視眼的になるという事実を指摘している。

しかし多様な枠組みの集団は違う。なんでもオウム返しに同意し合うクローンの集まりではない。反逆者の集団だ。しかしただ無闇に反論するのではなく、問題空間の異なる場所から意見や知恵を出す。新たな観点に立ち、それまでとは違った角度から視野を広げてくれる。それが高い集合知をもたらす。つまり集団が頭数以上の力を発揮できるようになる。全体が部分の総和に勝るのだ。

次の図3では、個人個人の賢さはこのセクションの冒頭に紹介した図2と変わらない。しかし集合知ははるかに高い。問題空間を幅広くカバーしている。複雑な問題に対処する際に、考え方の違う人々を集めるのが肝心な理由がここでわかるだろう。

こうした点から考えれば、チームで難問に挑む際にまずやるべきことは、問題そのものをさらに精査することではない。むしろ大事なのは、一歩下がってこう考えることだ。我々

図３　賢い集団（反逆者の集団）

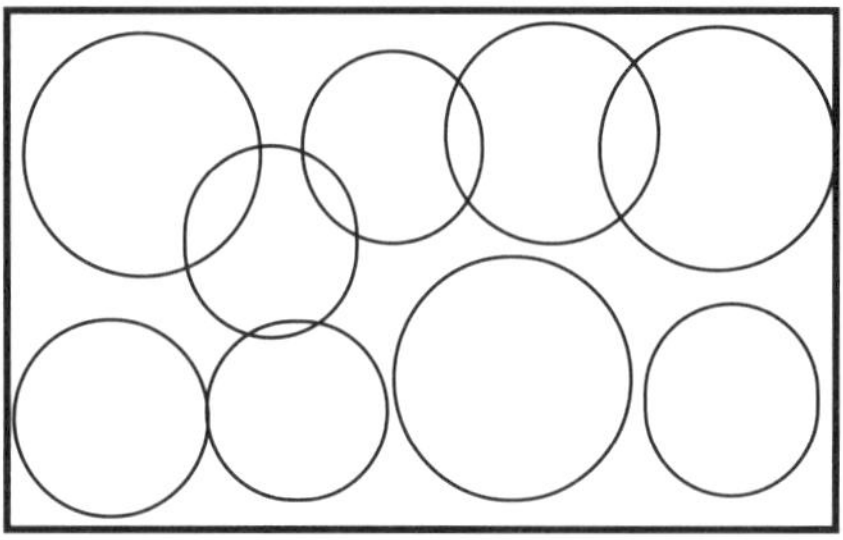

がカバーできていないのはどの分野か？　無意識のうちに「目隠し」をして盲点を作ってしまっていないか？　あるいは画一的な人間ばかりで問題空間の片隅に固まっていないか？

これらの根本的な問題に対処しない限り、チームや組織は失敗のリスクを背負うことになる。同じ観点でしかものを考えられなければ、いくら問題そのものをこと細かに見たところで、盲点を取り巻く壁を厚くするだけだ。難問に挑む前に認知的多様性を実現することが欠かせない。それで初めてミラーリングを避け、高い集合知を得ることができる。

＊

カールスコーガはスウェーデン北部、メッ

ケルン湖の北端にある森に囲まれた美しい街だ。私は10代後半にスウェーデンで暮らしていた頃、この街に魅せられてよく訪れた。

スウェーデンに一度でも住んだことがある人なら誰でもわかると思うが、この国の地方自治体の重要な役目の1つは除雪作業だ。首都ストックホルムは主に秋から冬にかけて年間平均約170日の降雪がある。私も朝ルームメイトたちと道路の雪かきをよくやった。カールスコーガの自治体による道路の除雪作業は、何十年もの間、まず主要道路から始めて、歩行者専用道路や自転車道で終わるという手順で行われていた。町議会（議員の大半は男性）は、毎日の通勤にできる限り支障が出ないようにすることを一番に考えていた。有権者の利益を守るためだ。

しかし町議会は、ともすれば見過ごしがちなある点に鋭く気づいた。議員構成が画一的すぎたのだ。大勢の人々に影響を与える政策決定には多様性が欠かせない。作家のキャロライン・クリアド＝ペレスは著書『存在しない女たち─男性優位の世界にひそむ見せかけのファクトを暴く』でこの町議会を取り上げ、意思決定の場に女性の参加が促されたのをきっかけに、集合知は驚くべき転換を果たしたと指摘している。

ある調査によれば、通勤手段には一般的に性差が見られるという結果が出ている。これは町議会が当初気づいていなかった点だ。たとえば男性は車で通勤することが多いが、女性は公共交通機関の利用や徒歩のほうが多い。フランスでは公共交通機関の乗客の66％が女性というデータも出ている。アメリカのフィラデルフィア市では64％、シカゴ市では62％だ。

通勤パターンにも性差が見られる。男性はたいてい自宅と職場を1日に1度往復する。これに対して（家事など、無償の「ケア労働」の75％を担う）女性は、「仕事の前に子供たちを学校に送り、高齢の家族を病院に連れて行き、仕事帰りには食料品を買いにスーパーに寄っている」とペレスは言う。このような連鎖的な行動は「トリップ連鎖」（trip-chaining）とも呼ばれる。この通勤パターンの性差はヨーロッパ中で見られ、小さな子供のいる家庭では特に顕著だ。

こうした新たな視点を得ると、それまで見過ごしていたほかのデータも目に入り始める。これは重要なポイントだ。政策決定などの場で賢明な判断を下せるかどうかは、データをどう解釈するかだけでなく、そもそもどのデータを参照するかにもかかっている。たとえばスウェーデン北部では、ケガによる入院患者の大半を歩行者が占めているという統計データがある。道が凍って滑りやすい状況下で、ドライバーの3倍以上の数の歩行者が負傷しているのだ。これにより医療コストは上がり生産性は下がる。ある試算によれば、こうした歩行者の負傷によって、スウェーデン南部のスコーネ県では、一冬だけで3600万スウェーデン・クローナ（4億円超）もの経済損失を被っているという。これは同県の冬季道路維持管理費の約2倍に当たる。

カールスコーガの町議会は無意識に掛けていた「目隠し」を外し、何十年間も続いた政策を変更する決定を下した。ドライバーより歩行者や公共交通機関の利用者を優先し、除雪作業の順番を変えることにしたのだ。彼らはその理由として、「積雪量が3インチ（約8センチメートル）の道は、車で走るより、ベビーカーを押しながら歩いたり車いすや自転車で通ったりするほうが大変だ」と語ったという。これは女性のみならず地域全体にとって、そしてもちろん自治体の財政にとっても賢明な判断だった。「歩行者を優先した除雪計画は経済的にも理にかなっている」とペレスは結論付ける。

ただここで少し注意しておきたいのは、もともとの除雪計画に女性に対する悪意があったわけではないということだ。ベビーカーを押す人よりドライバーを優先したのは決して意図的ではない。しかし彼らには盲点があった。ペレスは言う。「元の除雪計画を立案した（中略）男性たちは、自分たちの通勤手段についてはよく心得ており、その必要に沿って計画を組んでいた。彼らは決して意図的に女性を除外したわけではない。ただ頭に浮かばなかったのだ」

Ⅳ　ウサイン・ボルトが6人いても勝てない

反逆者の集団とクローン集団の違いがもっとも鮮明になるのは、おそらく予測をするときだろう。これはちょっと得体の知れない話に聞こえるかもしれないが、そんなことはない。予測は日常生活のあらゆる場面で登場する。「YよりXをやろう」と決断するときは、「Xのほうがうまくいくだろう」と暗に予測している。つまり仕事においても私生活においても、ほぼどんな決断にも予測が関わってくる。(*)

予測に関する研究で近年における最高峰は、おそらくデューク大学のジャック・ソル教授による研究だろう。ソルは共同研究者とともに、エコノミストによる2万8000件の経済予測を分析した。その結果得た最初の発見は、なんら意外ではなかった。一部のエコノミストの予測は、ほかよりも当たっていたのだ。実際トップの成績を収めたエコノミストの正解率は、全エコノミストの平均より約5％以上高かった。

しかしソルはこの実験に1つ捻りを加えた。個人の予測だけでなく、上位6人のエコノミストによる予測の平均正解率も分析したのだ。つまりこの6人を「チーム」としてとらえた。果たして、チームの予測の平均（いわば集団で出した予測）は、個人でトップだったエコノミストの予測より当たっていただろうか？

さて、これが経済予測ではなく、もっとシンプルなタスクなら答えは「ノー」に違いない。たとえば競走なら、6人のタイムを平均したところでトップのタイムには届かない。前述のスカリア最高裁判事が「能力の高さと多様性は両立しない」と考えたのは、こうした考えが頭にあったからだろう。しかし複雑なタスクの場合は話が違う。実際、ソルが6人のエコノミストによる予測を個人トップのエコノミストの予測と比較してみると、6人の平均のほうが正解率が高かった。しかも15％も高かった。これは劇的な差だ。研究者たちも驚かずにいられなかった。

そしてこの事実も、すぐに飲み込むのは難しいかもしれないが、本書でこれまで触れてきたことを裏付けている。第1章の日本人とアメリカ人に水中の様子を見せた実験を覚えているだろうか？　両者はそれぞれ異なる対象に注目していた。日本人とアメリカ人では、ものの見方や考え方が違うからだ。しかしこうした別々の視点同士を組み合わせれば、全体像がより正確に見えてくる。

＊予測は豊富なデータを導き出し、さまざまな数理解析にも非常に役立つ。

エコノミストも、経済予測をする際には、それぞれ特定のものの見方で――独自の「経済モデル」を利用して――予測を立てる。経済モデルは世界を見通すための一種の「視点」で、一連の数式などが盛り込まれている。しかし完璧な経済モデルはない。どれも盲点がある。それだけ経済は複雑だ（たとえば木星の軌道計算のようにズバリと答えを出すことはできない）。たとえば工業生産指数1つを見ても、無数の会社や工場を動かす無数のビジネスマンの意思決定をはじめ、さまざまな不確定要素が関わっている。その複雑なすべてを正確に算出できる経済モデルなどあり得ないし、全知全能のエコノミストも存在しない。

しかし異なる経済モデルをいくつか組み合わせれば、もっとたしかな全体像が見えてくる。1人のエコノミストがすべてを知らなくても、多様性に富んだエコノミストが複数集まれば真実に近づける。それが「集合知」の力だ。こうした予測に関しては数々の実例がある。たとえばミシガン大学のスコット・ペイジ教授は、ロンドンの地下鉄の全長距離を学生たちのグループに推測させる実験を行った。グループが出した予測は249マイル（約400キロメートル）。正解は250マイル（約402キロメートル）だった。

集合知は多様な人々がそれぞれの知識を持ち寄ることで生まれる。右の学生たちの中にはロンドンに行ったことがある者や、ニューヨークの地下鉄なら馴染みのある者などがいたかもしれない。人が何かを推測するときは、自分が持つ情報をなんでも手がかりにする。そうやってグループの一人ひとりが出した予測が価値ある情報として蓄積される。

もちろん、一人ひとりが間違った情報を出すことはある。思い違いや盲点もある。価値ある情報と同じぐらい間違った情報も蓄積していく。しかし価値ある情報が正解という一点を向いているのに対し、間違った情報はそれぞれ違った方向を指している。予測した値が大きすぎたり小さすぎたりするのだ。ペンシルベニア大学の心理学者フィリップ・E・テトロックは言う。「正しい情報が蓄積する一方で、間違った情報は互いを相殺し合う。その結果、驚くほど正確な予測が生まれる」。ジャーナリストのジェームズ・スロウィッキーは、集団の意思決定をテーマにした著書『「みんなの意見」は案外正しい』でこう言う。「一人ひとりの予測には2つの要素がある。正しい情報とエラーだ。そこからエラーを差し引けば、正しい情報が残る」[5]

ただ言うまでもなく、集団の各メンバーにあまり知識がなければ、その意見を組み合わせたところで正解にはたどり着けない。今後10年で海水レベルがどこまで上昇するかを素人に訊いても無駄だ。集合知を得るには、賢い個人が必要だ。それと「同時に」多様性も欠かせない。そうでなければ同じ盲点を共有することになる。

さて、ここまでのことを念頭に置いた上で、ちょっと考えてみてほしいことがある。たとえばあなたが世界最速の短距離走者を選ぶとしたら、誰を選ぶだろう?　この答えは簡単。ウサイン・ボルトに違いない。ではもしも彼のクローンを作れるとした場合、たとえばそのクローン6人でリレーチームを組んだらどうなるだろう？　ウサイン・ボルトたちのチームは、（バトンをうまく渡せさえすれば）きっとライバルに圧勝するはずだ。一人ひとりがほかのチームの誰よりも速いのだから。

しかしこれがときに誤解を招く。本書でも前述した通りだ。短距離走者を選ぶような単純なタスクの場合、多様性は邪魔になり得る。「とにかく足が速い」という人を単純に選ぶのが一番だ。正解と間違いの二極しかない問題ならそれで事足りる。しかし複雑な問題の場合はそうはいかない。たとえば経済予測の問題に戻って考えてみよう。一番正解率の高かったエコノミストのクローンを6人揃えてチームを組んだらどうなるだろう？　各メンバーは、ほかのどのエコノミストよりも正確だ。無敵で完璧なチームになるのではないだろうか？

しかしもうおわかりの通り、答えは断固として「ノー」だ。6人のクローンはみな同じものの見方をする。同じ経済モデルを使って、同じ間違いを犯す。知識や考え方の枠組みがみんなピタリと重なり合う。一方、ソルの実験では（1位の人間ばかりではなく上位6人を集めた）多様性のあるチームが15％も正解率が高いという結果が出た。

世界を変える可能性を秘めたこの結果については、じっくりと考えてみる価値がある。なにしろ、認知的多様性の力をはっきりと数字で示してくれた。同じ考え方のトップ集団より、考え方の違う集団のほうが劇的な集合知を発揮するのだ。

もちろん我々のほとんどはいつも難しい経済予測をしているわけではないが、普段から複数の人間が集まってさまざまな問題を解決したり、創造的なアイデアを捻り出したり、戦略を決めたり、なんらかの活路を見出したりしている。それがグループ作業の本質だ。そこに多様性が加われば、さらに強い力を発揮できる。

創造力やイノベーションについても考えてみよう。たとえば10人のチームを結成して、世界的な肥満率の上昇を抑える画期的な方法を考えるとする。その結果、有益なアイデアが一人10個出たとしよう。この場合、有益なアイデアはグループ全体で合計いくつになるだろう？

本書を閉じて、答えを考えてみてほしい。

実はこれはひっかけ問題だ。メンバーの数からアイデアの数を単純に推測することはできない。そのグループがクローン集団なら、同じアイデアばかり重なって、合計しても結局10個ということになり得る。しかし多様性に富む10人のグループなら、それぞれ違った発想をして、有効なアイデアが合計１００個になる可能性もある。それをクローン集団と比較すると、2倍や3倍どころか10倍も多いことになる。これは多様性こそがもたらす大きな効果だ。

グループの平均をとるということについても考えてみよう。経済予測の実験では、それが正解率の高さに貢献した。しかし予測ではなく、なんらかの問題解決に取り組む場合は悪影響をもたらすことが多い。複数のアイデアの中間をとるようなことをすると矛盾が生じるからだ。「委員会が馬をデザインするとラクダになる」（「みんなの意見を取り入れようとするとおかしなことになる」という意味の慣用句）はまさにそんな状況を指す。問題解決のためには、一部のアイデアを切り捨てなければならないことが往々にしてある。

しかし発想そのものが数多く出るのはいいことで、それには多様性が重要な役割を果たす。画一的な集団は同じ場所で立ち往生しがちだが、多様性に富んだ集団は異なる角度から新たなアイデアを出して前進を続けていく。反逆者のアイデアが集団の創造力を高める。カリフォルニア大学バークレー校の著名な心理学者シャーラン・ネメスは言う。「少数派の意見は重要だ。集団の視野を広げて発想を刺激する。たとえ意見そのものが間違っていても、新たなアイデアを生むきっかけになり、結果的に質の高い解決策を導き出せる」[6]

画一的な集団が抱えるもっとも根深い問題は、情報やデータを的確に理解できないとか、間違った答えを出すとか、与えられたチャンスを十分に活かせないとかいったことではない。真の問題は、本来見なければいけないデータや、訊かなければいけない質問や、つかまえなければいけないチャンスを、自分たちが逃していることに気づいてさえいないことだ。

取り組む問題が複雑なら複雑なほどそうなり得る。視野の狭い画一的な集団は、互いに同じ間違いを犯す。みな同じ場所で立ち往生して盲目になり、解決の糸口やチャンスを見逃してしまう。

スカリア判事が「能力の高さと多様性は両立しない」と発言したときも同様の間違いを犯していた。これは6人のエコノミストの平均がトップのエコノミストより正確だったと聞いたときに、大半の人が犯す間違いと同じだ。彼らは一瞬驚いたあと、頭のいい人材を集めさえすれば頭のいい集団ができ上がると思い込む。スカリア判事は、全体論的なアプローチではなく個人主義的な観点から物事を見ていた。集合知を得るには個人個人の知識だけでは足りず、個人個人の「違い」も大切なのだということを見落としていた。これは「クローン錯誤」とでも呼べそうだ。

この錯誤が世間に浸透しているのは悲劇としか言いようがない。私は本書を執筆するに当たってリサーチを行いさまざまな人と話をしたが、その中で一番印象に残っているのは、ある著名な経済予測家との会話だ。私が「一緒に仕事をするなら、同じような考え方の人がいいですか？　それとも違うほうがいいですか？」と尋ねると、彼はこう言った。「私の経済モデルがもっとも正確な予測を生み出すと仮定すれば、私のような考え方をする人物と仕事をするべきでしょうね」。この論理は一見大いに説得力があるが、盛大に間違っている。

V 精鋭グループをも凌いだ多様性のあるチーム

組織の大半は職員の採用基準について「能力主義」を公言している。コネや人種や性別などの恣意的な要素を優先するのではなく、求職者のスキルや将来性を重視しようという姿勢の現れだ。これは倫理的に正しいばかりでなく、組織の利益にもつながる。しかし同時に潜在的な危険もはらんでいる。たとえばソフトウェア開発に強い名門大学があるとしよう。こういう大学にはたいていその分野でもっとも優秀な学生が集まり、素晴らしい成績を収めて卒業する。さて、ここであなたが大手ソフトウェア会社の経営者だとしたらどうだろう？　社員にほしいのはこういう学生だろうか？　こんな最高の社員をぜひ揃えたいと思うだろうか？

賢明な答えは「ノー」だ。件の学生たちは同じ教授から学び、同じものの見方や考え方を身に着ける。これはときに「知識のクラスタリング」（知識の似た者同士が集合化する現象）と呼ばれる。能力主義でこうした学生を選ぶと、組織はクローン集団へと近づいていく危険がある。ただし私はここで能力主義を否定しているわけではない。要は、集合知を得るには能力と多様性の両方が欠かせないという話だ。

実際、個人の能力を順位付けするテスト結果だけを見て、集合知の高いチームを結成することは不可能だ。前述のスコット・ペイジもこう指摘する。「たとえば創造的なアイデアを生み出すためにチームを組むとしよう。しかしまず、ここでどんなテストをしても、それで測れるのはアイデアの良し悪しだけだ。また、どんなテストであろうと、その結果トップの成績を収めた者のクローンを作ったところで、異なるアイデアを持つ2位の人よりグループへの貢献度は低い。つまりテストだけでは役に立たない」[7]

ではここで、人口統計学的多様性（人種・性別・階級などの違い）と認知的多様性（ものの見方や考え方の違い）の関係について振り返ってみよう。第1章では、人口統計学的多様性が高ければ認知的多様性（ひいては集合知）も高まることが多いことを学んだ。これは当然だろう。個々人の文化的背景が異なれば、経験や嗜好や考え方の枠組みも異なってくる。広告会社などは、人口統計学的多様性を分析して消費者の好みなどを割り出し、特定の客層を狙い撃ちしたキャンペーンを仕掛ける。

前章の経済学者チャド・スパーバーの調査結果（司法業務、保健サービス業務、金融業務において、職員の人種的多様性が平均から1標準偏差上がっただけで、25%以上生産性が高まったという結果）にもあらためて頷ける。ほかの研究者も同様の結果を数々報告している。幅広い層の人間を理解することが必須の職場では、職員自身の人口統計学的多様性（ひいては認知的多様性）が極めて重要なカギを握る。

しかし人口統計学的多様性が高くても、認知的多様性にあまり、あるいはまったく影響を及ぼさない場合もある。スパーバーは同調査の中で、航空機部品や機械装置などの製造会社においては、職員の人種の多様性が生産性の向上にまったく寄与していなかったと報告している。これは、たとえば黒人であることと、エンジン部品のデザインを向上させることの間にそもそも関連性がないためだ。

では経済予測についてはどうか。たとえば2人のエコノミストがいるとしよう。1人は白人の中年男性で同性愛者。もう1人は黒人の若い女性で異性愛者。この2人は人口統計学的に見れば非常に異なっている。多様性の「チェック項目」をほぼすべてクリアしていると言っていい。しかし彼らが同じ大学に通って、同じ教授のもとで学び、同じような経済モデルを使っていたとしたらどうだろう？　この場合、認知的にはクローンと変わりない。

次の2人のエコノミストはどうだろう？　どちらも白人の中年で眼鏡をかけている。子供の数も好きなテレビ番組も同じ。人口統計学的に見れば画一的だ。しかし一方が「マネタリスト」でもう一方が「ケインズ派」だったらどうだろう？　どちらも経済学の一派だが視点は非常に異なる。一見すると画一的な2人だが、問題への向き合い方に関しては多様性がある。

こうした点はしっかりと留意しておきたい。肌の色や性別が異なるからといって、認知的多様性が高まるわけではない。たんにチェック項目の数を増やしたところで集合知は得られない。それに最初は多様性豊かな集団でも、そのうち集団の中の主流派や多数派に引っ張られて（同化して）結局みな画一的な考え方になってしまうことがある。組織ではよく見られる傾向だ。同じ組織に長い間いると、みな代わり映えしない考え方になってくる。

成功するチームは多様性に富んでいるが、その多様性には根拠がある。素粒子物理学の実験に用いる「ハドロン衝突型加速器」の設計チームに、肌の色や性別を考慮してメンバーを選んでも、それがみなたとえばスケートボーダーなら、多様性のメリットは得られない。私が参加したイングランド・サッカー協会の技術諮問委員会も、DNA配列の研究に対してアドバイスをするとなったらどうだろう？　メンバーは多様な情報を持ってはいるが、肝心の問題空間をカバーすることはできない。

多様性は高い集合知を生む要因となるが、それには根拠が必要だ。対処する問題と密接

図４　多様性はあるが無知な集団（根拠のない人選）

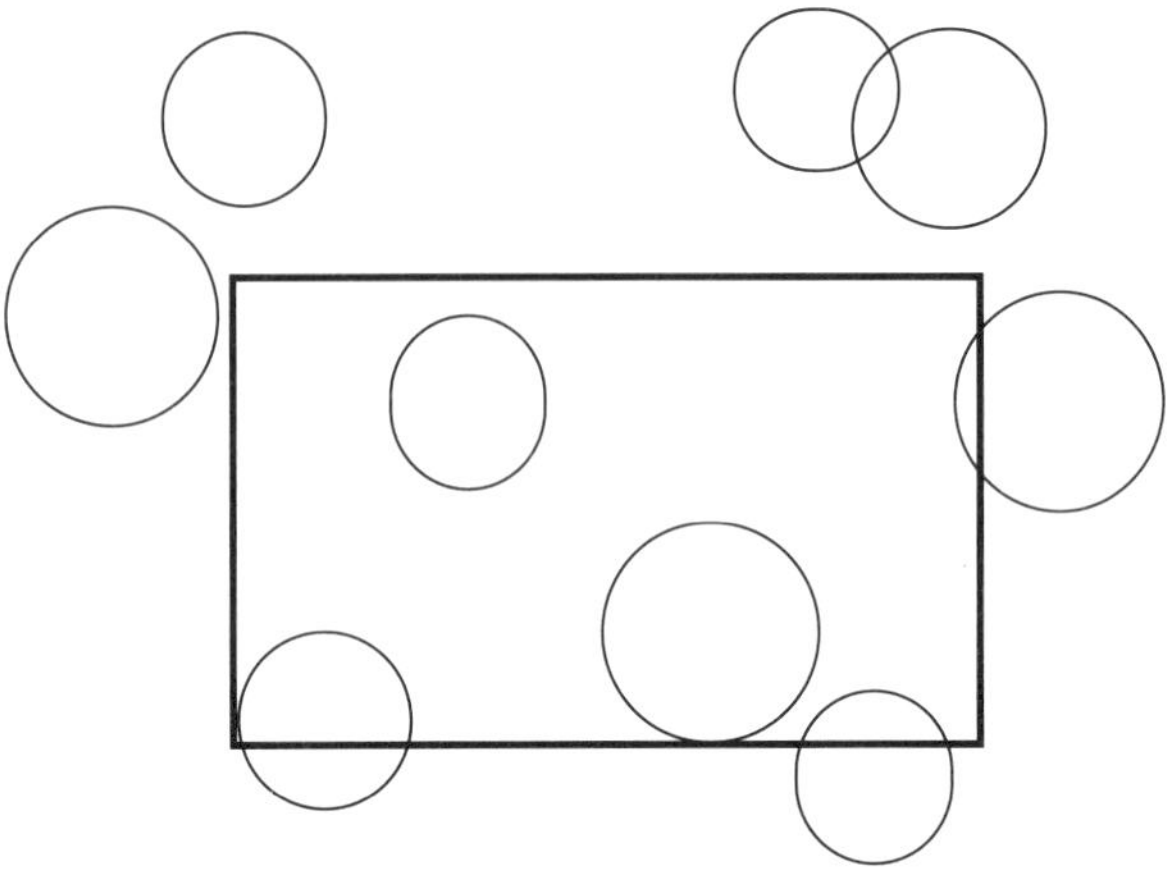

に関連し、かつ相乗効果を生み出す視点を持った人々を見つけることがカギになる。

経済予測チームなら、正確な予想ができて、かつ異なるモデルを用いるエコノミストを集めれば高い集合知を得られる。情報機関なら、分析能力が高く、さらに自身の経験や背景をもとに重層的な危機を理解できる分析官。政策を立案するなら、政治手腕があるだけでなく、（一例として）自身の選挙区を反映する背景を持つ政治家を集める必要がある。そのほかの例については、本書の進行に合わせて紹介していこう。

大事なのは、多様性が特別なものではないという認識だ。多様性は集合知を得るための「追加オプション」ではない。決して料理の添え物ではなく、必須の素材の１つだと考える必要がある。また、多様性の力はもっと幅広い見地から語ることもできる。たとえば、なぜ市場の価格システムがこれほど効率良く機能しているのか、なぜWikipediaをはじめとする画期的なオープンソースのプラットフォームがこれほど広く普及したのか。その要因は、どちらも異なる人々が持つ異なる情報をうまく統合していることにある。(＊)

ＡＩの世界でも多様性が大きく貢献している。数十年前の機械学習は単一のアルゴリズムに基づいていた。しかし今日では、多様な予測因子を組み合わせていることが多い。前述のスコット・ペイジは、コンピューター・シミュレーションモデルを構築し、特定の問題解決を行った際に「直観に反した結果を得た」と言う。「多様性に富んだ問題解決グループが（中略）一貫して、精鋭グループを凌いだのだ[8]」

Ⅵ　女性科学者には男性科学者が見えないものが見えた

政治の世界で、多様性の欠如を補う策の１つとして現在もてはやされているのは、「フォ

＊これはオーストリアの経済学者フリードリヒ・ハイエクが主張したポイントだ。彼は「大勢の異なる人々が、自身が持つ情報や嗜好を頼りに個別に判断した結果、その影響を受けて市場価格が決まる」と論じた。市場価格には実に効率良く広範な情報が統合されていることが多い。

ーカスグループ」を利用した調査だ。これは政界エリートたちの画一的な権力構造をなんら変えることなく、多様性のメリットを享受する方法として称賛されていることが多い。基本的な方法はこうだ。市民の各層を代表する人々を1部屋に集め、賛成していることや反対していること、現実に直面している問題などについて聞き込みをし、それに沿って政策を改善していく。通常は企業が市場調査などでよく用いる手法だ。何がウケて何がウケないか、多様な顧客の意見を聞いて商品開発などのヒントにする。

しかしこのようなアプローチは、それ自身は理にかなった方法であるものの、重要な点を見逃している。なぜなら、フォーカスグループから答えを得ることだけが多様性のゴールではないからだ。肝心なのは、そもそも何を尋ねるか。どんなデータをもとに問題に対処するかだ。

これは政界ばかりでなく、科学――もっとも客観的と言われる学問――の世界にも言える。スポーツ科学分野の研究論文に関するある調査によれば、研究の27%が男性のみを対象にしており、女性を対象にしたものは4%にすぎないことが明らかになっているのだ。[9] スポーツ科学者の大半が男性であることは決して偶然ではないだろう。これは科学者が研究に取り組む前にすでにある種のバイアスが働いていること、あるいはデータの取り方や分析の仕方に歪みが生じていることを示す小さな一例にすぎない。しかしやはりここでも、人口統計学的多様性と認知的多様性との相関性が窺える。

別の事例も見てみよう。たとえば、霊長類学の世界はジェーン・グドールが登場する前まで男性が支配していた。男性科学者らは、チャールズ・ダーウィンの進化論に従い、メスを巡るオス同士の争いに着目していた。彼らの考え方の枠組みはこうだ。「霊長類のメスは受け身の立場で、群れのボスであるオスがすべてのメスに接触する権利を持っている。あるいは、メスが単純にもっとも強いオスを選ぶ」。しかしこの枠組みには盲点があった。それに気づいたのは、霊長類学の世界に一定数の女性たちが進出してきてからだ。霊長類のメスは実際にはもっと能動的で、複数のオスと性交する場合もあることがのちに明らかになった。この新たにもたらされた知見によって、霊長類の行動に関する研究はより深く進化した。

なぜ女性科学者には男性科学者に見えなかったことが見えたのか？　人類学者サラ・ブラッファー・フルディは著書『女性の進化論』で次のように書いている。「たとえばメスのキツネザルやボノボがオスより優位に立ったとき、あるいはラングール〔南アジアに分布する痩せ型のサル〕のメスが群れを抜けて見知らぬオスに誘いをかけたとき、女性研究者はその行動をたんなる偶然と片付けず、追いかけて観察する傾向が強い」

第1章では、日本人はアメリカ人に比べて個々の対象より背景に着目する傾向があることに触れたが、実は霊長類学もこの特徴の恩恵を受けている。研究者のダグラス・メディン、キャロル・D・リー、ミーガン・バングの3人は、『サイエンティフィック・アメリカン』誌上で大きく取り上げられた論文でこう主張した。

１９３０年代から１９４０年代にかけて霊長類学者の多くは（中略）オスの支配性とそれに関わる交尾行動に焦点を当てていた。群れや個体の追跡調査は何年もほぼ行われていなかった。一方、日本人研究者は社会的関係や地位――日本社会で相対的に重要とされる要素――により注目した。この研究傾向の違いは両者の知見に著しい差をもたらした。やがて日本人の霊長類学者たちは、オスの地位が群れの構成やその中での社会的関係を決める要素の１つでしかないことを突き止めた。またメスにも序列があること、さらに群れの中心はオスではなくメスの血縁者で成り立っていることも解明した。

ここで思い出すのがイギリスのコメディアン、ジョン・クリーズの言葉だ。覚えているだろうか？「誰にでも自分なりの論理がある。みんなほぼ無意識にその論理にのっとって行動している。危ないのは、自分でそれに気づいていない人間だ」。これがどんな場面にも、もちろん科学の世界にも当てはまることが今ならわかるだろう。もっとも偉大な科学哲学者とも言うべきカール・ポパーは、名著『推測と反駁―科学的知識の発展』で、ほかの数多くの指摘とともに次のように語っている。ポパーの名言は常に私のお気に入りだ。科学者ばかりでなく我々すべてにとって有益な刺激となる。

25年前、ウィーンでの講義の冒頭、私は物理学を専攻する学生たちに向かって次のような指示を出した。「『紙と鉛筆を出してじっくりと観察し、ありのままを書き出してください』。すると言うまでもなく、どんな点を観察すればいいのかという質問がすぐに上がった。「観察しなさい」というだけの指示は明らかに荒唐無稽だった。（中略）観察は常に選択を伴う。まず対象を選び、課題を決め、興味の矛先、視点、問題点などを明らかにすることが欠かせない。（中略）科学者にとって『視点』をもたらすのは、学理的な興味、研究中の特定の問題、憶測や期待であり、さらに自身が一種の前提や背景として受け止めている理論、つまり自身の考え方の枠組み、あるいは『期待や予想の枠組み』なのだ。

Ⅶ　なぜ暗号解読に多様性が必要なのか

1942年1月13日、イギリスの高級紙『デイリー・テレグラフ』に、あるクロスワードパズルが掲載された。縦17行、横18列で、ヒントは合計35個。一般知識で解けるものもあれば、なぞなぞやアナグラム〔単語の文字を並び替えて別の意味にする言葉遊び〕もある。当時はちょうど「毎日のクロスワードパズルが簡単すぎる」という読者からの苦情が増えていた。そこで「エキセントリック・クラブ」〔ロンドンに実在した紳士の社交場〕の会長、W・A・J・ガーヴィンが立ち上がり、クロスワードパズル・コンテストの開催を呼びかけた。12分以内にこのパズルを解ける者が出たら100ポンド（当時の換算で約70万円）を慈善団体に寄付するという。

『デイリー・テレグラフ』紙の当時の編集長アーサー・ワトソンはこれに応じてコンテストを主催。1月12日の午後、30人以上の人々がロンドンのフリート・ストリートにあるデイリー・テレグラフ社の編集室に集まった（件のクロスワードパズルは、その翌日紙面に掲載された）。

コンテスト挑戦者の1人はスタンリー・セジウィック。市の会計事務所に勤める事務員で、毎日の電車通勤中に鍛えたクロスワードパズルの猛者だった。彼はこう振り返る。「私のほかに30人ぐらい挑戦者がいました。試験官役の編集長とガーヴィン氏、そして時間を計る担当者などの面々を前に、みんなそれぞれ別の机につきました」[10]

結果、4人の挑戦者が制限時間以内にパズルを解いた。終了のベルが鳴ったとき、セジウィックはあと1語を残していたが、水平思考〔既成概念にとらわれない考え方〕に強い彼の才能を試験官たちに十分に示した。コンテストのあとは、デイリー・テレグラフ社の厚意で紅茶が振る舞われた。「みんなで軽く雑談をして、土曜の午後を気持ち良く過ごせました」とセジウィックは語っている。

それから数週間が過ぎた頃、セジウィックの家に一通の手紙が届いた。封筒には「機密事項」と書かれている。当時は第2次世界大戦中で緊迫していた時期だ。その前年、ヒトラー率いるドイツ軍はバルバロッサ作戦（旧ソビエト連邦への侵攻作戦）を開始。イギリス軍は極めて脆弱な状態に陥っていた。「一体何事だろう?」セジウィックは急いで封を開けた。

「中を見てどれだけ驚いたことか。（中略）デイリー・テレグラフのクロスワードパズル・コンテストに参加したら、軍参謀本部のニコルズ大佐から『国家の重要事項についてぜひ面会したい』という公文書が届いたんですから[11]」

ブレッチリー・パークは、ロンドンから50マイル（約80キロメートル）北西のバッキンガムシャー州に建つ邸宅だ。当時、イギリスの暗号解読拠点となっていた。ナチスは軍の通信に「エニグマ」と呼ばれる暗号機を利用していた。ちょうど木箱に入った小さなタイプライターのような形をしていて、電気信号で複数のローターを回し、アルファベット26文字をそれぞれ別の文字に変換する仕組みだった。担当のオペレーターがエニグマに文字列を打ち込むと、開いた木箱の上部に暗号化された文字が点灯する。それを別のオペレーターが書き写したあと送信する。ドイツ軍最高司令部の多くは、敵国には解読不可能だと考えていた。

ブレッチリー・パークには、このエニグマ解読のため、情報機関によって選出された人々が集められた。ジャーナリストのマイケル・スミスは著書『*The Secrets of Station X: How the Bletchley Park Codebreakers Helped Win the War*（ステーションXの秘密―ブレッチリー・パークの暗号解読者たちはいかにして戦争を勝利に導いたのか）』でブレッチリー・パークの外観をこう形容している。「チューダー様式とゴシック様式を折衷したあまり美しいとは言えない赤レンガの邸宅で、端にある銅製の円屋根は風雨にさらされて緑に変わっていた」。実際、暗号解読作業のほとんどは、敷地内に建てられた間に合わせの木造小屋で行われた。

小屋の作りは粗末だったが、中では第2次世界大戦に関わる極めて重要な（そして実に興味深い）活動が行われていた。最終的に、ブレッチリー・パークのチームはエニグマの暗号解読に成功し、貴重な情報の数々をもたらした。「おかげで戦争が3年早く終結した」「これで戦争の行方が変わった」と評価が高い。ウィンストン・チャーチル元英首相は、ブレッチリー・パークを「金の卵を産むガチョウ」〔イソップ寓話『ガチョウと黄金の卵』で毎日黄金の卵を産んで飼い主をお金持ちにしたガチョウ〕と称えた。

さて、ここでもしあなたが暗号解読チームのメンバーを選ぶとしたらどうするだろう？世界有数の数学者たちを選ぶのではないだろうか？　スコットランド生まれのアラステア・デニストン海軍中佐もブレッチリー・パークのチームの指揮を任された際、まさにそうした。1939年、彼はアラン・チューリングを採用。チューリングは当時27歳で、ケンブリッジ大学キングス・カレッジのフェロー（特別研究員）を務め、20世紀のもっとも偉大な数学者の1人として広く認められていた。同1939年、デニストン中佐はやはり数学者のピーター・トゥイン（23歳でオックスフォード大学ブレーズノーズ・カレッジ在籍中）を採用している。その後、さらにほかの数学者や論理学者を続けて採用した。

しかしあるときデニストン中佐は気づいた。複雑で多次元的な問題を解決するには認知的多様性が欠かせない。彼に必要なのはクローン集団ではなく反逆者集団だった。アラン・チューリングばかりのチームでは結果を出せない。そこでデニストン中佐は、誰もがこれで十分だと考えるよりさらに広く網を張った。問題空間を覆い尽くしたかったのだ。[12]『*The Secrets of Station X*（ステーションXの秘密）』の著者スミスによれば、デニストン中佐はレナード・フォスター（ドイツ語学者）、ノーマン・ブルック・ジョプソン（比較言語学者）、ヒュー・ラスト（歴史学者）、A・H・キャンベル（法哲学者）らを採用している。さらにJ・R・R・トールキンにも参加を交渉した。当時オックスフォード大学のアングロサクソン語学教授だったトールキンは、政府暗号学校のロンドン本部で暗号解読の訓練過程に参加したものの、結局大学に残ることにした。暗号界にとっては惜しい話だが、文学界にとっては幸運となった。トールキンは第2次世界大戦中に『指輪物語』の大半を執筆した。[13]

ブレッチリー・パークのチームは実に多様性に富んでいた。専門分野ばかりでなく、人口統計学的にも異なっていた。チューリングは同性愛がまだ違法だった時代の同性愛者だ。またスタッフの大半は女性だった（ただブレッチリー・パークも社会的な性差別に無縁とは言えず、事務職が多かった）。高い地位に就いたユダヤ系の暗号解読者も複数いた。信仰など社会的背景が異なる人々も参加していた。[14]

暗号解読になぜこのような多様性が必要なのか？　論理的思考や演算処理ができさえすればいいのではないのか？　しかし複雑な問題を解決する際には、重層的な視点が大きなヒントをもたらす。たとえば「Cillies」と呼ばれる暗号について見てみよう。これはドイツ軍のオペレーターがエニグマを使って通信する際、毎回通信文のヘッダーに入れる3文字の文字列の総称だ（文字列は通信ごとに異なる）。オペレーターはその文字列に恋人の名前や、罵り言葉の最初の3文字をよく使っていた。ブレッチリー・パークのチームが最初にその設定に気づくきっかけとなった文字列が「ＣＩＬ」（ドイツの女性名 Cillie の略称）

だったため、まとめて「Cillies」と呼ばれた。これに気づいた結果、暗号解読の作業に大きく弾みがついた[15]。

どうやら暗号解読は、ただデータを読み解くのではなく、人を読み解く作業でもあるようだ。ブレッチリー・パークのチームにいた若い女性暗号解読者の1人はこう言った。「オペレーターの心理について常に考えていました。戦争のさなか、司令官の通信文を暗号化する設定のため、エニグマの小さな画面に数文字の文字列を打ち込まなければならないとしたら、恋人の名前や罵り言葉でも使いたくなるでしょう。特に私はドイツ語の罵り言葉について、世界の誰にも負けません[16]!」

クロスワードパズルの愛好家を暗号解読チームに入れようというアイデアは、問題空間をできるだけ広くカバーしようとする中で生まれたものだ。ブレッチリー・パークの人材スカウトが『デイリー・テレグラフ』のクロスワードパズル・コンテストをつぶさに調査していたとは、考えようによっては奇妙な話だ。特に戦時中の行動としてはばかばかしく思えるかもしれない。しかし彼らは全体論的な視点から物事を見ていた。想像力を精一杯飛躍させ、クロスワードパズルも暗号解読に欠かせない要素だと思いいたった。

「暗号解読は、ごく単純なものでも(中略)エニグマのように複雑なものでも、文字列や単語からなんらかの関連性を見出す作業であることに変わりはない」とスミスは言う。「クロスワードパズルはちょうどそれに似た水平思考を要する[17]」

イタリア軍が使用していたエニグマの解読に貢献し、マタパン岬沖海戦〔第2次世界大戦中、英・豪海軍と伊海軍の間で行われた地中海海戦〕で英軍を勝利に導く一助となったメイヴィス・ベイティは、2013年に亡くなる少し前にあるインタビューに答えて、自身の水平思考力を示すエピソードを話している。「オックスフォード大学のボドリアン図書館に勤めていた娘がある日こう言ったんです。『「J」階で仕事してるの』。それで私はこう返しました。『Jね。10階ってことでしょ?』娘は驚いて変な顔をしていました。なんでそんなにすぐわかったのって」

科学系ジャーナリストのトム・チヴァーズは、暗号解読の人間的要素について次のように指摘している。

クロスワードパズルでは問題を作った相手の頭の中に入っていくことが大事だ。暗号解読でも同様に敵の頭の中に入っていく。通信文を暗号化する人間一人ひとりの頭の中を読み取って、彼ら独自のスタイルをつかむ。メイヴィス・ベイティもそうやって、エニグマのオペレーター2人の恋人の名前がローザだと突き止めた。[18]

クロスワードパズル愛好家のスタンリー・セジウィックがチームに選ばれたのは、採用する側のきまぐれなどではない。形だけの多様性のためでもない。集合知を最大限に高めようと綿密に考え抜かれた結果だ。「悪魔のように難しい問題を解決するためには、想像力を働かせて考え方の異なる人々を集めなければいけません」と、英軍の情報将校からジャーナリストに転身したスミスは私にそう話してくれた。

エニグマの解読は、ヘッダーの文字列の解読にかかっていた。暗号解読チームに、同じような背景を持つ頭脳優秀なメンバーばかり、あるいはデータの解析能力に秀でた数学者ばかりを集めていれば済んだなら、どれほど楽だっただろう？　しかしそれではエニグマのオペレーターの人間的な側面を見ようとは思いいたらなかったかもしれない。ブレッチリー・パークの人材スカウトは一歩下がって、自分たちに盲点はないかと探し、想像力をフルに働かせて有益なアイデアを追求した。その結果、一風変わってはいるものの卓越した人々を集めることに成功し、高い集合知を得た。

哲学者で文芸評論家のジョージ・スタイナーは、ブレッチリー・パークについてこう語っている。「1939〜1945年の間にイギリスが達成した最大の偉業だ。20世紀最大の、と言ってもいいだろう」。またアメリカ人としてブレッチリー・パークの暗号解読者を務め、のちに米国国務次官補となったビル・バンディは、「あれほど幅広いスキルと洞察力と想像力があり、あれほど献身的に職務をこなす人々」と仕事をした経験はあとにも先にもないと発言している。[19]

クロスワードパズル・コンテストに出場したセジウィックは公文書を受け取ったあと、軍参謀本部のニコルズ大佐に連絡を取った。ニコルズ大佐はＭＩ８（イギリス情報局秘密情報部）のトップでもあった。セジウィックはのちにこう語っている。「ロンドンのピカデリー通りにあるデヴォンシャー・ハウスで面会することになりました。そこがＭＩ８の本部だったんです。行ってみると、私のように手紙を受け取った人がほかに数人いました。その後、私はブレッチリー・パークへ向かうことになりました」

ブレッチリー・パークに到着すると、セジウィックは「10番」の小屋で職務に就くよう指示された。そこはドイツ軍の気象情報の暗号文を専門に傍受する部署だった。暗号文の内容は、英空軍爆撃司令部が作戦などを決定する上で極めて重要な情報だった。しかもその情報の一部をドイツ海軍はエニグマの「クリブ」〔暗号文に高確率で含まれる単語やフレーズ〕として使用していたため、暗号解読の手がかりとしても貴重だった。（＊）

実際、セジウィックの部署は「大西洋の戦い」〔海外からの物資輸送を阻もうとする独軍との海上戦〕で極めて重要な役割を果たした。気象情報の暗号文解読に成功した結果、英軍はアメリカからの輸送船団を阻もうとする独軍のＵボートを駆逐し、第２次世界大戦を戦い続けるのに必要な物資の供給を確保した。ある試算によれば、１９４２年12月〜１９４３年1月だけで75万トンもの輸送物資を得たという。

前述のスミスは私にこんな話をしてくれた。「セジウィック氏が亡くなる数年前に会って話を聞いたとき、使命感の強い謙虚な方だという印象を強く受けました。戦争前は平凡な仕事に就いていた彼にとって、ブレッチリー・パークのチームに参加することは非常に刺激的で大きな挑戦でした。当時もっとも重要な使命を受け、卓越した人々とともに仕事をして、きっと彼は人生最高の日々を送っていたに違いありません」

通勤電車でクロスワードパズルの腕を鍛えた物静かな会計事務所の事務員は、こうしてナチス・ドイツに敗北をもたらす一翼を担った。スタンリー・セジウィックは、史上もっとも優れた反逆者チームの一員だった。

＊独海軍は1942年初期にエニグマのセキュリティを強化していたため、解読が特に困難になっていた。

第3章

不均衡なコミュニケーション

CONSTRUCTIVE DISSENT

I　登山家たちを陥れた小さな罠

1996年5月10日、午前零時過ぎ。登山家ロブ・ホールとそのチームは、岩のように硬い氷に覆われたサウスコル〔エベレスト最終キャンプの設営地〕で容赦なく吹きすさぶ強風の中一晩過ごしたあと、「デスゾーン」に入った。ここから世界最高峰の山頂まで垂直距離にして3117フィート（約950メートル）。すべて予定通りにいけば、12時間後には登頂できる。

一行は、登山ガイド会社が一般登山家の顧客を募った「公募隊」（商業登山隊）だ。引率者は髭を生やした当時35歳のホール。その下には2人のガイド、アンディ・ハリスとマイク・グルーム、そしてシェルパたち。顧客は計8人でみな経験を積んだ登山家だったが、エベレスト登山にはガイドを要した。8人の中には、ジョン・クラカワー（ジャーナリストで登山家。アウトドア誌『アウトサイド』にこの登山に関する記事を寄稿）、ベック・ウェザーズ（テキサス州出身の病理学医。登山経験は10年）、難波康子（東京都出身の47歳の会社員。7大陸最高峰のうち6峰に登頂済み）らがいた。難波は今回エベレスト登頂を果たせば、女性としては最高齢で7大陸最高峰を制覇することになる。

リーダーのホールはチームにも準備にも自信があった。彼自身それまでエベレスト登頂に4度成功しており、技術的にも体力的にも秀でていた。妻のジャン（ベースキャンプの診療所に勤務する医師）と出会って恋に落ちたのも1990年のエベレスト登山中だった。「エベレストを下りてすぐデートに誘ったんだ」とホールはのちに語っている。[1] 2人の初デートはアラスカのデナリ（マッキンリー）登山で、その2年後に結婚。1993年には一緒にエベレストに挑み、登頂に成功した史上3組目のカップルとなった。[2]

今回の登山では、ベースキャンプにジャンの姿はなかった。妊娠7カ月だったからだ。ホールはいつにも増して登頂への期待に胸を膨らませていた。成功してニュージーランドの家に帰ったら、人生で初めて父になる。「待ちきれないよ」。彼はそう言った。

しかしここデスゾーンでは、一歩一歩の前進がいやが上にも危険度を増す。ホールはそれを十分承知していた。海抜5マイル（約8000メートル）の高所では極めて酸素が薄く、一行はすでに酸素ボンベを使用している。「この高度では心も体もあっという間に消耗する」。ホールがチームに語った言葉を、ジャーナリストのクラカワーはのちに記している。「脳は損傷を受け、血液は［水分の蒸発などで］濃度が高まり危険なレベルにまでドロドロし始める。網膜の毛細血管から出血も起こる。体を休めているときでさえ、心臓の鼓動は激烈な速さだ」[3]

チームは別名チョモランマ（チベット語で「世界の母なる女神」）と呼ばれる世界最高峰の山頂を見上げ、最終ルートの過酷さを噛みしめた。ここからまずは「バルコニー」と呼ばれる通過ポイントまで、落石の危険に絶えずさらされながら根気よく登り、そのあとさらに南峰の厳しい傾斜を登り続けていく。

山頂付近には、ほぼ垂直にそそり立つ岩と氷の壁「ヒラリー・ステップ」が待ち受けている。この名前は、テンジン・ノルゲイというシェルパとともに人類初のエベレスト登頂に成功した、サー・エドモンド・ヒラリーにちなんで付けられた。「この稜線でもっとも恐るべき姿をした、高さ40フィート（約12メートル）の難所」とヒラリーは著書に綴っている。[4]「ほぼどこにも手足を掛ける余地のない岩そのものは、（中略）熟練した登山家の一行なら日曜の午後にでも取り組むような課題かもしれない。しかし体力を激しく消耗した我々にとっては越えがたい障壁に思えた」

世界最高峰のエベレストはどうやらもっとも美しい山というわけではないようだ。登山経験者によれば、ほかの偉大な山々を見下ろすようにそびえ立つその姿は、ごつごつと荒っぽい。しかしその美しさに欠ける姿が、かえって近寄りがたい神秘的な空気を醸し出しているのだろう。クラカワーは、ネパールのテンジン・ヒラリー空港からベースキャンプへ向かう途中でこう記した。「私はエベレストの山頂をおそらく30分近く眺めていた。強風が吹きすさぶあの頂上に立ったら、一体どんな気持ちがするのだろうと考えながら。私はこれまで数々の山に登ってきたが、エベレストはそのどの山とも違い、私の想像力をはるかに超えていた。冷たくそびえる頂きは、あり得ないほど遠くに感じた」

この神秘のエベレスト登頂は死の危険と隣り合わせだ。1921年にイギリスの遠征隊が初めて足を踏み入れて以来、130人の登山家が亡くなっている。登頂成功者4人に対し1人が命を落としている計算だ。[5] 中でも有名なのは、もっとも早期に亡くなった登山家のうちの1人、ジョージ・マロリーだろう。イギリスの遠征隊に参加していたマロリーは、1924年6月8日、同遠征隊の一員アンドリュー・アーヴィンとともに登頂に挑んだ。(*)

その日、エベレスト山頂は霧に包まれていたため、サポートチームから彼らの進み具合は見えなかった。しかし午後12時50分になって空が一瞬晴れ上がったちょうどそのとき、同チームの一員ノエル・オデールが、マロリーとアーヴィンの2人が北東稜の上方を登っているのを目撃している。2人は当初のスケジュールから5時間遅れてはいたが、山頂に向かって着実に進んでいたという。しかしその後、2人の姿は山中に消えた。のちに彼らが見つかったのは1999年。マロリーの遺体はエベレスト北壁の標高2万6760フィー

*命の危険を冒してまでなぜエベレストに登りたいのかと訊かれ、「そこに山があるからだ」と答えたのはこのマロリーだ。

ト（約8150メートル）地点で発見された。歴史学者の間では、2人は登頂を果たせなかったという意見でほぼ一致している。

ホールの一行にとっても、そうした危険があることは明白だった。実際、山腹には遺体がいくつも転がっている。予備の酸素ボンベがどれだけ重要か、ガイドらは顧客に厳しく忠告していた。標高1万7600フィート（約5360メートル）のベースキャンプに到着して以来、一行は3度の「高度順化」を経ている。1度目は標高1万9500フィート（約5940メートル）のクーンブ氷河で慣らした。ここはクレバス（氷河の裂け目）だらけの上、雪崩の危険が大きい。2度目は標高2万1000フィート（約6400メートル）、3度目は2万3500フィート（約7100メートル）地点で、酸素濃度が平地の3分の1しかない山頂に向けて準備を整えた。

しかし一行は今や標高約2万6000フィート（約8000メートル）を超えるデスゾーンに足を踏み入れている。ホールは登頂のタイムリミットを午後1時、遅くとも2時と決めていた。それまでに登頂できなければ、その場で引き返すことになる。これは技術的な判断というより、むしろ酸素ボンベの容量の問題だった。酸素ボンベは1人につき3本。1本で6～7時間まで酸素を補給できる。引き返すのが遅れれば、それだけ命に関わる。ホールはこう言っていた。「強い意志さえあればどんな愚か者でもこの山は登れる。しかし大事なのは生きて帰ることだ」[6]

この日はほかにも複雑な状況があった。山頂を目指す公募隊がほかに2隊いたのだ。ただしエベレストに魅せられる人は世界的に多く、登山ルートが混雑することは普段から少なくない。公募隊の1つ「マウンテン・マッドネス隊」を率いていたのは、感じのいいアメリカ人登山家、スコット・フィッシャーだ。彼は世界でも有数の技術を誇るベテラン・アルピニストだ。ガイドたちも優秀で、その1人、ロシア人登山家のアナトリ・ブクレーエフはエベレストに2度の登頂経験があった。顧客にはアメリカ人登山家のサンディ・ピットマン。彼女は難波と同じく7大陸最高峰のうち6峰にすでに登頂しており、今回はNBCの特派員として毎日動画ブログを配信していた。もう1つの公募隊は比較的規模の小さい「台湾隊」だ。

地平線の向こうに太陽が顔を覗かせる午前5時15分。ホールが引率する公募隊のクラカワーは、エベレスト南東稜の稜線に出た。「私の高度計は標高2万7600フィート（約8410メートル）を指していた」と彼はのちに記している。[7]エベレストに連なるヒマラヤ山脈の8000メートル峰のいくつかが、朝焼けの空にそびえる姿を見渡せる高さだ。しかしその下では、小さな問題が蓄積し始めていた。

標高2万7400フィート（約8350メートル）地点の「バルコニー」と呼ばれる通

過ポイントでは、すでに設置されているはずの固定ロープが設置されていなかった。そのため予定外の作業が必要になったほか、ルートに渋滞も起こって、スケジュールに乱れが生じた。フィッシャー隊のガイドの2人、ブクレーエフとニール・ベイドルマン、さらにシェルパたちが吹きさらしの斜面で取り付け作業に当たった。一方、同隊の隊長スコット・フィッシャーはまだその下にいた。3日前、顧客として参加していた友人のデイル・クルーズが体調を崩し、彼をベースキャンプに戻す手助けをした際に体力を消耗していたためだ。フィッシャー自身にも高地肺水腫（高所において肺に水がたまる疾患）と思われる症状が出ていた。

午後1時を過ぎた頃、ホール隊のクラカワーが仲間に先立って登頂。人生の夢をかなえて興奮気味だったが、隊の足並みが揃わなくなってきていることも感じていた。リーダーのホールはまだはるか下だ。一方、NBCの特派員サンディ・ピットマンとフィッシャー隊の仲間たちは、かつてないほどの疲労に襲われていた。安全に下山できるタイムリミットは刻々と迫っている。薄い雲が山間を覆い始めていた。

登山史上極めて悪名高い「エベレスト大量遭難事件」の幕開けだ。しかしこのときはまだ誰一人として、のちに8人もの死者を出す大惨事になろうとは考えてもいなかった。

1996年のこの遭難事件以降、生存者の多くが当時の状況について自分なりの見解を語っている。クラカワーが書いた『空へ―「悪夢のエヴェレスト」』はベストセラーとなった。同じくホール隊の顧客、ベック・ウェザーズも『死者として残されて―エヴェレスト零下51度からの生還』を出版している。またＩＭＡＸ社は『エベレスト』と題したドキュメンタリー映画を制作。ナショナルジオグラフィックも『*The Dark Side of Everest*（エベレストの闇）』というドキュメンタリー番組を制作している。さらに２０１５年には、ハリウッドが映画化。ジェイソン・クラーク、ジョシュ・ブローリン、キーラ・ナイトレイらが出演した『エベレスト３Ｄ』は2億ドル（約２００億円）を超す興行収益を上げた。

しかしこれだけ多くの「詳細」が出ているにもかかわらず、現時点においてもなお、実際の事故の要因やそこから学ぶべきことについて意見の一致は見られない。クラカワーは、フィッシャー隊のガイド、ブクレーエフが顧客のはるか先を進んでいたことを強く非難した。これに対してブクレーエフは自身の回想録『デス・ゾーン８８４８Ｍ―エヴェレスト大量遭難の真実』を出版。権威ある登山家の多くから支持された。サンディ・ピットマンは、さまざまな見解によって自身の人格が毀損されたと主張している。[8] クラカワーも、『エベレスト３Ｄ』の自分のキャラクター（マイケル・ケリーが演じた）は「完全なデタラメ」だと発言した。

こうした見解のズレは必然的に出てくるものだろう。「責任の所在を明らかにしたい」という心情が働きやすい出来事においては特にそうなる。多くの人が亡くなり、家族は愛する者を失った。なぜそこまで最悪の事態になったのか、関係者自身も混乱している状態だ。大惨事のあと、当事者間で異なる証言が出てくるケースはよくある。激しく食い違うことも多い。しかし本章では、それらすべての証言が誤りである可能性に着目する。事故の要因は個人個人の行動ではなく、チーム（隊）のコミュニケーション方法にあったという視点に立って、詳しく検討していきたい。

前章まで、我々は多様な視点が集合知を高めるという事実を見てきた。だが登山の場合、登っている場所が違えばそもそも見えるものが違う。一緒に登っている仲間の消耗状態も、直面している問題も、雲の厚さもみな異なる。どれもほかの地点を登っている者には見えない。しかし1人なら目は2つしかないが、チームになればその数も増え、それがさまざまな判断に役立つ。そこで重要なのが、有益な情報や視点の「共有」だ。これは多様性が大きな魔法の力を発揮する上で欠かせない。いくら個人が有益な情報を持っていても、それが表明され、共有されなければ、意味はない。

しかし、さまざまな視点からさまざまな情報や意見がうまく出さえすればいいというわけでもない。最終的な判断を下すのが誰かということも重要になる。競合する意見が出た場合、どちらをとるべきか？　そもそも視点の異なる意見はどれか1つを選び出すべきなのか、それとも互いに組み合わせるべきなのか？　本章では、多様性についてこうした点を考えながら、これまでのようなコンセプトから「実践」へと話を移していこう。

エベレスト登山はいろんな意味で本章にふさわしい題材だ。山の天気は変わりやすい上、どれだけ準備を整えても予期せぬことが起こる。足場は常に不安定で、体力ばかりか精神力や知力も消耗しやすく、認知に大きな負荷がかかる。登山はいわゆる「VUCA」（ブーカ）な環境で行う活動だ。つまり不安定（Volatile）で、不確か（Uncertain）で、複雑（Complex）で、曖昧（Ambiguous）な環境に登山家は常に置かれている。

II　機長に意見するより死ぬことを選んだ

心理学者と人類学者の意見が合うことは少ないが、集団の秩序が「順位制」（メンバーの序列。ヒエラルキー）によって決まるという点については見解が一致している。心理学者のジョーダン・ピーターソンによれば、ヒトなどの霊長類に限らずロブスターの世界にさえそうした序列が存在するという。フロリダ州立大学の心理学教授ジョン・メイナーも、「ヒエラルキーはホモ・サピエンスが出現した時期どころか、それよりはるか前の霊長類種の時代から存在する」と主張する。「人間の頭や心は、序列が定められた集団の中で生きるよう設計されているのだ[9]」

順位制にまつわる感情や言動は人間の頭や心の奥深くにプログラミングされ、我々はその存在にほぼ気づかずに生きている。支配権を握った者は身振りや手振りが大きくなり、従属する者を威圧する。つまり恐怖で支配してまわりを動かそうとする。特に「群れのボス」は声を上げ、体を大きく見せるしぐさをして、歯をむく。これはチンパンジーのボスも金融街のやり手も変わらない。一方、地位の低い者は頭を下げ、肩を丸め、視線を避ける。いわゆる畏縮した態度をとって従属を表す。

実際、見知らぬ5人を1部屋に集めて1つの課題に取り組ませる実験をすると、たちまちヒエラルキーが形成される。しかも面白いことに、そのグループを外から観察する別の被験者は、5人の声さえ聞こえない状態で表情やしぐさだけを見て、誰がどのポジションにいるのか的確に当てられるという。

ヒエラルキーは意図的に形成する場合もあるが、人間はそもそもこういう生き物なのだ。人の心の奥底にこれだけ浸透した順位制は、進化の過程で重要な役割を果たす。群れなり集団なりが選択に迫られたとき、それが単純な問題なら、リーダーが決定を下してほかの者が従うのが理にかなっている。そのほうが迅速に一体となって行動できる。進化の過程では、支配的なリーダーがいる集団のほうが勝ち残る確率が高い。

しかし問題が複雑になると、支配的な環境が悪影響を及ぼす場合がある。ここまで見てきたように、集合知には多様な視点や意見――反逆者のアイデア――が欠かせない。ところが集団の支配者が、「異議」を自分の地位に対する脅威ととらえる環境（あるいは実際にそれを威圧するような環境）では、多様な意見が出にくくなる。ヒエラルキーが効果的なコミュニケーションの邪魔をするのだ。ヒエラルキーの中で生きることをプログラミングされた人間だからこそそうなる。これは一種のパラドックスと言っていいだろう。

こんな皮肉な現実をまさに浮き彫りにした一件がある。登場するのはユナイテッド航空173便。(*) 1978年12月28日にコロラド州デンバーからオレゴン州ポートランドへ向かって飛び立った173便は、着陸準備に入るまで何も問題なく運航を続けていた。しかし機長がランディング・ギアのレバーを下げると、通常ならスムーズに車輪が下りて定位置にロックされるはずが、このときは「ドン！」と大きな音がした。しかも車輪がロックされると点灯するはずのインジケーター・ランプが点かない。そこで機長は着陸を取りやめ、クルーたちが車輪の状態を確認する間、旋回飛行に入った。

機体の下側に出る車輪は目視できないため、クルーたちはその代わりとなるチェックを始めた。まず航空機関士は客室へ向かった。もし車輪が無事にロックされていれば、機体の主翼上面にボルトのような突起が出ているはずで、それが客室の窓越しに確認できる。突

＊この一件は拙著『失敗の科学──失敗から学習する組織、学習できない組織』で航空安全対策に関わる重要な一例として取り上げた。

起は間違いなく出ていた。次にサンフランシスコにあるユナイテッド航空の管制に連絡して状況を説明すると、「車輪は正しくロックされていると見ていいだろう」という答えが返ってきた。

しかし機長はそれでも納得がいかなかった。あの大きな音はなんだったのか？　なぜインジケーター・ランプが点灯していないのか？　車輪なしの胴体着陸の場合、死亡事故につながる確率はごく低いというデータはあるものの、リスクは完全にゼロではない。ベテラン機長として、乗客を不要な危険にさらしたくはなかった。彼は考え始めた。ランプが点かないのは配線の不具合だろうか？　それとも電球に問題があるのだろうか？

機長はそう考えながら旋回飛行を続けた。しかしその間、新たな危機が忍び寄っていた。燃料が切れ始めていたのだ。航空機関士はそれに気づいていた。目の前の計器が、刻々と減っていく残燃料を示している。もちろん、機長に警告しなければという強い思いはあった。自分の命ばかりか乗客やクルー全員の生死がかかっている。

しかしこれは1970年代の話だ。操縦室はまだ強固なヒエラルキーがあり、機長は「サー」(Sir) と呼ばれていた。クルーたちは機長の判断に従い、機長の指示で動くものとされていた。これを社会学者は「権威の急勾配」と言う。もしこの状態で地位の低い航空機関士が残燃料について進言すれば、「機長は重要な情報をすべて把握し切れていない」とほのめかすのと同じことになる。たとえそれが事実であったとしても、機長の地位を脅かす意見と受け取られる恐れがあるのだ。

現地時間の17時46分、残燃料の量を示す目盛りが「5」に下がった。これは非常事態だ。今や航空機関士を含め、200人近い人命が深刻な危険にさらされている。それなのに機長はまだランプに気を取られ、減り続ける燃料に気づいていない。彼の視野は極端に狭まっていた。普通に考えれば、この段階ならさすがに航空機関士が「今すぐ着陸してください！　燃料が足りません！」と言ったと思うだろう。しかし彼はそう言わなかった。コックピットのボイスレコーダーに残った音声では、かろうじてこう示唆するにとどまっている。「15分飛べば本当に燃料が厳しくなります」〔この直前、機長はまだ15分間飛べるだけの燃料があると誤認し、そう発言していた〕

航空機関士は機長に真正面から異議を唱えることを恐れ、言葉を選んだ。実際、機長はまだ旋回飛行を続けても燃料切れにはならないと受け止めていた。しかしそれは誤認だった。航空機関士にはそれもわかっていた。18時01分。おそらくこの時点ではもう手遅れの状態だったが、航空機関士らはまだその事実を明確に伝え切れずにいた。

18時06分。この時間を境にエンジンが次々とフレームアウト（停止）し始め、航空機関士はここでやっと強い口調で状況を訴えた。しかしもうすでに遅すぎた。彼らがもはやあと戻りできないこの状況にまで追い込まれたのは、決して情報が足りなかったからではない。共有されなかったからだ。数分後、機体はポートランド郊外の森に滑り込むようにして墜落。その間、近くの民家1軒をなぎ倒し、その先にあったもう1軒の民家に乗り上げて止まった。機体の左下部は完全にちぎれてなくなっていた。晴れた日の夕方、旋回飛行をしながら空港がはっきりと目視できる状態の中、乗員乗客合わせて10人が亡くなる惨事となった。その内1人は航空機関士だった。これはかなり特異な事故だと思う人もいるだろう。しかしこの乗員たちの心理状態は決して特別なものではない。米国運輸安全委員会によれば、30件以上の墜落事故が、副操縦士ら乗組員が機長に進言できずにいたことに起因しているという[10]。医療現場における26件の研究を広範に分析したあるデータでも、上司に進言し損なったことが「伝達ミスによる事故の重要な要因」だったと結論付けている[11]。

しかしこれは安全重視の業界だけに起こる話ではない。問題は人間の心理にある。応用心理学を専門にする、アバディーン大学のローナ・フィリン名誉教授は言う。「自分の業界は違うと信じている人が実に多い。しかしさまざまな業界で仕事をした心理学者なら、どこもすべて同じようなものだと言うだろう。（中略）畑は違ってもみな同じ人間で、同じ感情や同じ社会的要因の影響を受けている[12]」

173便の墜落事故後間もなく、フライトシミュレーターを使った研究調査で被験者の乗組員を観察した際も、同じ問題が起こった。「機長はあらかじめ間違った判断を下す（つまり能力が低い）フリをするように指示されていた。クルーが進言するまでの時間を計るためだ」とフィリンは解説する。「結果、クルーの反応を観察していたある心理学者はこう言った。『副操縦士らは機長に意見するより、死ぬことを選んだ』」[13]

この話をちょっと聞いただけでは、上司に意見するより死ぬほうを選ぶなどおかしなことに思えるだろう。自分ならそんなことはしないと考える。しかしこうした行動は無意識のうちに起こる。人は反射的にそうなる。どんな職場でも同じだ。部下はいつでも上司の機嫌をとろうと、意見やアイデアを持ち上げる。身振りや手振りを真似しさえする。多様性はそうやって排除される。決して最初から多様な意見がないのではなく、表明する場がないのだ。

エラスムス・ロッテルダム大学経営大学院による研究では面白い結果が出ている。1972年以降に実施された300件超のビジネスプロジェクトを分析してみると、地位の高いリーダー（シニア・マネージャー）が率いるチームより、それほど高くないリーダー（ジュニア・マネージャー）が率いるチームのほうがプロジェクトの成功率が高かったのだ。[14]これは一見すると驚くべき結果かもしれない。もっとも知識や経験のある人物が「いない」チームのほうが、いい結果を出せるとはどういうことか？

ヒエラルキーがものをいう環境下では、権威あるリーダーの存在は抑圧を招く。しかしそうした存在がいなければ、集団の意見が表明・共有されやすくなる。この研究論文の筆頭著者バラズ・サトマリは言う。「地位の高いプロジェクトリーダーのほうが失敗する率が高かったのは興味深い発見でした。『チームから無条件にサポートを得られたにもかかわらず』というわけではなく、『だからこそ』の結果だと思います[15]」

こうしたリーダーが組織に与える影響について、インド人IT起業家のアビナッシュ・コーシックは、こんな面白い名前をつけた。「HiPPO（カバ）」（Highest Paid Person's Opinion（最高給取りの意見））だ。コーシックは言う。「HiPPOは世界を支配している。部下のデータを却下し、会社や顧客にまで自分の意見を押し付け、物事を一番わかっているのは自分だと（ときにはそれも事実だが）信じて疑わない。その存在のせいで会議では意見が出なくなる[16]」

図5はちょうどそんな様子を表している。本来は素晴らしく多様性豊かなチームで、問題空間を広くカバーしている。しかし支配的なリーダー（左隅の円）がいると、ほかのメンバーは本音を言えず、リーダーが聞きたがっていると思うことを発言する。あるいはリーダーの意見をオウム返しに唱える。反逆者のアイデアは出てこない。

そのうちそれぞれの丸はリーダーの丸に重なっていく。考え方の枠組みはどんどん狭くなる。集団の認知力はリーダー1人の認知力と変わらなくなる。その結果が図6だ。反逆者の集団は——順位制の影響によって——クローン集団に転じた。

図5　多様性豊かなチームに支配的なリーダーがいた場合の力関係

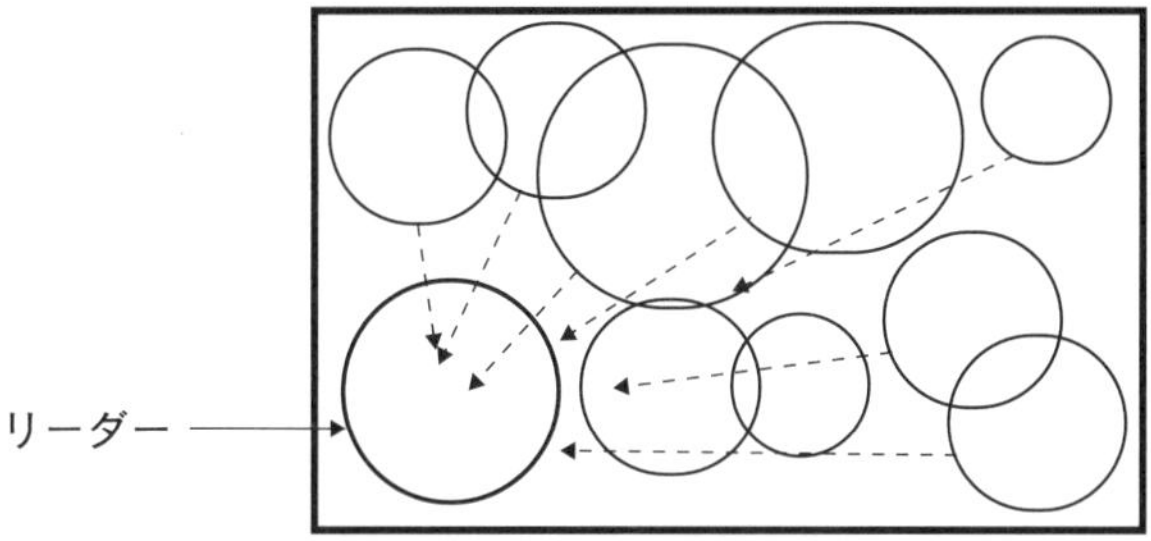

医療分野における研究でも、外科チームの若いメンバーが権威ある外科医に恐れをなして意見を言えない問題が明らかになっている。リーダーの外科医が高圧的なら高圧的なほどそうなる傾向は強い。しかし権威（リーダー）の座に就く人物は、そもそもその分野の知識が高い場合が多い。だから若いメンバーからすれば、「わざわざ自分が言わなくても、リーダーならすでに知っているだろう」となる。そんな従属者の心理が、人間の進化の過程でプログラミングされているとしたらどうだろう？

そう考えながら173便の航空機関士の行動を振り返ってみると、当初より意味が通って見えるのではないだろうか。燃料が減り続

図6　チーム全体が支配的なリーダーに意見を合わせ始める

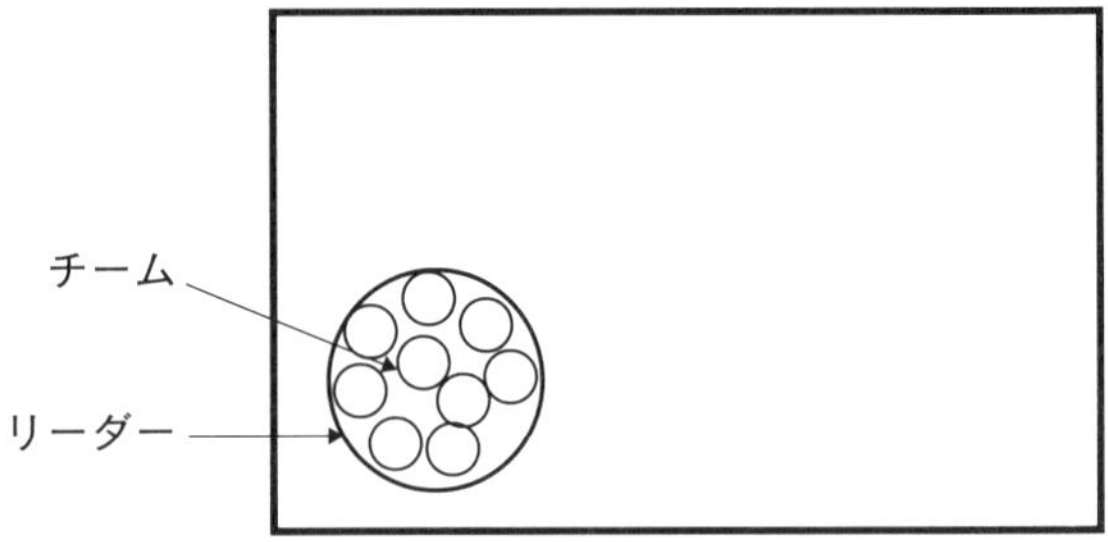

ける中、彼は必死で状況を伝えようとするものの、見えない序列の影響で硬直した。進言できない自分を呪いながら、擦り切れる寸前の心で「機長は本当は状況を把握して、解決策を見出しているのかもしれない」と願う。

しかし状況は悪化の一途をたどり、航空機関士がようやく進言したときにはもう遅すぎた。チームには必要な情報がすべてあった。しかしそれが共有されることはなかった。せっかくの認知的多様性は――2人の人間が、急速に変化する状況をそれぞれの視点でただ見続けていただけという事実を前に――水の泡となった。そして無常にも大惨事を招いた。

III　落とし穴を作った小さなヒエラルキー

ロブ・ホールは午後2時20分にエベレスト登頂を果たした。隣り合うヒマラヤ山脈の頂きがはるか眼下に見えた。世界最高峰の頂点からはるか下の地平線を見下ろすと、地球の丸みが垣間見えたような気がした。

ホールは有頂天になっていた。ほんの少し前、ヒラリー・ステップを登っていたとき、先に登頂していた顧客のクラカワーがちょうど下りてきて、2人は肩を抱き合った。クラカワーはリーダーのホールに感謝し、おかげで人生の夢をかなえることができたと喜んだ。ホールも今回はいい登山になったと答えた。[17] クラカワーがホールの姿を見たのはそれが最後だった。

ロブ・ホールは世界屈指の登山家だった。エベレストにはすでに4回登頂していた。公募隊のリーダーとして、チームの団結力が重要なことを深く理解していた。メンバー同士が互いのことをよく知り合って、それぞれエベレスト登頂にどんな思いを抱いているのか、それが家族や恋人にとってどんな意味があるのか、そんな個人的な話を共有し合えるよう気を配っていた。だから彼のチームのメンバーが、登山家からサポートスタッフまで、みな互いを応援し合う関係にあることは早いうちから明らかだった。公募隊のベースキャンプ・マネージャー、ヘレン・ウィルトンもこう言っている。

自分は素晴らしいチームの一員だという実感がありました。同じ目標を持った人々が、その夢をかなえるのを助け合うのは本当に素晴らしいことだと思います。短い時間でいろんな思いや感情が行き交って、さまざまな経験ができます。実に中身の濃い6週間なんです。[18]

この同じ目標に向かう仲間意識は、これから起ころうとしている大惨事の中、驚くべき勇敢な行動を生む。今回の事件の要因は、これまで多くの人が指摘した「団結力」ではない。事故後あれこれ非難の声は上がったものの、一個人の過ちのせいでもない。真の問題は、もっと目に見えない力、順位制の影響だ。

午後2時30分。フィッシャー隊の若手ガイド、ニール・ベイドルマンが隊とともに登頂を果たした。しかし彼は大きな不安を感じ始めていた。このフィッシャー隊でも登頂のタイムリミットを設定していたが、その時間はすでに過ぎており、酸素ボンベのことが気になった。リーダーのフィッシャーはなぜ引き返す選択をしなかったのか？　肺水腫と思われる症状のせいでまともな判断ができなくなっているのか？　それとも顧客を登頂させたいという思いが強すぎたのか？　その答えはわからないが、はっきりしていたのは、先輩のガイド、ブクレーエフが顧客を置いて先に1人で下山を始めていたことだ。そのせいでガイドと顧客の比率が崩れていた。ベイドルマンの不安は募る一方だった。しかしそれでも彼は、リーダーがタイムリミットを守らなかったことについても、先輩ガイドが勝手に下山を始めたことについても、何も進言しなかった。

これは普通に考えればおかしな話に思える。この場面で何も言わないなどあり得ない。なにしろメンバーの生死がかかっている。しかしここでそれぞれの「地位」を考えてみると、話が変わってくる。「ベイドルマンは比較的経験が浅く、フィッシャー隊の指揮系統の中では、フィッシャーやブクレーエフより格下だった。報酬額にもそれが反映されていた」とクラカワーは自身の著書で指摘している。ベイドルマン自身も、事故からしばらくして、チーム内の格差が当日の行動に影響していたことを示唆する発言をしている。「ガイドとして3番目と見られていたことは間違いありません。それでなるべく前に出ないようにしていました。でもその結果、言うべきときに言うべきことを言えていないこともありました。今でも悔やんでいます[19]」

ガイド間の格差が大きい場合、ガイドと顧客の格差はさらに大きくなる。しかし顧客たちはガイドほど熟練していなかったものの、みな何年も登山経験を積んでいた。エベレストの山頂に向かう間、それぞれが仲間の体調や状況の変化を読み取っていた。ガイド一人ひとりには目が2つしかないが、チームならその数も増える。

ところがそううまくはいかなかった。たとえばホール隊のリーダー、ロブ・ホールは、事故当日、登山の直前に、顧客に対して厳しい忠告をしていた。顧客の1人クラカワーは次のように述懐する。「我々はリーダーの指示に黙って追従することが大事だと釘を刺された。彼は『山では反論は一切認めない』と露骨にこちらのほうを見て諭した。『私の言葉が法律だ。申し立ては認めない。私の判断が気に入らなければ、あとでいくらでも話し合おう。だが山の上では受け付けない』」[20]

ホールはそれが最善の手段だと信じてそう言った。実際エベレスト登山に関しては彼が一番経験豊富で、彼こそが重要な決断を下すリーダーだった。しかしホールは大事な事実を見過ごしていた。賢明な判断を下すには、自分の視点ばかりでなくチームの視点も欠かせない。もちろん、過酷な環境の中でリーダーの指示に従う意義を強調するのは大事なことだ。しかし彼は、そのせいでチームの集合知を得られずに命の危険を招く結果になろうとは思いもしなかった。

フィッシャー隊とホール隊の両チームを象徴する「権威の急勾配」の影響は、プレッシャーが高まる状況下で繰り返し現れた。たとえばフィッシャー隊の顧客の1人、マーティン・アダムスの例を見てみよう。彼はエベレスト山頂に近づくにつれ、不穏な天候の変化に気づいて鼓動が速くなるのを感じた。それまでただのうっすらとした雲に見えていたものは、積乱雲（雷雨をもたらす雲）だったのだ。彼はパイロットという職業柄、雲の変化については長年の知識があった。「飛行機から積乱雲が見えたら、そこから脱出することを第一に考えます」とアダムスはのちに語っている。

しかし彼はガイドに進言しなかった。ガイドもほかの顧客も、その雲が何を示しているのか気づかないままだった。アダムス以外は誰にも、鉛直方向に発達する雲の微妙な違いをとらえる経験値はなかった。クラカワーはそのときのことをこう振り返っている。「私は標高2万9000フィート（約8830メートル）から見下ろす積乱雲についてはまったく不案内で、そのときすでに嵐が接近しつつあったことに何も気づいていなかった」。しかしそれでもアダムスはガイドにその重大な情報を伝えなかった。

こうしてアダムスが口を閉ざしていたことは一見奇異に映るだろう。だが当時の彼の心理を考えれば決して意外なことではない。隊を率いていたのはガイドたちだ。彼らがリーダーであり、支配者である。顧客は自分の意見を出すのではなく指示に従うようにと厳しい忠告を受けていた。そんな中で何か言おうという気持ちは、頭をよぎりさえしなかったのかもしれない。この時点で、ガイドは登頂を断念して全員を安全に下山させるという判断を下すべきだった。しかし現実にはそうしなかった。

数分後、山頂から下りて来ていたクラカワーが南峰（山頂からヒラリー・ステップを挟んだ南側の峰）にたどり着いた。そこに予備の酸素ボンベが準備してある。見ると、ホール隊のガイドの1人、アンディ・ハリスが酸素ボンベの山に手を伸ばしてより分けている。ハリスはクラカワーを見るとこう言った。「酸素がない。みんな空だ」。しかし彼は間違っていた。このとき少なくとも満タンのボトルが6本あった。おそらく彼が確認に使ったレギュレーター（酸素ボンベにつなぐ減圧器）が凍結で塞がっていたため、「空」と誤認してしまったのだろう。


いずれにせよクラカワーは、ガイドのハリスが間違っていることに気づいた。自分のレギュレーターにつなぐと、ずっと体がほしがっていた酸素を吸い込めたからだ。しかしそれを正面切って言うことはできなかった。彼にはハリスが間違っていることはわかっていた。酸素が大事なこともわかっていた。ハリスにとってもグループにとっても。しかしそれでも反論できなかった。クラカワーはそのまま下山を続け、ハリスはその場で待機して、下山してくる顧客をサポートすることにした。

クラカワーはなぜ何も言えなかったのか。ハリスのことはどうでもよかったのか？　チームの仲間の安全は気にならなかったのか？　ここで、前述の173便の事故についてフイリン名誉教授が言った言葉を思い出してみよう。「副操縦士らは機長に意見するより、死ぬことを選んだ」。人間の心はヒエラルキーに多大な影響を受ける。たとえ生死に関わる状況でも、無意識のうちに自分を押し殺してしまう。

クラカワーの著書でもっとも印象的なのは次の告白だろう。

私が明らかな事実に気づけなかったことには、（中略）ガイドと顧客の関係性が影響していた。ハリスと私は身体能力も技術的な専門知識の量も似ていた。たとえばもし私たちが2人で、対等のパートナーとして、ガイドなしの登山をしていたとしたら、彼が危険な状況にあったことに気づかないなどあり得なかっただろう。しかしこの公募隊では、彼は私やそのほかの顧客を先導する、いわば無敵のガイドのような立場に置かれていた。我々はガイドの判断に異を唱えてはならないと強く教え込まれていた。そんな私の頭の中に、彼が危険な状況にあるかもしれないという考えはまったく浮かばなかった。私の助けをガイドが一刻も早く必要とするなどとは思いもしなかった。

午後4時41分。チームに遅れて登頂し、その後下山を始めていたホールからベースキャンプに無線が入った。顧客のダグ・ハンセンとともにヒラリー・ステップ上方でトラブルに見舞われ、酸素が至急必要だという。このとき南峰に満タンの酸素ボンベがあると聞けば、そこまでなんとかして下りていっただろう。しかしガイドのハリスが無線に割り込み（誤って）酸素ボンベは空だと伝えてしまった。クラカワーがついさっき進言できなかったことが、実質的にこの状況を招いた。その結果、ホールはハンセンとともにヒラリー・ステップ上方で、酸素不足のまま、このあと数分後に訪れる猛烈な嵐と闘うことになる。

貴重な情報は何度も共有されないままに終わった。チーム全体で見れば十分な知識があったのに、それが反映されることなく重要な判断が下された。事故の回想録では、当事者はみな一様に、進言しなかった自分自身を理解できないでいる。なぜあのとき自分が知っていることを伝えなかったのだろう!? なぜ疑問を声に出さなかったのだろう!? クラカワーもガイドのハリスに異議を唱えられなかったときのことをこう書いている。「そのあと起こった出来事を振り返ると、私が自分の責任をいとも簡単に放棄してしまったこと——ハリスが深刻な事態に陥っているかもしれないとまったく思いいたらなかったこと——は、自らが犯した過ちとして私に一生つきまとうだろう」

こうした状況をただ外側から見て、当事者がほかの人間のことを気にかけていなかった、仲間を助ける意志が足りなかったと考えるのは間違いだ。当時とるべきコミュニケーションがとれなかった人たちは、「自分自身」も危険にさらしていたことを忘れてはならない。問題は彼らの意志などではなく、ヒエラルキーの影響だ。それによりチームの集合知が発揮されることなく重要な決断がなされた。その結果、山腹にいた30人以上の登山家が、ゆつくりと、しかし容赦なく、大惨事に巻き込まれていった。

　ついに嵐がやってくると、少しずつ蓄積された判断ミスが大きな悲劇へと加速する。「さっきまで眼下に見えていたキャンプが、ほんの1分後には見えなくなった」とあるメンバーはのちに語っている。やがて雪が降り始め、目の前さえ見えなくなった。ベイドルマンとグルームは、それぞれ違う隊のガイドだったが、7人の顧客、2人のシェルパとともに、手探り状態の中で第4キャンプ（頂上に近い最終キャンプ）へ向かった。山風が耳をつんざく轟音を立てながら吹きすさび、まぶたが何度も凍って開かなくなる。しかしここから東へ行きすぎると、カンシュン・フェイスと呼ばれる絶壁に出て滑落する恐れがある。

「進めば進むほど自分がどこにいるのかわからなくなった。その間、風も雪も寒さも何もかもが強くなっていった」その場にいた顧客の1人、ベック・ウェザーズはのちにそう語っている。「風の轟音の中、大声で怒鳴らないと互いの声が聞こえなかった。我々はなすすべのない羊の群れのようだった」[21]。彼らは嵐の真ん中で同じ場所をぐるぐると回り続けた。補助の酸素ボンベはもうない。「プラグを引き抜かれた電気製品のように、もうなんのエネルギーも残っていませんでした」ある顧客はそう述懐する。

　誰の頭にも絶望がよぎった。しかしその一方で驚くべき勇気も見られた。倒れ込む者がいれば、チームの仲間たちが引っ張り起こした。諦めを口にする者がいれば、みんなで元気づけた。しかし岩陰に身を寄せ合い、雲が一瞬でも晴れるのを待つ間、つい眠りに落ちそうになる。「眠ってはいけないことは十分わかっていたが、一瞬でも気を緩めると意識が遠のいていった」とベイドルマンは言う。「そのまま目を閉じてほんの2、3回呼吸をすれば（中略）それで終わりだった[22]」

やがて雲が一瞬切れ間を見せ、再びキャンプが見えたときには、7人の顧客のうち5人がまったく動けなくなっていた。低体温による激しい筋硬直が起こっていた。まだ歩けた者はなんとかキャンプまで戻り、意識が朦朧とした状態で寝袋に倒れ込んだ。このとき、先に下山して嵐を逃れていたブクレーエフが、残されたメンバーの救出に立ち上がった。彼はたった1人で、動けなくなった5人の顧客のうち3人をキャンプまで引きずるようにして連れ帰った。あとの2人はサウスコルの岩場に取り残されることになったが、それ以上の救助活動はブクレーエフ自身を死に追いやっていただろう。

一方、山頂近くではホールが顧客のハンセンを助けようと必死だった。嵐に翻弄されながら、ナイフのように切り立った斜面をほぼ昏睡状態のハンセンを引きずりながら進んだ。2人とも酸素が足りない。ベースキャンプはホールに、生き残るためにはハンセンを置いていくしかないと助言したが、ホールはそれを拒否した。そこで同隊のガイド、ハリスが仲間を救おうと救助に向かったものの、二度と戻ってくることはなかった。

その頃フィッシャーも、疲労の上におそらく肺水腫が重なったのだろう。南東稜で力尽きて亡くなった。またサウスコルに取り残され、一晩風雨にさらされた顧客の1人、難波も死亡。難波は7大陸最高峰に登頂した日本人2人目の登山家として記録に残った。もう1人の顧客ウェザーズは、過酷な一夜を生き延び、転倒を繰り返しながら自力で第4キャンプまで戻った。これは現在でも登山史上最大の奇跡と言われている。彼はのちにヘリコプターで下山したが、激しい凍傷のため右前腕と左手の全指、さらに両足の一部を失った。鼻も損傷していたため、のちに耳と額の組織を使って再建手術を受けている。彼の生還物語は大勢の人々の心を揺さぶった。

ホールはヒラリー・ステップ上方で、まだハンセンを救おうとたった1人で闘っていた。一方、その日偶然ベースキャンプにいたデイヴィッド・ブリーシヤーズ——事故に巻き込まれた隊とは別に、エベレスト登山者を追うドキュメンタリー映画『エベレスト』を撮影中だった映画監督——は、のちにこう語っている。「ホールにとって、エベレストの峰で、まだ遠いキャンプまで一度に数フィート（約30センチメートル〜1メートル弱）ずつハンセンを運ぶのは絶望的な闘いだっただろう。（中略）そもそもハンセンに何が起こったのか？　まだ意識があったのなら、ホールに『置いていかないでくれ』と言ったのか？　それとも『もう行ってくれ。君は生き残るんだ』と言ったのか」[23]

その答えは誰にもわからない。わかっているのは、ホールが「世界の屋根」から顧客とともに生還しようと最後の最後まで闘い続けた結果、自身も力尽きてしまったということだ。同隊のガイドのハリスが仲間を救おうとヒラリー・ステップへ引き返し、二度と戻ってこなかったのと同じように。

彼らの行動を知れば畏敬の念を抱く人も多いだろう。その勇敢さに感動を覚える人もいるはずだ。彼らは自分の命を危険にさらしてまで仲間を助けようとした。チームを置いて先に第4キャンプへ下りたブクレーエフは、のちにクラカワーに激しく非難されている（ただし、その非難が妥当ではないという声も多い）が、そのブクレーエフでさえ、激しい嵐の中、1度や2度ならず3度までもエベレストの峰を往復して、動けなくなった顧客を救出した。

しかしこの事故から見えてくるのは、「団結力」はチームにとって重要であることは間違いないものの、それだけでは足りないという事実だ。複雑な状況下では、たとえどれだけ互いに献身的なチームであろうと、多様な視点や意見が押しつぶされている限り、あるいは重要な情報が共有されない限り、適切な意思決定はなされない。ホールは、心ならずもチームの順位制を強めてしまったために、生死を分ける判断に欠かせない情報を得ることができなかった。

結果、自身の命を犠牲にすることとなった。

Ⅳ　反逆的なアイデアが示されない会議なんて壊滅的だ

　ではエベレストから離れて、もっと身近な意思決定について考えてみよう。我々にとって重要な決断の多くは会議でなされる。たとえばキックオフミーティング、タウンホールミーティング（行政当局・政治家と市民との対話集会）、役員会議、経営会議、スタッフミーティング、朝食会、社内会議、社外会議、Ｗｅｂ会議……。世界中で数え切れない数の会議が毎日開かれている。

　会議を開くことそのものには当然意義がある。１人より大勢の知恵を絞り合うほうが――多様性が考慮されていれば――成果が上がる。しかしここで我々は、厳しい現実と向き合わなければならない。近年の研究に次ぐ研究によって明らかになっている通り、「会議は壊滅的に非効率」なのだ。米ケロッグ経営大学院のリー・トンプソン教授は、私にこう話してくれた。「喫煙がガンを誘発する以上に、会議は惨憺《さんたん》たる結果を招いています[24]」

　トンプソン教授は、紛争解決と組織学の専門家で、集団における意思決定に詳しい。彼女は10代の頃、両親の離婚争いを見て人間関係に深い興味を持つようになった。一時は結婚カウンセラーになることも考えたが、最終的に人間関係全般について広く学ぼうと決めた。

研究を始めた彼女がすぐに注目したのは順位制だった。1人か2人の人間が主導権を握ると、その集団（特に内向的なメンバー）の視点や意見は抑圧される。支配的な人間がリーダーになった場合はさらに抑圧が強まり、メンバーはリーダーの意見に無条件に賛同するようになる。反逆者のアイデアは表明されない。トンプソン教授は言う。「データによれば、一般的に4人のグループの場合、そのうち2人が発話の62％を担う傾向があります。6人グループなら、3人で70％。この支配傾向は、集団が大きくなればなるほど強くなっていきます」。これは日常的に見られる傾向で、「不均衡なコミュニケーション問題」という名前も付いている。「面白いのは、自分ばかり話している人がその傾向にまったく気づいていないことです」とトンプソン教授は続ける。「彼らは『全員が平等に話している』『平等な会議だ』と言って譲りません。原因は彼らの自己認識不足です。そのため人から指摘されると腹を立ててしまい、いざこざに発展することもよくあります[25]」

これを踏まえて考えてみると、たいていの会議が機能不全に陥っていることがわかる。参加者の多くは発言をせず、地位の格差で方向性が決まる。みな自分の言いたいことを言わず、リーダーが聞きたいであろうことを言う。その結果、重要な情報を共有し損なう。リーダーやほかの人が自分の知っていることを知らないとは思いいたらない。ある実験では、被験者を複数のチームに分け、管理職を採用するタスクを課した。3人の候補者の中から1人を選ぶという設定だ。ただし3人に関する情報はあらかじめ操作して、1人だけ飛び抜けて適した人材であることを示すようにした。さらにこの実験には1点だけ「捻《ひね》り」が加えられた。チームの各メンバーに、部分的な情報を提供したのだ。つまりチーム全体では完全な情報を得ているが、一人ひとりは一部しか知らない。最適な人材を採用するには、情報の共有が欠かせない。結果はどうなったか？　採用は見事に失敗した。ほぼどのチームも最適な人材を選ぶことはできなかったのだ。

これはどんな集団も直面し得る重要な問題だ。せっかく各人が有益な情報を持っているのに（だからそもそも会議を開くわけだが）、その情報が集団の判断材料になることはなく、支配的なリーダーが場の流れを決めてしまう。するとメンバーはリーダーの意見に合う情報ばかりを共有し始め、反論材料となる情報は無意識のうちに隠蔽されて、多様性は失われる。こうした現象は「情報カスケード」〔集団の構成員がみな同じ判断をして一方向になだれ込んでいく現象〕と呼ばれる。

当然のことながら、前記の管理職を採用する実験で、メンバーがそれぞれすべての情報を受け取った場合、各チームは最適の人材を選ぶ判断を下した。心理学者のシャーラン・ネメスは言う。「チームによる判断過程では、概して、求めていたはずの多様な視点を抑圧する傾向が見られる」

ここで思い出すのが前章の経済予測の実験だ。複数のエコノミストの予測を平均した結果、驚くほど正確な予測になったのは覚えているだろうか？　これが集合知だ。ロンドンの地下鉄の長さを予測した実験でも、被験者のグループは高い集合知を発揮した。

しかしこのロンドンの地下鉄の長さを、1人ずつ「順番に」予測していたらどうだっただろう？　たとえば最初の人が自分の予測を言うと、それを聞いて隣の人が自分の予測を言う、そしてまた隣の人が……といった具合だ。こうすると、最初の人の予測はたんなる個人の予測というだけではなく、次の人たちへの「指標」にもなる。次の人はまったく違う予測をする場合もあるが、最初の人の予測に寄せたり、完全に真似をしたりすることも多い。すると3番目の人にも影響が及び、そのあとも同じ予測が続いていく。つまり各情報が間違っていても相殺されなくなる。

この現象も情報カスケードの一例だ。2人以上の人が同じような答えを出すと、次の人には「そうなのかもしれない」という意識が働き、「右に倣え」とばかりに従い出す。流行や株価バブルの根っこには、こうしたバンドワゴン効果（いわゆる同調行動）が見られる。集団は常に賢明というわけではない。危険なほどにクローン化し得る。

心理学者のソロモン・アッシュがこうした同調傾向を調べた研究では、「人がほかの人と同じ答えを出すのは、他人の答えを正しいと信じるからではなく、自分が違う答えを出して和を乱す人間だと思われたくないから」だということが明らかになっている。これは支配的なリーダーや情報カスケードの危険性を示唆するものだ。ただ他人と違うことを言うだけでここまで同調圧力が働くなら、リーダーに反論するのが難しいのは当然だろう。

前述の経済予測の実験のような場合なら、各人の予測を紙に書いてもらって集計するなどすれば、情報カスケードは防げる。しかし組織の意思決定などではそんなことばかりしていられない。複数の人間が討論し合うことや違う意見を聞き合うことが重要で、そのために会議が開かれる。だからこそ、ここまでに挙げたような会議のデメリットをまず理解しておくことが欠かせない。

互いを修正し合うことなく、特定の意見に同調して一方向に流れ出すと、それがひどい間違いであっても、自分たちの判断は正しいと信じ込むようになる。集団の意思決定に関する専門家、キャス・サンスティーンとリード・ヘイスティの両氏はこう言う。「ほとんどの場合、集団の失敗は『会議をしたにもかかわらず』ではなく『会議をしたからこそ』起こっている。企業も、労働組合も、宗教団体も、会議によってたびたび破滅的な判断を下す。政府も例外ではない」[26]

実に皮肉な話だ。我々は長年学校に通って知識を積み、大学を卒業して職場に出てからも、実地訓練を積んで専門知識を蓄え、理解力や洞察力を高める努力を続けている。それなのに重要な議題を会議にかけては、集団で愚かな判断を下すのだ。

Ｖ　Googleの失敗

Google は以前、管理職の廃止を決定したことがある。彼らは完全にフラットな組織作りを目指した。ヒエラルキーが組織に弊害をもたらすという山のようなデータに鑑み、行動を起こした。しかしうまくいかなかった。社会心理学者のアダム・ガリンスキーと交渉学の専門家モーリス・シュヴァイツァーは共著『競争と協調のレッスン―コロンビア×ウォートン流　組織を生き抜く行動心理学』で次のように指摘している。

創業者のラリー・ペイジとセルゲイ・ブリンは、早期のうちに、Google にとって大きな革命になることを期待してある実験を行った。管理職を廃止し、完全にフラットな組織を作ったのだ。これはたしかに目を見張るような実験ではあったが、その理由は大失敗に終わったからだ。ヒエラルキーの欠如は組織に混乱を招き、ペイジとブリンは「Google には、方向性を定めて円滑な協力体制を促す管理職が欠かせない」とすぐに気づかされる結果となった。Google にさえ、ある程度のヒエラルキーは必要だったのだ。[27]

こうしたヒエラルキーに関する研究は数々あるが、次のような調査結果もある。南カリフォルニア大学の組織マネジメント専門家、エリック・アニシックは、高級ファッションブランドの2000〜2010年の業績を、フランス有数のファッション業界紙『*Journal du Textile*（テキスタイル・ジャーナル）』の評価に基づいて調査した。結果は明白だった。ディレクターが1人のブランドより、共同ディレクター体制のブランドのほうが、創造性が低いと評価されていたのだ。[28]前述のガリンスキーとシュヴァイツァーは言う。「リーダーが複数いる体制では責任の所在が曖昧になり、その結果せっかくのアイデアを殺してしまうことがある[29]」

通常、集団にはリーダーが必要だ。リーダーが不在では、いさかいが収まらず、決断もなされない恐れがある。しかしリーダーが賢明な決断を下すには、その集団内で多様な視点が共有されていてこそだ。では組織は結局、「ヒエラルキーと情報共有」あるいは「決断力と多様性」のバランスをどう取ればいいのか？　この問題は長い間、組織マネジメント関連の書籍で大きく取り上げられている。しかしたいていの場合、ヒエラルキーと多様性は本質的に相反するものとして扱われていて、両立させるのは難しいとされてきた。

しかしそうした分析は、ある重要なポイントを見落としている。もちろんヒエラルキーはチームや組織にとってほぼ欠かせない要素だ。決して無視することはできない。ただほかの生物と異なり、人間社会においては、ヒエラルキーの形は1つではない。2つあるのだ。

＊

1906年から1908年まで、イギリスの偉大な人類学者アルフレッド・レジナルド・ラドクリフ＝ブラウンは、インド洋に浮かぶアンダマン諸島で現地の狩猟採集民族とともに暮らした。彼はそこであることを発見する。一部の島民が、決して支配的な行動をとらないのに、共同体の中で大きな影響力を持ち、尊敬を集めていたのだ。ラドクリフ＝ブラウンは自身の著書にこう書いている。

社会生活の秩序を保つ要因の1つは、個人が持つ特定の資質に対する敬意だ。たとえば狩猟の腕がいい（中略）、寛大、優しい、短気でないなど、こうした資質を持つ人物は、必然的に共同体の中で影響力の高い地位につく。そしてまわりの人間は（中略）そのリーダーを喜ばせようと、狩猟やカヌー作りなどの作業を手伝う。[30]

つまり威圧や脅しではなく、まわりから尊敬を集めることによってリーダーの地位につく者がいるのだ。支配によって強制的に形作られたヒエラルキーとは違い、尊敬を集める人物をリーダーとするヒエラルキーは、矛盾がなく安定していて、独自のしぐさや表情や行動様式があるとラドクリフ＝ブラウンは言う。この発見について彼が著書を出版すると、こうした傾向はアンダマン諸島の狩猟採集民族だけのものではないことがあらためて明らかになった。つまりそれまで人類学者は、ほかの民族の間で同様の傾向を目撃していたにもかかわらず、ラドクリフ＝ブラウンの著書を読んで初めてその重要性に気づいたのだ。実際、オーストラリアのアボリジニ族、南米ボリビアのチマネ族、マレーシアのセマイ族など数々の部族の間で目撃されていた。

西欧諸国においても同様だった。人類学者は、従属者に服従を強制せず、自らの行動で尊敬を集めるリーダーを目撃していた。力を誇示するのではなく、知恵を示すリーダー。まわりを威圧して押さえ込むのではなく、自由をもたらすリーダーがすでに存在していた。

そして案の定、心理学者らが被験者の集団で実験してみると、この第2のヒエラルキーが出現した。しかも支配的なリーダーと同様、この尊敬を集めるリーダーも、外から観察する別の被験者に、表情やしぐさなどだけでその存在が伝わった。第2のヒエラルキーはさまざまな国や文化や部族の中に存在する。支配によるヒエラルキーと区別するため、「尊敬」によるヒエラルキーと呼ばれている。[31] ハーバード大学の人類進化生物学教授、ジョセフ・ヘンリックは、この尊敬型ヒエラルキーに関してもっとも広く引用されている論文の著者だが、彼はこう言っている。「支配型ヒエラルキーも尊敬型ヒエラルキーも、特定のパターンがあって外から見分けることができます。それぞれ姿勢やしぐさなど、さまざまな特徴が異なるんです[32]」

その違いは次の表で確認できる。ヘンリックと心理学者のジョン・メイナーによるものだ。

特徴	支配型ヒエラルキー	尊敬型ヒエラルキー
出現	古代。遅くとも、人類やそのほかの霊長類の「共通祖先」の時代	比較的小さな狩猟採集社会で暮らしていた時代。人類特有
リーダーの尊敬のされ方	当人から尊敬を求める。尊敬されるかどうかを決めるのは当人	まわりが自由に判断して敬う
影響の及ぼし方	強制・威圧・攻撃・褒美と罰による操作	心からの説得・相手に敬意や好意を表す・ロールモデルになる

社会的な人間関係	社会的地位を得るため、ご都合主義でその場限りの人間関係を築く	本物の恒久的な提携を結ぶ
性格	自己陶酔的・自信過剰	本物の誇りを持つ
従属者の視線	用心しながらリーダーの行動を窺う・アイコンタクトを避け、凝視しない	リーダーにじっと注意を向け、話をよく聞こうとする
従属者の距離感	リーダーとの遭遇を避ける・攻撃を避けるため距離をとる	進んでリーダーにアプローチする・距離を近く保つ
従属者の姿勢	小さくなる・肩を丸め、視線を避ける	尊敬する相手にまっすぐ顔を向ける・心を開いた姿勢をとる
リーダーの姿勢	身振り手振りが大きい・胸を張る・両腕を広げる・両足の幅を広くとって立つ	支配型と似ているが、控えめ・それほど広く空間を使わない
社会的行動	攻撃的・出世志向・自己中心的	向社会的（利他的）・寛容・協力的

尊敬型ヒエラルキーはなぜ人類特有に進化したのか？　尊敬型のリーダーは、自ら集団と知恵を共有する傾向があるが、それはなぜか？　自分だけにとどめておいたほうが有利ではないのか？　その理由にはさまざまな側面がある。しかし要点はシンプルだ。支配型のヒエラルキーでは、従属者は恐怖で支配された結果、リーダーを真似る（たとえば同じ意見を言う）。一方、尊敬型の集団は、「ロールモデル」であるリーダーに対し、自主的に敬意を抱いてその行動を真似る。

つまり、尊敬型の集団の場合、リーダーの寛容な態度が従属者に次々とコピーされ、集団全体が協力的な体制を築いていく。尊敬型のリーダーが知恵を共有すれば、たしかにほかの誰かが有利になることもあるが、集団全体に寛容で協力的な態度が浸透するメリットも大きい。人を助けることで、相手ばかりでなく結局自分にもプラスになるという、いわゆる「ポジティブ・サム」的な環境が強化される。尊敬型ヒエラルキーはこうして発展してきた。

これに対し、支配型のヒエラルキーは「ゼロ・サム」環境だ。誰かの地位が上がれば、ほかの誰かが蹴落とされる。政治工作、裏切り、報復などの行為が横行し、みな常にまわりを警戒し続けなければならない。ちなみにチンパンジーは群れの中で激しい順位争いをすることで知られているが、その際には、「危険な戦いに自信を持って挑もうとする個体を筆頭に『連合』を組み、策略を巡らせて、上位の座を奪う」という。[33]

尊敬型のリーダーは、歯をむき出しにしたり腕を振り回したりはしない。新たなアイデアを思いついたら、それを集団に丹念に伝える。仲間がそれぞれ柔軟に判断して実行してくれると信じているからだ。また尊敬型のリーダーはまわりの声にもしっかりと耳を傾ける。決して「自分には学ぶことなどもうない」などとは思わない。

前述の表の作者の1人、メイナーは、支配型も尊敬型も、リーダーの「性格」より「テクニック」ととらえたほうがいいと言う。たとえば現代の組織において、ある決断がなされ、それでやっていくしかないとなった場合は、支配型が理にかなう。リーダーはチームを鼓舞して、片付けるべきことを片付けるのが得策だ。異論や多様な意見は雑音でしかない。しかし決定事案をそのまま実施するのではなく、考え直したり、新たなアイデアを出したりする必要がある場合は、支配型ではうまくいかない。ここでは尊敬型のヒエラルキーがカギを握る。つまり「反逆者のアイデア」をリーダーが自分に対する脅威と受け止めず、報復もしない、誰もが自由に意見を出し合える環境が重要なのだ。

この考え方は、組織行動学の分野で近年注目されている「心理的安全性」の理論に符合する。たとえば「心理的安全性が高い環境」とは、他者の反応に怯えることなく、自身の意見を表明できる環境を指す。尊敬型ヒエラルキーと心理的安全性のつながりは明らかだろう。

一方、支配型ヒエラルキーでは、メンバーからの意見の表明は「懲罰」の対象となり得る。支配型のリーダーは集団に懲罰を与えて自身の力を誇示する。彼らは尊敬型のリーダーに比べて「共感力」が低い。ほかの人間の意見などいらないと考え、集団の感情を読もうとはしない。しかし尊敬型のリーダーは、賢明な判断には集団の知恵が欠かせないと考え、メンバーの声によく耳を傾ける。それによって信頼の絆が強まる。「尊敬型のリーダーは共感力が高く、進んで情報を共有する」とメイナーは言う。「その結果、集合知の形成に拍車がかかる[34]」

Googleは以前、特定のチームがほかのチームより優れた結果を出す要因を突き止めるため、自社の社員を対象に大規模な調査を行った。その結果、チームに成功をもたらすもっとも重要な要素が、心理的安全性であることが明らかになった[35]。この研究論文は非常に広く引用されており、その中にはこう書かれている。「心理的安全性は、チームのパフォーマンスを左右する要素の中で飛び抜けて重要だという結果が出た。(中略)しかもメンバーの行動のほぼあらゆる側面に影響を及ぼす。心理的安全性が高いチームのメンバーは、低いチームのメンバーより離職率が低かった。またチームから出る多様なアイデアをうまく活用し、より収益をもたらした。さらに「効果的に働く」とマネージャーから評価される率も2倍高かった[36]」

しかし世の中を見回してみると、ほとんどの環境に心理的安全性が欠けている。小売店やメーカーを対象にしたある研究では、新たなアイデアや疑問を頻繁に発言する社員は、昇給率や昇進率が大幅に低いという結果が出た。この傾向は女性社員の間ではさらに顕著になる。意見を挟むことが男女の役割に対する固定観念に逆らうものだからだろう。特に女性が少数民族に属している場合、一段と顕著になる。つまり彼女らは「2重の不利」を被っていることになる。心理学者シャーラン・ネメスは次のように指摘する。「我々は異議を唱えて笑われたりはねつけられたりするのが怖い。つい躊躇してしまう。下を向いて口を閉ざしてしまう。しかし意見を声に出さないと、深刻な結果をもたらしかねない」

こうした状況を踏まえ、一部の新世代のリーダーたちは、尊敬型のアプローチへの転換を果たしている。元米軍司令官のスタンリー・マクリスタルは、イラク侵攻後のアルカイダとの負け戦を経て、米軍に柔軟性をもたらす構造改革を実現した。マイクロソフトのCEO、サティア・ナデラは「共感力」を軸に同社の企業文化を見直し、低迷していた株価を大幅に上げた。ニュージーランドのジャシンダ・アーダーン首相も、就任後間もなくこう言っている。「人々を率いていくには、共感力が欠かせません。それには強さが必要です」。こうした新たなリーダーには、彼らが強制せずとも、まわりの人間が自ら進んで敬意を示す。

ナデラも次のように指摘する。「ほかの人間の意見――特に自分と食い違う意見――が表明されると自分の権威が損なわれると危惧するリーダーがいますが、彼らは間違っています。人は自分の意見を言う機会をもらったほうが物事に積極的に取り組みます。そのほうがモチベーションが上がって創造力も発揮しやすくなり、組織全体の力が高まるのです[37]」。

メイナーもこう言う。「支配型も尊敬型もそれぞれに適した時と場所があります。賢明なリーダーはその両方を使い分けることができます。何か計画を実行するときに重要になるのは支配型。しかし新たな戦略を考えたり、将来を予測したり、あるいはイノベーションを起こそうというときは、多様な視点が欠かせません。そういう場合、支配型は大惨事を招きます[38]」

心理的安全性が高い文化の構築に加えて、現代の最先端組織は、効果的なコミュニケーションを促す仕組みを取り入れ始めている。その1つは、Amazonが実践していることで有名な「黄金の沈黙」だ。10年以上前から、同社の会議は、PowerPointのプレゼンテーションやちょっとしたジョークではなく完全な沈黙で始めるようになった。出席者は最初の30分間、その日の議題をまとめた6ページのメモ（箇条書きではなく、いわばナレーションのように筋立てて文章化したもの）を黙読する。

これにはいくつか効果がある。まず、議題を提案した人自身が、その議題について深く考えるようになる。CEOのジェフ・ベゾスはこう言う。「20ページのPowerPointプレゼンテーションを作るより、いい（中略）メモを書くほうが難しい。何がより重要かしっかりと考えて理解しておかないと、文章で説明することはできない」

しかしこの黄金の沈黙にはもっと深い効果がある。ほかの人から意見を聞く**前**に、新たな視点に立って議題を見直すことができるのだ。文章に書き起こすことで、会議の前に、自身の提案の強みや弱みをそれまでとは別の角度から考えられるようになる。そして実際に会議が始まると、もっとも地位の高い者が最後に意見を述べる。このルールも、多様な意見を抑圧しない仕組みの1つだ。

Amazonのロボティクス部門担当副社長を務めるブラッド・ポーターは、LinkedIn（世界最大級のビジネス専用SNS）の投稿で、このシンプルな戦略について、同社が世界市場において戦略的優位に立つ上で極めて重要な要素だと発言している。「この戦略を明かしても、Amazonの秘伝を漏らすことにはならないと思う」と彼は言う。「この改革のおかげでAmazonの運営が圧倒的にうまくいっているとか、いつも的確な決断を下せているとか、ますます規模を拡張できているなんて言ったら、しゃべりすぎになる恐れはあるかもしれないが[39]」

チームの効果的なコミュニケーションを促す仕組みの2つ目は、「ブレインライティング」だ。口頭で意見を出し合うブレインストーミングと要領は同じだが、こちらは各自のアイデアをカードなどの紙に書き出し、全員に見えるように壁に貼って投票を行う。「この方法なら、意見を出すチャンスが全員にあります」と米ケロッグ経営大学院のリー・トンプソン教授は言う。「1人や2人だけでなく、チーム全員の脳から生み出されるアイデアにアクセスできるのです[40]」

トンプソン教授は、ブレインライティングで守るべきルールはたった1つだという。「誰のアイデアか」を明らかにしないことだ。「これは極めて重要なルールです。意見やアイデアを匿名化すれば、発案者の地位は影響しません。つまり能力主義で投票が行われます。序列を気にせず、部下が上司に媚びることなく、アイデアの質そのものが判断されるのです。これでチームの力学が変わります」

投票のあとは、通常4人のチームに分かれて次の段階に進む。ここでは話し合いをして、ほかの案と組み合わせたりしながら選ばれたアイデアを膨らませていく。いわばブレインライティングとブレインストーミングを組み合わせた手法だが、この取り組みでアイデアの量が倍に増え、質も高くなるという研究データも出ている。そうなる理由はもう明白だろう。ブレインライティングによって、支配型ヒエラルキーの制約から多様性が解き放たれるからだ。

世界有数のヘッジファンド運営会社、ブリッジウォーター・アソシエーツを創業したレイ・ダリオは、同様の戦略で成功を収めた。ブリッジウォーターは数々の行動哲学にのっとって運営されているが、根本的なテーマはシンプルだ。社員から反逆者のアイデアをできる限り引き出すこと。ダリオ自身の言葉で言えば、「徹底的な透明性」の確保だ。こうした企業文化の下では、社員が自分の意見を表明することを恐れずに済む。むしろどんどん発言しなければならない。ダリオは、心理学者アダム・グラントとの対話の中でこう言っている。「人類にとって最大の悲劇は、建設的な批判や反論ができなくなることです。何が真実なのかを見つけるにはそれが欠かせません」[41]

ある企業では、会議の出席者全員が自分の意見を1ページの文書にまとめて提出する。文書はシャッフルされたあと出席者に配られ、それを受け取った人が順不同で読み上げていく。これも意見と地位とを区別して考えるための戦略の1つだ。

それぞれの戦略には細かな違いこそあれ、根本的にはみな同じだ。意見やアイデアを匿名化して多様性を確保し、支配型ヒエラルキーに陥るリスクを回避している。

Ⅵ　無意識のうちにリーダーを決めてしまう罠

2014年、南カリフォルニア大学の組織マネジメント専門家、エリック・アニシックは、56カ国のヒマラヤ登山隊（計3万625人）による5100回以上の遠征（すでに終了したものも含む）に関するデータを集めた。これは高高度の登山遠征を分析した最大の研究だ。アニシックが何よりも興味を持った問題は1つ。支配型のヒエラルキーがもたらす確率が高いのは、成功か大惨事か？[42]

分析のポイントとなったのは、登山隊が属する国だ。つまり国による文化の違いに着目した。権威ある者を敬う文化圏では、従属者が意見を表明するのを控える傾向が強い。一方、そうした意見に比較的寛容だったり、逆に進言を奨励したりする文化圏もある。

このような国による文化の違いはデータに現れるのか？　その違いは死者の数に影響を及ぼすのか？　アニシックが統計をとってみると、答えは明らかだった。進言が抑圧されがちな支配型ヒエラルキーを持つ文化圏のチームのほうが、死者の数が「著しく」多かったのだ。しかしこの傾向は、単独登山者を比較した場合には見られない。登山隊にのみ顕著な傾向だ。つまりこの研究結果は、問題が個々の登山家の能力ではなく、チーム間のコミュニケーションにあることを表している。この論文の共著者の1人、社会心理学の専門家、アダム・ガリンスキーは言う。

支配型ヒエラルキーの文化圏では、意思決定がトップダウンでなされる傾向が強い。難易度の高い登山の場合、こうした国の登山隊では、状況の変化や差し迫る問題をリーダーに警告することが難しく、死亡者を多く出す要因となる。進言を控えれば、序列は守れるものの、自らの命を危険にさらしてしまう。ここで重要なのは、死亡率が高まる傾向が、単独登山ではなくチームの場合にのみ現れることだ。つまり効果的なコミュニケーションが欠かせない局面に限って、支配型ヒエラルキーの文化が大惨事を招いている。[43]

『米国科学アカデミー紀要』誌に掲載されたこの論文は、右の引用だけを単体で見ても十分に価値がある。しかしここまでに紹介した数々のデータとともにあのエベレストでの大惨事を振り返ってみると、なおさらこの指摘の意義は深い。ガリンスキーはこう続ける。

「ヒマラヤ登山では、状況が複雑に変化しやすい分、意思決定のプロセスも複雑になる。状況に急激な変化があれば、それに応じて新たな策を考えなければならない。その場合に欠かせないのがチーム全員の視点や意見だが、支配型ヒエラルキーの中ではそれが抑圧されることが往々にしてある[44]」

ただ再度断っておくが、こうした指摘は決してヒエラルキーの存在そのものを批判しているわけではない。たいていのチームは指揮系統が明確なほうがうまく機能する。ヒエラルキーによって役割分担がなされ、従属者が「木」を見て細部の問題に取り組む間、リーダーは「森」を見ることができる。ヒエラルキーがなければ、チームのメンバーは次に何をするべきかで常に言い争うことになる。これは混乱ばかりを招く危険な状態だ。

そこで我々が考慮すべきは、ヒエラルキーと多様性のどちらを選択するかではなく、両方のメリットをいかにして得るかだ。ガリンスキーは言う。

たとえば飛行機の操縦や外科手術、あるいは戦争をするかどうかといった国家的な決断に迫られた場合など、複雑な課題に取り組む場合は、膨大なデータを集めて読み解くのと同時に、無数の可能性も考慮する必要がある。（中略）そうした複雑な問題に最善の判断を下すには、ヒエラルキーのあらゆる層から意見やアイデアを引き出すこと、共有可能な関連知識を持つ人全員から学ぶことが欠かせない。

＊

さて、ここまでヒエラルキーについてさまざまに考察してきたが、最後に強烈に皮肉な事実を紹介して締めくくろう。ある心理学の実験では、人は不確かな状況や、自分でコントロールできない状況を嫌うという結果が出ている。不確かな状況に直面すると、我々はある種の支配的なリーダーを支持して、秩序を取り戻そうとする傾向がある。いわば自分の不安を他人の主導力で「埋め合わせ」するのだ。これはときに「代償調整」と呼ばれる。

たとえば、第1次世界大戦後の世界経済の先行きが不透明な時代には、ドイツやイタリアといった独裁国家が台頭した。米メリーランド大学の心理学者、ミシェル・ゲルファンドが30カ国以上を対象に調査を行ったところ、自国の安定・安全を脅かす外力に対して、より強固な政治的ヒエラルキーを形成して対抗しようとする傾向がどの国にも見られたという。[45]

宗教界も例外ではない。ある研究では、アメリカ国内の教会の信者数を2つの時代について調査した。1つは経済的に繁栄していた1920年代、もう1つは世界的大恐慌が巻き起こった1930年代。研究者は教会も2つに区分している。1つは細かく序列が決まったヒエラルキーが強固な教会（カトリック教会、末日聖徒イエス・キリスト教会（いわゆるモルモン教））。もう1つは、ほぼ序列のない非ヒエラルキー型の教会（聖公会、長老派教会など）だ。[46]

結果はご想像の通り。経済状態がバラ色だった時代には、非ヒエラルキー型の教会の信者が増える傾向が見られた。しかし雇用不安の時代には、非ヒエラルキー型の教会からヒエラルキーが強固な教会への改宗者が増えた。物事を自分でコントロールできない社会状況に対し、秩序を取り戻して自身の不安を埋め合わせようと、位の高いリーダーが司る、支配型ヒエラルキーの教会を頼ったのだ。

たとえば普段はそれほど教会に通わない人でも、飛行機に乗っていて乱気流に巻き込まれたときなど、祈りの言葉をつぶやいたことはないだろうか？　あれも埋め合わせの典型だ。不安な状況の中、全能の神の力を借りて、安定や秩序を取り戻そうとする行為だ。そんなことをしても飛行機の揺れが収まるわけではないが、あなたの「心」は多少なりとも安定を取り戻す。

企業などの組織にも同じようなことが起こる。不況などの外的脅威に直面すると、株主が支配的なリーダーを指名する傾向が著しく強くなる。同様に組織内でも、支配力を発揮する社員の昇進が早くなる。力強い声で話す、いわゆるワンマンな人物は、不安定な状況の中で組織が失った主導権を取り戻して安定を保障する期待の星に見える。

しかし同時に危険なパラドックスも生じる。状況が複雑で不確かな場合、支配的なやり方では十分な問題解決ができない。そういうときこそ多様な声を聴いて、最大限の集合知を得ることが肝心だ。それなのに、我々は無意識のうちに支配的なリーダーを求めてしまう。つまり支配型ヒエラルキーの問題は、たんにリーダーだけの問題ではなく、そんなリーダーを求めるチームや組織や国の問題でもある。実際、もともとは尊敬型のリーダーを好んでいた人々が、状況の変化によって支配型のリーダーを求め出すこともある。それが最悪の場合、大惨事を招く。

ロブ・ホールは立派な人物だった。彼について書かれたものを読めば読むほど、大勢の人から尊敬されていたことがよくわかる。エベレストの事故直後に書かれたある追悼記事は、彼の雄姿をこう称えた。「凍傷で自由に体を動かせず、酸素も足りず、食べ物も、飲み物も、体を休める場もないまま、彼は（中略）あの夜命を落とした。（中略）消耗し切った顧客を助けようとして亡くなった事実は、彼がヒマラヤの公募隊を率いる世界でもっとも偉大なリーダーであることを裏付けている」[47]

ホールはもともと支配的なリーダーではなかった。オープンで、寛容で、彼を知っているほぼすべての人々から愛されていた。問題は、自身のキャリアの中でもとりわけ難関のこのエベレスト登山に関して、支配的なスタイルが功を奏すると信じてしまったことだ。してデスゾーンという恐ろしく不安定な環境の中、チームのメンバーも、無意識のうちにその信念に拍車をかけてしまった。同様の現象は、世界中の企業や慈善団体や労働組合や学校や政府機関で、毎日のようにさまざまな形で起こっている。しかしそれがヒマラヤ登山のような極めて危険度の高い状況で起こると、死に直結する。

ベースキャンプとの最後の交信時、ホールは嵐の中で、衛星電話を通じてニュージーランドにいた妊娠7カ月の妻ジャンとかろうじて話をすることができた。彼女のお腹にいるのは2人にとって初めての子だ。ホールは妻の声を聴く直前、少しだけ時間をとった。もう助かる見込みはないと自分でわかっていたが、愛する人を心配させないように少しでも元気な声を聞かせたかった。そのとき彼はベースキャンプの仲間にこう言った。「ちょっと待ってくれ。口が乾いてるんだ。妻と話す前に少し雪を食べておきたい」

そしてなんとか口を湿らせると、妻に向かって話し出した。「ジャン、ベッドの中でちゃんと暖かくしてるかい？」

「ずっとあなたのことばかり考えてる」ジャンは答えた。「帰ってきたら全部治してあげるからね。（中略）独りぼっちだなんて思わないで。私のエネルギーを全部送ってあげる」

予備の酸素ボンベが置かれていたエベレスト南峰から垂直距離にして125フィート（約40メートル）上方。このときすでに、顧客のダグ・ハンセンは息絶えていた。ホールはまだ吹きすさぶ嵐の中、最後の言葉を遺した。

「愛してるよ、ジャン。ゆっくり眠るんだよ。そんなに心配しなくていいからね[48]」

第4章

イノベーション

INNOVATION

I　世紀の発明も偏見が邪魔をする

デイビッド・ダドリー・ブルームは卓越した発明家だ。1922年9月20日、アメリカのペンシルベニア州に生まれ、第2次世界大戦中は海軍で兵役を務めた。一説によれば最年少で指揮官に任命され、1944年12月には「ニューギニアの戦い」でリバティー号（技術調査艦）の指揮を執っていたという。このときまだ22歳だった。

翌1945年に軍を除隊したあと、ブルームは法律事務所の事務員や百貨店のバイヤー（商品の買い付け担当）などいくつかの職を経て、アムスコ（AMSCO）という小さな玩具メーカーの製品開発部門の責任者となった。おそらくまだ戦争の記憶が生々しかったのだろう。彼は拳銃やライフル、軍人のフィギュアなど軍関連のおもちゃの開発から離れる方針を打ち出した。1950年代のあるインタビューではこう答えている。「子供たちに戦争や犯罪を教えていたら、明るい未来は期待できません」

ブルームの発明で最初に大当たりしたのは「魔法の哺乳瓶」だ。人形に飲ませる小さな哺乳瓶で、傾けると中のミルクが消えていく仕組みになっている。彼はほかにも、子供たちがシェフになったつもりで遊べるミニチュアのキッチン用品などを発案した。

ブルームの人生ばかりか世界をも変え得るアイデアを思いついたのは1958年。ちょうどその数カ月前、彼はアムスコからアトランティック・ラゲッジ・カンパニーに転職し、旅行カバンの開発責任者になっていた。

彼は思った。スーツケースはとにかく重くて扱いにくい。それで自分も腰を悪くした。いっそ車輪（キャスター）を付けてみたらどうだろう？　それで持ち運びやすくならないだろうか？　これまでは右腕がだるくなったら左腕と、ひっきりなしに持ち替えながら苦労して運んでいたが、それが解消できるかもしれない。「飛行機を降りたらまたあの重い荷物か……」と憂鬱にならずにも済むだろう。しかも今は世界中で観光が大衆化しつつある。この時代に最高のアイデアではないだろうか？

ブルームは早速スーツケースにキャスターとハンドルを付け、その試作品を持ってアトランティック・ラゲッジ・カンパニーの会長に伺いを立てた。彼は会長からのゴーサインを期待していた。ほぼ確信していたと言っていい。材料費は安いし、今売り出し中のスーツケースにそのまま付けられて販路にも困らない。何十億ドル（何千億円）規模の世界市場を独占できる。

ところが会長の口から出てきたのは「実用的でない」「不格好」という言葉だった。結局ブルームの案は、「誰が車輪付きのスーツケースなんてほしがるかね」と一笑に付された。

2010年、イギリスの考古学者イアン・モリスは、イノベーションの歴史に関する画期的な研究結果を発表した。その中で彼は、紀元前1万4000年から今日にいたるまでの人類文明の発展について徹底的に調べ尽くし、その過程を図や表にまとめている。

特に大きな発展のきっかけとなったいくつかの出来事を特定するのは難しくない。動物の家畜化、宗教組織の誕生、文字の発明。一般的に「人類の発展にもっとも大きな影響を及ぼしたのはどの出来事（イノベーション）か？」という質問には、こうした答えが挙げられるのが常だ。しかしモリスは客観的な裏付けがほしかった。そこで彼は、人類の社会的発展の突破口となったさまざまな歴史上の出来事を定量化し、「社会発展指数」として示した。この指数は経済的発展とも密接に関連している。[1]

このモリスのデータにより、上述のような歴史上のイノベーションが、どれもたしかに（都市の発達や通信技術の向上などをはじめとする）社会的発展に影響を与えていることが明らかになった。実際にグラフを見ると、社会発展指数は何千年もの間緩やかに上昇を続けているのがわかる。しかしある1点で、グラフの曲線をほぼ垂直に跳ね上げた（つまり、ほかより飛び抜けて社会的発展に大きな影響を与えた）出来事がある。産業革命だ。モリスはこう指摘する。「1800年以降に起こった西洋主導のイノベーションは、それ以前のあらゆる歴史上のドラマを茶番にした」。MITスローン・スクール・オブ・マネジメントのエリック・ブリニョルフソン教授とアンドリュー・マカフィー主任研究員も同意見だ。「産業革命は人類初の『機械時代』を先導した。これは技術革新が主な原動力となって我々の社会に進歩がもたらされた初めてのケースで、この時代に世界が根底から変わった」[2]

その後、19世紀後半の第2次産業革命では、電気の分野で技術革新が進む。古い蒸気機関に代わって、もっと効率のいい電動機が登場した。すると生産性が大幅に高まり、社会には第2の発展の波が押し寄せた。我々は今その恩恵を受けている。

しかしこの第2の発展には1つだけ不可思議な点があった。歴史学者たちが詳細に調べてみると、電動機が使われるようになってから、実際に社会が発展し始めるまでには、奇妙なタイムラグがあったのだ。しばらく何も変化が起こらなかったのである。やっと上向きに発展し始めたのは、25年もあとになってからだ。しかも当時、電動機を導入したアメリカの数ある大企業は、莫大な利益を享受する絶好の立場にあったにもかかわらず、実際にはそうなっていない。それどころか、その多くが破綻した。勝利を目の前にしながら大敗を喫したのである。

もちろん、電動機そのものは多大な恩恵をもたらす発明だ。電力で効率良く動くというだけでなく、製造工程の改革も果たせる。従来の工場では、蒸気機関が極めて大がかりな設備のため、製造機械の数々をすべてそのまわりに配置するしかなかった。つまり1つの巨大な動力源に、製造工程に必要なさまざまな機械類が複雑につながれていた。しかもその連結に使われていた滑車や歯車やクランク軸〔ピストンの往復運動を回転力に変える装置〕は必ずしも信頼のおけるものではなかった。[3]

しかし電気を動力源にできるとなれば、こうした制約から解放される。電動機は当時まだ大きかったものの、蒸気機関に比べればスペースをとらない。そのため製造機械ごとに電動機を設置し、工場内の配置を自由に変えて、効率的な製造ラインを設計できた。つまりたった1つの力ではなく、「集団の力」を使えるようになったのである。ブリニョルフソンとマカフィーは言う。「もちろん現代なら、どんな工場でもそうするだろう。それ以外の方法など当然ばかげている。実際、今では複数の電動機が内蔵された製造機械も多い。（中略）賢明な電力化で、工場の生産性が大幅に上がるのは明らかだ[4]」

当時、電力化はいわば神からの贈り物だった。アメリカの製造業界を牛耳っていた大企業の数々にとって、効率も利益も上げる大チャンスだった。彼らには工場も製造機械も十分にあった。そこに新たなテクノロジー、電動機がやってきた。これで工場の製造工程を合理化し、生産性を高め、会社をさらに成長させることができる。

しかし彼らはそうしなかった。スーツケースにキャスターを付ける案を一蹴したカバン会社と同様、アメリカの大企業の多くが従来の考え方から逃れられなかった。彼らは電動機を導入こそしたものの、それを1つ工場の真ん中に置いて、たんなる蒸気機関の代替品のようにして使った。製造工程の合理化という、重要なポイントを完全に見失っていた。壊滅的な失態だ。経済学者のショー・リバモアによれば、1888〜1905年にトラスト（企業合同）に参加した企業の40%超が1930年代前半までに破綻したという。[5] 経済史の専門家リチャード・ケイブスの調査では、なんとか生き残った企業もその規模を3分の1以上縮小している。産業史上もっとも残酷な時代の1つだ。[6] しかしこうしたパターンの失敗は、終わりなく繰り返されている。実に多くの企業が、勝利を手にできる絶好のポジションにいるにもかかわらず、わざわざ負けに行くのだ。

　前述のブルームとは別のビジネスマン、バーナード・サドウがキャスター付きスーツケースの特許をとったときも、市場からは見向きもされなかった。サドウがキャスター付きスーツケースのアイデアを思いついたのは1970年。南米のアルバ島に家族で旅行した帰り、空港で2つの重たいスーツケースを苦労して運んでいたときだった。「キャスターを付けるのが一番道理にかなっていたんです」と彼はのちに語っている。

　しかしサドウの案も一蹴された。ブルームのときとまるで同じだ。「（ニューヨークの）大手の百貨店にことごとく断られました」とサドウは言う。百貨店は大きな利益を得るチャンスをみすみす棒に振ったのだ。「スーツケースをごろごろ転がすなんて、私の頭がおかしいと彼らは思ったんです。（中略）当時は男っぽさを誇りにする感覚が強くて、夫が妻のスーツケースまで持ったりしていました」[7]

やっと商談が成立したのは、メイシーズの副社長ジェリー・レヴィに話を聞いてもらったときだ。レヴィは、数週間前にサドウの話を断ったばかりのバイヤー、ジャック・シュワルツを呼びつけ、キャスター付きのスーツケースを仕入れるようせき立てた。結果、百貨店の客は、この新しい発明をなんの抵抗もなく受け入れた。「すぐに売れ始めました」サドウは言う。「お客さんには伝わったんです。飛ぶように売れてなんとも言えないいい気分でした」

前述の電力化の歴史は、このキャスター付きスーツケースの歴史以上に不可解だ。大手製造会社の幹部たちは決して無知なわけではなかった。むしろ彼らの多くは、明晰な頭脳を買われて雇われた経営管理のプロだった。それなのに成功のまたとないチャンスを見送り、歴史的な大惨事へと向かった。ブリニョルフソンとマカフィーは次のように指摘する。「20世紀に入って最初の10年間で、電力化の波は、アメリカの製造業界に大量絶滅とも言える惨事を招いた」[8]

II　イノベーションには2つの種類がある

さて、ここまで我々は、日常のちょっとした問題の解決から政策決定や暗号解読にいたるまで、多様性が集合知を高めるという事実を見てきた。そこで本章ではさらに一歩進んで、我々自身や社会が成長を遂げる上でもっとも大きな要因となる「イノベーション」と多様性との関係について掘り下げていきたい。特に本章の後半では、より幅広い視点でイノベーションをとらえ、「なぜ一部の組織や社会はほかに比べて革新的なのか？」「経済をさらに大きく繁栄させるには、多様性をどう活かせばいいのか？」といった疑問を解き明かしていく予定だ。しかし「森」を見る前にまずは「木」、つまり個人に焦点を当てよう。なぜ一部の人は、ほかの人が恐れる変化をすんなりと受け入れられるのだろう？　なぜ現状にとどまり続ける人がいる一方で、大きな改革を成し遂げる人がいるのだろうか？

専門家によれば、イノベーションには主に2つの種類があるという。1つは、特定の方向に向かって一歩ずつ前進していくタイプのイノベーション。たとえばサイクロン式掃除機を開発したダイソンの創業者ジェームズ・ダイソンは、試作機の改良を根気強く続けた。

サイクロン円筒部の直径やその他さまざまな要素を少しずつ地道に調整しながら、ゴミと排気とを効率良く分離する方法を探求した。試作するたびに知識が増え、より効率のいいサイクロン式掃除機ができ上がっていった。このようにある程度方向性が決まった中で、段階的にアイデアを深めていくタイプのイノベーションは「漸進的イノベーション」と呼ばれる。

もう1つのタイプは、本書ですでに紹介した事例に見られるもので、「融合のイノベーション」と呼ばれる。これはそれまで関連のなかった異分野のアイデアを融合する方法だ。たとえばスーツケースと車輪。電動機と製造機械。こうした2つの異なるアイデアを融合したイノベーションは劇的な変化をもたらすことが多い。互いの垣根が取り払われ、新たな可能性の扉が大きく開かれる。

この2種類のイノベーションはどちらも生物の進化の過程に似ている。漸進的イノベーションは、自然淘汰（自然選択）のようなもので、世代ごとに起こる小さな変化だ。融合のイノベーションは、いわば有性生殖だろう。2つの個体の遺伝子が1つに組み合わさって、新たな個体が生まれる。どちらのイノベーションも重要だが、科学ジャーナリストのマット・リドレーは、我々が融合のイノベーションを長い間過小評価してきたと指摘する。

生物の進化は、生殖（セックス）によって累積的に進む。それが異なる個体の遺伝子

を融合する行為だからだ。1つの個体に起こる突然変異が、ほかの個体に起こる突然変異と組み合わされる。（中略）もし何十億年も前に微生物がこうした遺伝子のやりとりをしていなかったら、またそこから進化した生物が生殖行為を通して同様のやりとりを続けてこなかったら、特定の生物が持つ目や脚や神経や脳は決して生まれてこなかっただろう。（中略）進化は生殖なしでも起こり得るが、そのスピードははるかに遅くなる。文化についても同じことが言える。文化の発展をもたらすものが、ただほかの文化を見て学ぶという行為だけでしかなければ、あっという間に停滞する。文化が累積的に発展するには、アイデアとアイデアが出会って、つがわなければならない。つまりアイデアの「交配」だ。これは表現こそ陳腐だが、ときに計り知れない結果をもたらす。分子生物学者のフランソワ・ジャコブもこう言った。「創造とは融合である」[9]

融合のイノベーションは、リドレーの言葉で言えば「アイデアのセックス」だ。

その実例は歴史上たくさんある。たとえば活版印刷機は、ワイン造りに使っていたブドウ圧縮技術と、活字（凸型の字型）を合金で鋳造する技術などを融合して生まれた。こうした融合のイノベーションと、既存のアイデアを継続的に改善していく漸進的イノベーションはこれまでずっと共存してきた。しかし近年、2つのイノベーションのバランスは大きく傾き、今や融合のイノベーションが変化や革新の圧倒的主役となっている。科学の世界ばかりでなく、産業、技術、そのほか多くの業界においてもそうだ。

そこでケロッグ経営大学院のブライアン・ウッツィ教授は、その実情を調査するため、ウェブ・オブ・サイエンス上の８７００誌に掲載された１７９０万本の論文を分析した。[10] これはここ70年間に執筆されたほぼすべての論文の数に相当する。ウッツィ教授は、何か共通のパターンがあるかどうかを知りたかった。偉大な科学的イノベーションはどうやって生まれたのか？　そのアイデアはどこからきたのか？

結果、極めて反響の大きかった論文は、どれも「標準的とは言えない組み合わせ」をしていたことが明らかになった。つまり互いに極めて異なる分野のアイデアが、従来の垣根を越えて組み合わされていた。たとえば人類学とネットワーク理論、社会学と進化生物学といった具合だ。これこそ「アイデアのセックス」だろう。これらの研究は、分野間に立ちはだかる概念の壁を突き破り、新たなアイデアと可能性を生み出した。

ウッツィは言う。「こうした珍しい組み合わせの多くは、実のところ各分野に従来からあった概念の組み合わせだ。すでに広く認められている概念は、新たな論理の基礎になる。科学には欠かせないものだ。ただそれを２つ組み合わせると、びっくりするほど違うものに生まれ変わることがある」[11]。行動経済学はそのいい例だ。心理学の概念を経済の分野に持ち込み、新たな一大分野となった。

こうした融合は科学の世界だけの話ではない。米国特許商標庁ではさまざまな種類の特許を取り扱っている。一般的な特許権（電球）のほか、商標権（コカコーラの瓶）、植物特許権（交配種トウモロコシ）などがあり、全474種に及ぶ技術分野をさらに16万種にコード分類している。19世紀には、特許の大半がそれぞれたった1つのコードにのみ分類されていた。つまりほかの分野と組み合わされていなかった。これは当時の発明の多くが典型的な漸進的イノベーションの賜物だったことを示唆する。しかし今日では、1つのコードにのみ分類されている特許案件は全体の12％にまで減っている。残りの大半は、従来の壁もコードも超えた組み合わせによる発明だ。[12] ミシガン大学教授で複雑系科学の専門家スコット・ペイジは言う。「このデータは、多様なアイデアを組み合わせる価値とともに、イノベーションの原動力が融合型にシフトした紛れもない事実を示している」[13]

融合のイノベーションと多様性の関連はもう明らかだろう。融合はいわば「異種交配」であり、それまで関連のなかったアイデア同士を掛け合わせて、問題空間を広くカバーする手段だ。「反逆者の融合」と言っていいだろう。古いものと新しいもの、既知のものと未知のもの、内と外、陰と陽の組み合わせだ。

こうした融合のイノベーションが増える傾向は、コンピューター時代とも言える現代において、巨大なネットワークの広がりとともに加速している。たとえば「Waze（ウェイズ)」は、GPS機能とSNSなどを融合したカーナビアプリだ。また自動運転車の開発企業「ウェイモ」は、内燃機関、新世代のセンサー、3Dマップなどさまざまな技術を組み合わせて実験・開発を行っている。[14]

関連のイノベーションは、そのほとんどが、まったく異質のコンセプト、技術、データなどを融合して生まれた。Facebookは、既存のフレームワークに、デジタルネットワークの構築と情報共有を可能にする技術を融合させた。Instagramは、Facebookの基本的なコンセプトに写真加工アプリなどを組み合わせている。これらの例はごく一部にすぎない。融合はデジタルイノベーションの中心的なテーマだ。新たな組み合わせが生まれるたびに、さらに新たな組み合わせが見つかる可能性が広がる。これを生物学者のスチュアート・カウフマンは「隣接可能性」と呼ぶ。ブリニョルフソンとマカフィーも次のように指摘する。「個々のイノベーションが未来のイノベーションへの積み木の1つとなる。(中略)積み木は決して使い尽くされることはない。それどころか未来の融合のチャンスを増やし続ける」[15]

しかしここで重要な疑問が浮かぶ。なぜ世の中には、その融合のチャンスをつかむ人と、その可能性に気づきさえしない人がいるのか？　スーツケースと電動機の例では、多様な技術の融合のチャンスが、まさにその融合によってもっとも利益を得るはずの人々から拒絶された。これは深刻な問題だ。我々が変化に追いつけない原因は、たいていの場合、融合のチャンスに手が届かないからではなく、その可能性に自分から背を向けてしまうからだ。イノベーションは創造的な人間が起こすもの、シリコンバレーのＩＴオタクが起こすものとつい思い込んでしまう。そうやって我々の毎日を生産的にしてくれるはずの、そして満たしてくれるはずの変化を、無意識のうちに拒絶してしまう。

しかし中にはそんな意識の壁をものともしない人々がいる。本書でも紹介したようなサクセスストーリーの裏側にいる人々だ。彼らは我々みんなに貴重な知恵を授けてくれる。

Ⅲ　世界的に有名な起業家たちの共通点

次に挙げる名前を見てほしい。エスティ・ローダー、ヘンリー・フォード、イーロン・マスク、ウォルト・ディズニー、セルゲイ・ブリン。さて、彼らの共通点はなんだろう？　一見した限りでは、有名な起業家ばかりだ。みなアメリカ社会に多大な影響を与えた。しかしもう少し深く探ってみよう。ほかにもまだいる。ジェリー・ヤン、アリアナ・ハフィントン、ピーター・ティール。いずれも現代のアメリカ経済の一端を担う人々だ。ではその共通点は一体何か？　実はみな移民、もしくは移民の娘や息子たちだ。

　２０１７年12月に発表されたある論文では、フォーチュン５００社の43％が、移民もしくは移民の子孫によって創業あるいは共同創業されており、上位35社だけで見るとその割合は57％にまで上昇することが明らかになった。それら企業の業種はＩＴ関連、小売、金融、保険などさまざまで、従業員は国内外に１２１０万人、総収益は5兆３０００億ドル（約５５０兆円）に達する。[16] しかしこれは何も特殊なケースではない。移民はテクノロジーや科学、さらに特許の分野において際立って大きな貢献をしている。２０１６年に『*Journal of Economic Perspectives*（経済展望ジャーナル）』誌に掲載された論文によれば、ここ数十年でノーベル賞の65％がアメリカに拠点を置く研究者に授与されたが、その半数以上がアメリカ国外で生まれているという。[17]

　ほかの調査では、アメリカ移民が起業家になる確率は、国内で生まれた人と比べて2倍高いという結果も出ている。[18] アメリカ移民は同国の人口の13％だが、同国の起業家の27・5％にものぼる。またハーバード・ビジネス・スクールによる調査では、移民が創業した企業は成長が速く、存続期間も長いという結果が出ている。[19] さらに別の調査では、２００６〜２０１２年にアメリカで創業されたＩＴ・工学関連企業のおよそ4分の1において、共同創業者の少なくとも1人が移民だという。[20] これはアメリカだけに限った話ではない。グローバル・アントレプレナーシップ・モニターが２０１２年に公表したデータによると、調査対象となった69カ国の大多数で、移民の起業家の数が自国出身の起業家を上回っており、高成長ベンチャー企業において特にその傾向が強いという結果も出ている。こうしたデータはどれも単独では決定的な論拠とはならないものの、総合的に見れば説得力が高い。

では、ここで前述の事例を思い出しながら考えてほしい。なぜカバン会社はスーツケースにキャスターを付けるメリットを理解できなかったのか？　なぜ製造会社は電力化に合わせて合理的な製造ラインを作れなかったのか？　なぜイノベーションの恩恵を受ける絶好のポジションにいながら、そのチャンスが目に入らないということが往々にして起こるのか？　1つの枠組みの中にどっぷり浸っていると、そこから飛び出すのは難しいということなのか？　たとえば1950年代当時、アメリカでカバン会社を経営していた人やそのまわりの幹部はどうだっただろう？　彼らはそれまでの長いキャリアを、従来のスーツケースとともに生きてきた。彼らの毎日の中心にあったのは、キャスターなしのスーツケース。それが彼らの枠組みだ。常にその枠組みを通して世界を見ている。

産業革命当時の大手製造会社の経営者や幹部も、常に蒸気機関を中心に物事を考えていた。蒸気機関がすべての大前提だった。そんなフィルターを通して世の中を見ていた。慣れ親しんだ現状を打破するのは心理的に難しい。ブリニョルフソンとマカフィーは次のように指摘する。

人は熟練して深い知識があるからこそ、現状にとらわれやすい。そのせいで、新たなテクノロジーによる進化の可能性に気づけなくなる。（中略）既存の工程、顧客、仕入れ業者など、それらすべてが明らかなはずの物事を覆い隠してしまう。現状を大きく打破する新たなテクノロジーの可能性を見えなくしてしまうのだ。[21]

このような傾向は実験でも明らかになっている。心理学者のロバート・スタンバークとピーター・フレンチの両氏は、トランプのゲーム「ブリッジ」でプロと初心者を戦わせた。結果はプロが勝った。プロなのだから当然だ。しかしその後ルールに一部変更を加えると、状況が変わった。[22]初心者は特に変更の影響を受けず、すぐに新しいルールに順応してゲームを続けた。しかし従来のルールに長年慣れ親しんできたプロは混乱した。変更に対応するのに時間がかかり、パフォーマンスが落ちた。

これは前述の移民の分析とも符合する。移民は新天地で新たな文化を経験し、それに順応していく。その中でビジネスのアイデアや何かしらの技術に出くわしても、彼らはそれを不変のものだとは思わない。変化させたり、修正したり、何かと組み合わせたりすることができると考える。古い慣習や思い込みを、新たな観点から見て疑問を挟むことができる。いわば「第三者のマインドセット」（アウトサイダー・マインドセット）を持っている。

これは決して移民がそうしたビジネスと無関係という意味ではない。特定の思考の枠組みから抜け出して、別の新たな角度から物事をとらえる力があるということだ。それが反逆者のアイデアを生む。

移民にはもう1つ、融合のイノベーションとは切っても切り離せない強みがある。2つの文化の中で暮らし、多様な経験をしている彼らは、広い視野でアイデアを組み合わせることができる。彼らは「アイデアのセックス」をもたらす架け橋だ。第三者の視点が現状に疑問を投げかける力をもたらすのと同様に、多様な経験が新たな融合のアイデアをもたらす一助となる。

これは数々の研究でも裏付けられている。たとえば経済学者のピーター・ヴァンダーは、大学生を対象に、学期の前後でビジネスアイデアを出す力にどのような変化があるか調査した。被験者の半数は学期中に他国へ留学し、残りの半数は自国の大学にとどまる。ビジネスアイデアを査定するのはベンチャーキャピタリストだ。学期が終わった結果、留学した学生が出したアイデアは、自国に残った学生のアイデアより17％高く評価された。しかも自国に残った学生のアイデアは学期前より質が低くなっていた。[23]

別の実験では学生の連想力を調査した。被験者の学生は3つの単語に共通する単語を答えなければならない。たとえば「マナー、丸、テニス」からあなたは何を連想するだろ

う？「プレイング、クレジット、レポート」では？（＊）

さて、被験者の半数は、このような問題の前に「外国に住んでいるところを想像してください」と指示される。特に1日の間に起こりそうな出来事や、そのときの感情や行動などについて考えなければならない。その後、想像した経験を数分間で書き出す。もう半分の学生は、外国ではなく自分の地元での1日を思い描く。

それで彼らの連想力はどう変化したか。結果、外国に住んでいるところを想像した学生は、もう一方の学生より75％以上も創造的な連想をし、正解も多く出した。つまり地元の1日に意識を向けていた学生には見えないつながりが見えた。[24] 国境を越えて生活しているところをただ想像するだけで、ものの見方や考え方の枠組みを超えられるなど、にわかには信じがたいかもしれない。しかしこうした研究はほかにもさまざまな設定で行われており、同様の結果が出ている。

実際、新たな視点、あるいは第三者のマインドセットは、必ずしも物理的に国の間を移動したり、それを想像したりしなければ得られないというわけではない。チャールズ・ダーウィンは自身の研究で、動物学、心理学、植物学、地質学の分野を横断した。それによって彼の創造性は低下するどころか高まった。別の角度からあらためて問題を眺めることができるようになり、科学の多様な分野の知恵やアイデアを融合するチャンスを得たからだ。ある研究で、コンスタントに独創的な研究を行う科学者の論文を調査したところ、彼らは各自最初に発表した100本の論文中、平均43回も扱う分野を切り替えていたという(まったく新たな分野の研究を行ったあと、以前の分野に戻った場合も含む)[25]。

またミシガン州立大学のある研究チームは、ノーベル賞を受賞した科学者と、同時代のその他の科学者を比較した。結果、ノーベル賞を受賞した科学者は、その他の科学者に比べて楽器を演奏する者が2倍多いことがわかった。さらに絵を描くか彫刻をする者は7倍、詩か戯曲か一般向けの本を書く者は12倍、アマチュア演劇かダンスかマジックをする者は22倍多かった[26]。起業家や発明家を対象にした調査でも似たような結果が出ている。

心理学者は「概念的距離」という表現をよく使う。我々は1つの問題に没頭していると、どんどんその細部に取り込まれていって、そのうちそこにいるほうが楽になる。あるいは表面的な調整だけして満足するようになる。自分の枠組みの囚人となる。しかしその壁から一歩外に出ると――対象から(概念的に)距離をとってみると――新たな視点が生まれる。それで必ずしも新たな情報を得るわけではないが、あらためて新たな角度から物事を

*最初の答えは「テーブル」。テーブルマナー、丸テーブル、テーブルテニス(卓球)となる。次は「カード」。プレイングカード(トランプ)、クレジットカード、レポートカード(通信簿)だ。

見られるようになる。芸術にはこの方法がよく用いられる。まったく新たな何かを創り出すのではなく、既存のものを新たな視点から見て作品にする。そう聞いてイェイツの詩やピカソの彫刻を思い浮かべる人もいるだろう。

融合が進化の原動力になりつつある現代において、重要な役割を果たすのは、従来の枠組みを飛び越えていける人々だ。異なる分野間の橋渡しができる人々、立ちはだかる壁を不変のもの、破壊不可能なものとは考えない人々が、未来への成長の扉を開いていく。

ここでカギとなるのが第三者のマインドセットだ。もちろん、決して当事者が持つ専門知識が不要なわけではない。むしろその逆だ。そもそもの概念を深く理解できていてこそ、そこから距離をとることに意味が出てくる。当事者でいながら、第三者でもいることが肝心なのだ。現状をしっかりと把握した上で、疑問を呈する。戦略的な反逆者でなくてはならない。移民がイノベーションに大きな役割を果たしているのも、あえて新天地への移住を選んだように、リスクを冒すことを恐れず行動するからだ。さらに彼らは、新たな生活でさまざまな壁にぶち当たるうち、レジリエンス（逆境を跳ね返す力）も身に着ける。そして現状に疑問を呈して、従来の枠組みの外へと飛び出していく。

イギリス人起業家キャサリン・ワインズはこの点をうまくまとめている。「問題の本質を見抜くには、当事者にとって当たり前になっている物事を第三者の視点で見つめ直さなければならない。新たな視点に立って取り組めば、チャンスや可能性が明確に見えてくる」[27]
ワインズは２０１０年に「ワールドレミット」を創業した。これはスマートフォンでショートメッセージを送るのと同じくらい手軽に使える海外送金サービスだ。共同創業者の１人はソマリランドからの移民、イスマイル・アハメド。彼は１９８０年代に難民としてロンドンに移住した。しかし祖国の家族への送金手続きがわずらわしく辟易としていた。やがて彼は、新天地で学んだデジタル技術を応用してベンチャー企業を創業。自身の実体験と新たに得た知識を融合したイノベーションだ。

Amazonの元CEO、ジェフ・ベゾスは、２０１８年に株主に宛てた書簡で、ワインズと同様の指摘をした。その中で彼は、漸進的イノベーションの重要性を説き、既存のアイデアの価値を十分に引き出して強化していくことが大事だと語った。しかしその一方で、もっと根底からイノベーションを起こすには、既存の枠組みから抜け出さなければならないとも語っている。これこそ第三者のマインドセットだが、ベゾスは「wandering（寄り道）」という表現を使っている。

> ビジネスをしていると、ときおり（むしろ、たびたび）ゴールが明確に見えることがあって、そういうときは効率良く動けます。適切な計画を立てて実行すればいい。それに比べて、寄り道は効率的ではありません。（中略）しかしそれが決して行き当たりばっ

たりの行動ではなく、直観や第六感や好奇心に導かれているなら、（中略）ゴールへの道を見つけるために、少しぐらい脱線をしてみる価値があります。寄り道は効率とは対極にありますが、同じくらい欠かせません。（中略）並外れて大きな発見をする――「直線的」でない複雑な問題に立ち向かう――ためには、寄り道が大いに必要なんです。[28]

目まぐるしく進化する現代社会において、大きな発見をする（つまりイノベーションを起こす）スキルを会得することはたしかに大事だ。しかしそれと同時に、自分自身を改革する術も身に着ける必要がある。現状に疑問を投げかける力、従来の枠組みを飛び越えていく力……現代はそんな力を持つ人々が活躍する時代だ。自分で自分を殻に閉じ込めるようなことはしたくない。しかし我々は無意識のうちにそうしていることが多い。「日常」という枠組みについとらわれてしまう。

我々の日常、毎日の行動や仕事には、知らず知らずのうちに「初期設定」が組み込まれている。そんな無意識の枠組みから抜け出すのは至難の業だ。カバン会社の幹部らが、たんにスーツケースという枠組みからさえ抜け出せなかったのも至極当然かもしれない。しかしだからこそ、反逆者のアイデアで現状に疑問を投げかけることが必要なのだ。

もちろん、安定を求めたり同じことを続けたりするのが悪いわけではない。だからといって、せっかく訪れた絶好の機会を逃すのも残念だ。キャスター付きのスーツケースや、電力化による製造ラインの効率化といった大きなチャンスを棒に振ることはない。自分が今取り組んでいることにプラスになる新たなアイデアはないか？　融合のイノベーションの可能性はどこにあるのか？　そんなことを第三者のマインドセットで常に探していこう。

トロント大学の応用心理学者、キース・スタノヴィッチ名誉教授は、こうした第三者のマインドセットを「積極的開放性（ＡＯＭ）」（Actively Open Minded scale）という値を用いて定量化する実験を行った。被験者には、以下のような意見が書かれたアンケート用紙を渡し、それに賛成か反対かで答えてもらう。「自分の説や信念に反するデータを常に視野に入れるべきだ」「新たな可能性を常に検討するべきだ」。結果、当然と言えば当然だが、これらの意見に賛成すると答えた数が多い（つまりＡＯＭ値が高い）被験者ほど、発想力、議論の是非を判断する力、先入観にとらわれない力、フェイクニュースを見抜く力がどれも高いことが明らかになった。

こうした第三者のマインドセットを持つ方法、つまり見慣れた物事を新たな視点から見て、新たな発想を得られるようになる方法はいくつかある。元米陸軍将校で創造性開発の専門家、マイケル・マハルコが提唱するのは、その名も「前提逆転発想法」。これは問題の核となる「前提条件」を逆転させてアイデアを生み出す方法だ。たとえばあなたがレストランを始めたいとしよう。その場合まず大前提となるのは、「レストランにはメニューがある」だが、これを逆転して「レストランにはメニューがない」と考えてみる。すると、シェフが当日仕入れた食材の中から客に好きなものを選んでもらい、それをアレンジした料理を提供するというサービスが考えられる。ただしここでのポイントは、出したアイデアがうまくいくかどうかではない。従来の大前提を覆して考えれば、新たな連想や発想につながるということが重要なのだ。

産業革命時代の製造会社の幹部らがこの発想法を使っていたらどうだっただろう？「製造ラインの動力源は1つ」という当時の大前提を逆転させて、「製造ラインの動力源は1つではない」と考えていたら、新たな発想を得て、従来の枠組みから抜け出せていただろうか？

タクシー会社で考えてみるとどうだろう？ 大前提は「タクシー会社にはタクシーがある」。その逆は「タクシー会社にはタクシーがない」だが、20年前にそんなことを言ったら頭がおかしいと思われて終わりだっただろう。しかし今日、タクシーを1台も持たないタクシー会社が世界的に大成功を収めている。Uber（ウーバー）だ。

Ⅳ　そのアイデアが次のアイデアを誘発する

ここからはイノベーションについてもう少し幅広い視点で考えてみよう。たとえば、どんな社会が融合のイノベーションをより促進できるのか？　なぜ特定の地域や時代はほかに比べて創造的なのか？　多様性に関するここまでの分析は人類の歴史とどう符合するのか？　ここで重要なのは、アイデアは物理的なものとは違って、「収穫逓減の法則」〔資本・労働などの投資に応じて出ていた結果や利益が、ある時点で頭打ちになり減少しはじめる法則〕の影響を受けないということだ。たとえば誰かに車を貸したら、あなたはその間その車を使えない。しかし新たなアイデアを人と共有すると、可能性はどんどん広がっていく。これは「情報のスピルオーバー効果」（情報の波及効果）と呼ばれる。

イノベーションに関する研究でノーベル賞を受賞したアメリカの経済学者、ポール・ローマーは言う。「アイデアはおのずと新たなアイデアを誘発する。アイデアの共有を促す環境が、そうでない環境よりも生産的かつ革新的になるのはそのためだ。アイデアが共有されると、その可能性はただの足し算ではなく何倍にも膨れ上がる[29]」

カギは「共有」だ。アイデアや情報の波及効果は、人々がつながって初めてもたらされる。蒸気機関は、紀元1世紀にアレクサンドリアのヘロンがすでに考案していたが、当時そのニュースは世間に極めてゆっくりとしか伝わらず、広く知られることはなかった。結果、せっかくの発明は馬車の設計者などの耳に届くことなく、それ以上の発展も融合の機会も失った、とマット・リドレーは指摘する。[30] 彼はプトレマイオスの業績についても同様の見解を示している。プトレマイオスの天文学は（そこまで精密ではなかったとしても）従来の学問に大きな進歩をもたらした。しかし結局、航海などに利用されることはなかった。当時の社会的、物理的、倫理的に階層化された、つながりの希薄な社会で、天文学者と船乗りが出会う場がなかったからだ。結果、せっかくのイノベーションは隔絶され、異種交配の機会も得られなかった。これでは波及効果は起こり得ない。

しかしアイデアや情報がいったん共有されると、たんにその知識を持つ人の数が増えるというばかりでなく、ほかのたくさんのアイデアと融合される機会も生まれる。酸素の発見1つ見てもそれがわかる。発見者はジョゼフ・プリーストリー、もしくはカール・ヴィルヘルム・シェーレとされているが、彼らはある日突然酸素を見つけ出したわけではない。空気が複数の気体の混合物だという概念がすでにあったからだ。それが広く知られるようになったのはちょうど彼らが活躍した18世紀後半だった。また空気の重さの繊細な違いを測定できるはかりも、その数十年前から利用され始めていた。[31]

プリーストリーとシェーレはどちらも独創的で、第三者のマインドセットを持ち、現状に疑問を投げかける科学者だったが、ほかの人々のアイデアと広くつながることがなければ、この大発見を果たすことはできなかっただろう。彼らは多様性に富んだ社会的ネットワークの中で、既知のアイデアに触れ、新たなアイデアをひらめき、ほかの技術との融合を図って大きな発見をした。つまりイノベーションは、一個人が舞台の中央に立てば起こるというものではない。人々がネットワークの中で複雑につながり合う中で、新たなアイデアや技術が生まれるのだ。

ペンシルベニア大学の社会学者、ランドル・コリンズ教授は、著書『*The Sociology of Philosophies: A Global Theory of Intellectual Change*（哲学の社会学的考察—世界における知的発展の歴史）』で歴史上著名な哲学者をほぼ網羅し、世界における知的発展の歴史をたどっている。コリンズによれば、孔子、プラトン、ヒュームはたしかに天才だが、その知性が開花したのは彼らが社会的ネットワークの中で格好の「集合点」にいたからだという。以下は、コリンズが再現したソクラテスの社会的ネットワークだ。ほぼすべての著名な哲学者のつながりを示している。

コリンズは次のように指摘する。

図7　紀元前465～365年のアテネにおける古代ギリシア人ネットワークの集約図

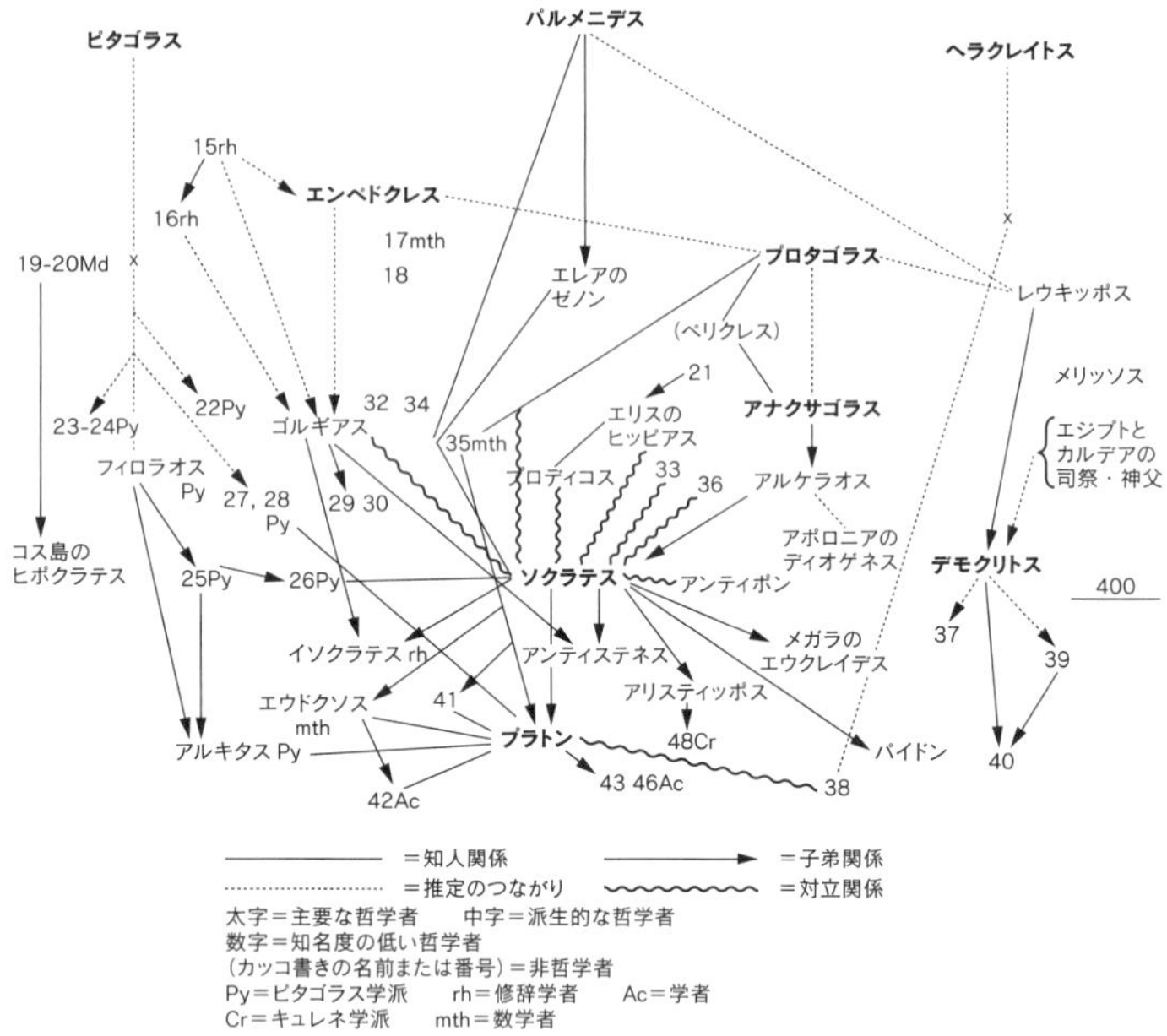

知的創造力は人とのつながりの連鎖の中で強まり、そうした文化資本は世代から世代へと引き継がれていく。この構造はさまざまな国や社会で見られる。仏教の禅師の間にも、インド論理学者や日本の儒教家の間にも。（中略）創造のエネルギーは人々のネットワークやコミュニティの中で高まる。イノベーションが同時期に数々起こる黄金時代は、競争相手の複数のコミュニティが知的討論の場で交差し合うときに生まれる。[32]

創造のエネルギーにこのような背景があると考えれば全体論的なものの見方ができる。イノベーションは、社会的ネットワークの中で大勢の多様な頭脳が生み出す創造力の賜物だ。人類進化生物学の専門家、マイケル・ムスクリシュナとジョセフ・ヘンリックは、この頭脳のネットワークを「集団脳」（集団的知性）と呼ぶ。

イノベーションは従来、トーマス・カーライルが唱えたように、「偉人」――ほかの人間を凌ぐ偉大な思想家や天才発明家――の知力によって、あるいはそうした一個人の超人的な努力によって生まれると考えられてきた。つまり、先達の肩を借りはするものの、みな個人の洞察力、個人の才能によって新たな未来を開いたとされてきた。しかし我々は（中略）異議を唱えたい。そうした「個人」は集団脳の産物であり、それまでつながることのなかった数々のアイデアが連鎖した結果であると。[33]

この考え方なら、同じイノベーションが異なる人々によってほぼ同時期に起こる現象も説明がつく。たとえばチャールズ・ダーウィンとアルフレッド・ラッセル・ウォレスは、進化論の自然淘汰説を同年同月に発表した。アイザック・ニュートンとゴットフリート・ライプニッツが微分積分学を確立したのも同年代だ。このような現象について、従来は運命や神の導きなどといった説明がなされていたが、やはりそれでは不十分だろう。これらの「偶然」は決して特別なものではなく、いわば必然だったのだ。科学ジャーナリストのスティーブン・ジョンソンはこう指摘する。

太陽の黒点は、1611年、4カ国に在住する4人の科学者によって発見された。世界初の蓄電器「ライデン瓶」は、ドイツでエヴァルト・ゲオルク・フォン・クライストが1745年、オランダのライデンでピーテル・ファン・ミュッセンブルークが1746年にそれぞれ発明した。(中略)エネルギー保存の法則も、1840年代に4人の科学者が別々に確立した。進化の過程における突然変異説は、1889年にS・コルスチンスキーが、1901年にユーゴー・ド・フリースが提唱した。X線照射による人為突然変異も、1927年に2人の学者によって別々に発見された。そのほか電話、電報、蒸気機関、写真、真空管、ラジオ(無線通信)など、近代的な生活をもたらしたほぼすべての技術的進歩が、それぞれ複数の起源をたどる。[34]

これは一体どういうことか？　「個人」による発見がどうしてこう重なるのか？　その答えが今ならわかる。ネットワークでつながった頭脳がもたらした、必然的な結果なのだ。似たような人々やアイデアがつながり合えば、似たような連想が起こって似たような発見にいたる。

このような同時現象はさまざまな規模で起こる。たとえば、人類学者のミシェル・クラインとロブ・ボイドが太平洋諸島におけるイノベーションについて行った調査を見てみよう。太平洋諸島は各島がそれぞれ大海に隔たれているため、テクノロジーの進化の度合を島ごとに検証しやすい。結果、各島のテクノロジーの洗練度は、その島の人口密度および人々のつながり具合と強い相関関係にあることが判明した。つまり島内のネットワーク（集団脳）が大きければ大きいほど、アイデアの競合や融合が広範に起こり、情報の波及効果も大きくなった。[35]

たとえばオーストラリア南方のタスマニア島では、18世紀後半にヨーロッパ人が入植を始めた当時、まだ驚くほど原始的な技術が用いられていた。4万年前の未開の部族のほうが洗練された道具を使っていたほどだ。それに比べてタスマニアの人々が使っていたのは単純な作りの槍と、アシで編んだ（水漏れする）イカダで、豊富にいた魚を捕まえて食べる術もなく、頭蓋骨の器で水を飲んでいた。

これはどういうことか？　なぜ彼らはそこから進化せず止まったままだったのか？　ハーバード大学の人類進化生物学教授、ジョセフ・ヘンリックによれば、1万2000年前に海抜が上昇した際、タスマニア島はバス海峡の氾濫によってオーストラリア本土やその周辺の島々から孤立状態となった。つまり1万2000年もの間、広範なネットワークから隔絶されたまま、タスマニア島の集団脳は委縮していった。

孤島となった小さなタスマニアでは、たとえ高度な技術を身に着けた人間がいたとしても、弟子にそれを伝授する前に死んでしまえば、イノベーションの火は途絶える。しかも本土オーストラリアとのつながりはすでに絶たれた。つまりそこから学ぶことも、その結果技術を改善することも、アイデアを融合することもできない。バス海峡が氾濫した当時、タスマニア人と同程度の技術力を有していたアボリジニが用いていたパマ・ニュンガン語族はその後本土で分布拡大を続けたが、タスマニア諸語は瞬く間に衰退へと向かった。[36]

ヘンリック教授は毎年大学の新入生に、次の4種の道具を見せるという。1つは18世紀のタスマニア人が使っていた道具。ほかは17世紀のアボリジニ人、ネアンデルタール人、3万年前の人類がそれぞれ使っていたものだ。これらを学生に見せて、それぞれの道具を作った者の知力を査定させると、毎年必ず同じ答えが返ってくるという。学生たちは道具の洗練度を見て、アボリジニ人や3万年前の人類より、タスマニア人とネアンデルタール人の知力を低く評価するのだ。

しかしこの学生たちの判断は間違っている。道具の洗練度から、個人の本質的な知力の高さを単純に判定することはできない。イノベーションはたんに個人の問題ではなく、人々のつながりが大きなカギとなる。海峡が氾濫する前後のタスマニア島で考えてみるといい。どちらにいるのも遺伝子学的には同じ人々だ。しかし道具の相対的な洗練度には天と地ほどの差がある。[37]

少し前の話も思い出してみよう。カバン会社の幹部らは従来の枠組みから抜け出せず、キャスター付きスーツケースのチャンスをつかみ損なった。当事者のマインドセットのまま、大きな融合のチャンスを逃した。

一方タスマニア人は融合の可能性を閉ざされ、イノベーションのチャンスを逸した。その原因は当事者のマインドセットではない。海峡の氾濫だ。つまり精神的ではなく、物理的に新たな情報やアイデアへの道を閉ざされた。外部のネットワークから絶たれ、イノベーションの可能性に文字通り蓋をされた状態となったのである。

こうした隔絶はイデオロギーの面でも起こり得る。何世紀もの間、女性は情報やアイデアのネットワークから締め出されていた。海峡の氾濫ではなく、偏見によって障壁が作られていた。これは啓蒙運動の時代に入っても続いた。社会心理学者のキャロル・タヴリスはこう記す。「[啓蒙運動で男性の権利が拡大された一方]女性の権利は狭められ、（中略）高等教育や専門教育を禁じられた」。これは女性にとって社会的に不公平な出来事だったが、その結果男性の創造性を劇的に下げることにもなった。人口の半分がもたらすはずだった意見を排除してしまったため、多様な視点や情報、発見を得ることができず、集団脳が委縮していったのである。これまで人類史上に起こったイノベーションは、そのアイデアのネットワークに女性が含まれていたら、もっと劇的に早く起こっていたかもしれない。

こうした点について、ヘンリック教授は次のように考えてみるといいと言う。たとえば、2つの部族が弓矢を発明すると仮定する。一方は大きな脳を持つ頭のいい「天才族」。もう一方は社交的な「ネットワーク族」。さて、頭のいい天才族は、1人で個人的に努力をして、1人で想像力を働かせ、人生を10回送るごとに1回大きなイノベーションを起こすとしよう。一方ネットワーク族は、1000回に1回のみだ。とすると、単純計算では、天才族はネットワーク族より100倍賢いことになる。

しかし、天才族は社交的ではない。自身のネットワークにはたった1人友人がいるだけだ。しかしネットワーク族は10人友人がいる。天才族より10倍社交的だ。ではここで、たとえば天才族もネットワーク族も全員が1人で弓矢を発明し、友人から意見を聞くとしよう。ただし友人1人につき、50％の確率で学びが得られるとする。その場合、どちらの部族がイノベーションを多く起こすだろう？

実はこのシミュレーションの結果は我々の直観と相容れない。天才族の中でイノベーションを起こすのは、人口の18％のみにとどまるのだ。1人で発明にたどり着くのはその半数。一方ネットワーク族は、99・9％がイノベーションを起こす。1人で発明にたどり着くのは残りの0・1％のみ。しかしそのほかはみな友人から学び、改善のチャンスも得られ、さらにその知識をネットワークに還元できる。[38] それがもたらす結果は明らかだ。これまでの実験データや歴史上の数々の実例を見てもわかる。次のヘンリック教授の言葉がその真実を突いている。

「クールなテクノロジーを発明したいなら、頭が切れるより社交的になったほうがいい」[39]

V　なぜルート128はシリコンバレーになれなかったのか

ルート128はマサチューセッツ州を走る幹線道路だ。ノーフォーク郡を北上し、ボストンを半円形に取り囲みながら、大西洋に突き出た漁業の町グロスターまで伸びている。このグロスターはラドヤード・キップリングの有名な『*Captains Courageous*（勇敢な船長）』

（映画『我は海の子』の原作）の舞台となった。

1970年代にアメリカのミュージシャン、ジョナサン・リッチマンがルート128を歌った「ロードランナー」は、『ローリング・ストーン』誌で「史上最高の500曲」の1つに選ばれている。当時ルート128沿いの地域は、とどまるところを知らぬ奇跡的な経済繁栄の地として有名だった。1975年時点で、世界最大級のハイテク企業6社を有している。[40]最盛期には、コンピューター会社のディジタル・イクイップメント・コーポレーションが14万人の従業員数（当時アメリカ第2の規模）を誇っていた。特にルート128の西側ではハイテク産業が隆盛を極め、アメリカの『タイム』誌は「マサチューセッツの奇跡」と呼んだ。

一方、約3000マイル（約4800キロメートル）西に位置するカリフォルニア州サンタクララバレーは農業地域で、主にアプリコットを育てており、コンピューターや半導体とは縁遠い存在だった。地元企業は小規模の食品加工・流通会社がほとんどで、ある歴史家に「（ここでは）特に何も起こっていない」と言わしめるほどだった。しかし、1956年に物理学者・発明家のウィリアム・ショックレーが近隣の小さな町マウンテンビューに移り住み、ショックレー半導体研究所を創設した頃から、サンタクララバレー周辺は少しずつ変わり始めた。

やがて半導体企業などがこの地域に集中するようになり、1970年代には「シリコンバレー」の異名をとる。しかしこの頃はまだ「マサチューセッツの奇跡」の陰にすっぽりと隠れていた。当時ルート128に囲まれたボストンの企業は、シリコンバレーより経済的に優位な立場にあった。土地代がはるかに安く、エンジニアを含む従業員や管理職の賃金も同様だった。[41] 違いはほかにもある。ボストンの企業はいわば「お堅い」印象で、いつもジャケットを着てネクタイを締めていた。一方シリコンバレーでは、反逆者のごとくジーンズにTシャツ姿。話し方も専門用語も違っていた。しかし両者の間に見られたのは、こうした表面的な違いだけではなかった。根本的な社会的ネットワークの構造や、それによって得られる情報の波及効果にも違いがあった。それが両者の将来を大きく分けることになる。

ルート128沿いには巨大企業が立ち並び、半導体チップも、コンピューターの本体もモニターも、さらにはディスク・ドライブまで、何もかもを作っていた。自分たちですべてをまかなう、いわゆる垂直統合によって、中間コストなどが削減され、製造効率は素晴らしく高かった。しかしこの体制が逆に孤立を招いた。当時、前述のディジタル・イクイップメント・コーポレーション（DEC）で副社長を務めていたゴードン・ベルは言う。「DECは、地域経済に存在する1つの島のような巨大組織だった」。DECの共同創業者ケン・オルセンの伝記を執筆したグレン・リフキンとジョージ・ハラーは、同社について「いわば社会学的な一形態で、それ自身が1つの世界をなしていた」と評している。[42] 社会学者のアナリー・サクセニアンも、著書『現代の二都物語──なぜシリコンバレーは復活し、ボストン・ルート128は沈んだか』で「ルート128沿いの企業は自律型の経営を選んだ」と書いている。

こうした企業はほかから孤立するにつれ、極めて独占的になっていった。自社のアイデアや知的所有権を保護するため探偵を雇う企業もあった。人々の交流は社内の人間同士だけになっていった。各社のエンジニアが集うフォーラムやカンファレンスもほとんど開かれることはなかった。「秘密主義が顧客、仕入れ業者、競合企業などとの関係をすべて支配した」とサクセニアンは指摘する。[43] またある識者も「壁はどんどん厚く、高くなるばかりだった」と言う。

もちろん秘密主義そのものは理にかなっている。自社のアイデアを他企業に盗まれたくはない。しかしそれには代償を伴った。自社のエンジニアを幅広いネットワークから隔離した結果、多様な視点の交流や融合、それがもたらすアイデアの飛躍など、イノベーションを起こす土壌を図らずも塞いでしまったのである。そのためルート128周辺の企業は「縦割り」の力ばかりが働いたとネットワーク理論の専門家は言う。アイデアは階層的な組織の内部のみを流れ、外へ出ていくことはなかった。サクセニアンによれば、テクノロジーに関わる情報は各組織内に閉じ込められ、周辺の他企業など「横」への拡散はほぼ見られなかったという。

しかも孤立は物理的にも進んでいた。他企業と文字通り距離をとり、森や湖などを挟んだ外縁に立地する企業が増えていった。「ルート128周辺の企業区域はどんどん拡大し、DEC自体、転々と建つ自社工場を行き来するのにヘリコプターを利用し始めるほどだった」[44]

一方のシリコンバレーは、少なくとも表面上は、ハイテク企業が立ち並ぶのに最適な土地柄ではなかった。税制上の利点はこれといって見当たらず、州の特別支援などもなかった。前述の通り土地代や賃金もボストンに比べて高い。しかしそれでもシリコンバレーには強みがあった。経済の教科書ではめったに教えてくれない利点があった。アメリカの作家トム・ウルフがシリコンバレーについて書いた次の有名な一説を読めば、あなたにもそれが何なのかわかるかもしれない。

半導体産業の若き男女は毎年、ワゴン・ホイール、シェ・イヴォンヌ、リッキーズ、ラウンドハウスといった店に集った。みな仕事帰りにそこに向かい、酒を酌み交わしながら語り合う。ゴシップや戦果報告のほか、位相ジッタ、ファントム回路、磁気バブルメモリ、パルス列、チャタリングのない接点、バーストモード、pn接合、RAM、NAK、MOS、PCM、PROM、PROMライター、PROMイレーサー、100万の100万倍を意味するテラといった話題に花を咲かせるのだ。[45]

シリコンバレーではエンジニアたちが自由に交流し、情報やアイデアが活発に行き交い、融合して、さらに新たなアイデアが生まれた。「情報の伝播速度に勢いがあった」とある研究者は言う。「社会的ネットワークの密度の高さと開かれた労働市場が、試験プロジェクトや起業をあと押ししていた」とサクセニアンも指摘する。「『解決できない問題があったら、ワゴン・ホイールに行って誰かに聞けばいい』というのがお決まりのジョークになっていた」

これは「情報の水平伝播」と呼ばれることがある。エンジニアからエンジニアへと横に情報が広まっていって、常に波及効果がもたらされる。シリコンバレーでは組織内に限らず、組織間で情報が行き来していた。ワゴン・ホイールのような場所は、異なる視野を持つ人々の融合の拠点となる。ある技術や話題の当事者は別の話題では第三者であり、その逆もまたしかりで、広範に多様な意見が交わされる。

ホームブリュー・コンピューター・クラブもそんな集まりの1つだ。当時のコンピューターマニアたちによって創設され、第1回会合はあるガレージで行われた。1975年3

月にクラブが発行したニュースレター第1号にはこう書かれていた。「コンピューターを自作していますか？　TVタイプライター〔初期のマイクロコンピュータの一種〕は？　入出力装置は？　それともデジタルの黒魔術を起こす箱は？　もし答えがイエスなら、同じ趣味を持つみんなが待っています。情報やアイデアを交換して、作品作りでもなんでも助け合いましょう」[46]。（ちなみに前述のガレージは、この数十年前にビル・ヒューレットとデビッド・パッカードという2人の男が、ある電子機器の試作をした小さなガレージのほんの数ブロック先だった）。

第1回会合では、炭酸飲料の缶を激しく振ったときのようにアイデアが噴き出した。当時、パーソナル・コンピューターはまだ数百台ほどしか存在していなかったが、テキスト編集、ストレージ、ゲーム、教育用のプログラムなど、家庭用に使えそうなアイデアが次々と出た。そのときすでに、目覚まし時計や部屋の暖房や庭のスプリンクラーをコンピューターで制御するシステムを提案した者もいたという。

この会合には、参加者の1人に20代中盤のコンピューターマニアがいた。あご髭を生やしたシャイで物静かなその男は、メンバーの話にじっと耳を傾けていた。彼はすでに自分でマイクロプロセッサの設計を試みるなどしていた。そして今このクラブにいる。何人もの新たな頭脳とつながれるチャンスだ。メンバーは独自の視点と深い知識を持った多様な反逆者たちばかり。

会合で話題になっていたのは、世界初のパーソナル・コンピューター「Altair 8800」。マニア向けに組み立てキットとして販売されたばかりだった。あご髭の男の目は、そこで初めて見たマイクロプロセッサの仕様書に釘付けになった。「大きな発見の瞬間だった」と彼はのちに語っている。「私が高校生の頃、設計に試行錯誤していたタイプのマイクロプロセッサが、ここまでの完成品になっていたのかと衝撃を受けた。その夜、『Apple I』の全体像が浮かんだんだ[47]」

あご髭の男の名はスティーブ・ウォズニアック。彼がこの世界初のパソコンと自分のアイデアとを見事に融合させ、Appleを創業したのは会合から13カ月後のことだ。のちに共同創業者となるスティーブ・ジョブズも同会合に参加していた。

こうした情報交換の場——レストランでもカフェでも同好会でも——は、ルート128周辺の企業区域には明らかに欠けていた。そもそも需要がなかった。当時ボストンでミニコンピューター関連の仕事に就き、のちにシリコンバレーに移住したジェフリー・カルブはこう振り返る。「私が知る限り、ルート128周辺にはそんな会合場所はなかった。ハドソンかマールボロの町にランチを食べる店ならあったが、シリコンバレーのたまり場に匹敵するような場所は1つもなかった[48]」。ルート128周辺の企業は決して意図的に自分たちの未来をつぶそうとしたわけではない。みな創造的で頭のいい人間だったが、根本的な思考の枠組みから抜け出せていなかった。イノベーションの要因は創造性だけではない。人と人とのつながりもカギになる。彼らは前述の「天才族」に似ている。独創性はあったものの、社交性に欠けていた。多様性もあったのに、活用されることはなかった。そしてタスマニア島のように孤立した。サクセニアンは次のように指摘している。「ルート128の周辺地域では、シリコンバレーで慣例となっていたネットワーキングやコラボレーションが主要文化として根付くことは決してなかった。たとえ新たな経営方針を打ち出しても、従来の管理体制をごく一部変更するのみにとどまっていた」

1957年、「ロードランナー」がヒットする15年前、ルート128周辺には大手テクノロジー関連企業が名を連ね、シリコンバレーの2倍を超す従業員を誇っていた。しかし1987年、「ロードランナー」がヒットした15年後には、2つの地域の立場は逆転。ルート128の従業員数はシリコンバレーの3分の1を下回った。タスマニア島のように取り残され、孤立していたルート128周辺の企業群は、その後2000年までにすべて消滅した。

企業が競合する場合、アイデアの良し悪しが勝敗を分ける要因の1つとなる。アイデアが劣ったほうは市場から去り、成功した企業形態はその後コピーされ、新たな市場が形成されていく。適切に機能する市場は成長の大きな原動力であり、集団脳の拡大に大きく寄与する。しかしアイデアや情報が組織の壁の内側だけに閉じ込められると、市場にとっても企業にとっても危険だ。市場は活発に機能しなくなり、企業はイノベーションを起こせなくなる。

閉ざされたネットワークが招くのは孤立だけではない。それまで以上に視野を狭めることにもなる。これは危険な連鎖だ。自分だけの枠組みの中に閉じこもれば閉じこもるほど、新たなチャンスを脅威とみなすようになる。たとえばＤＥＣの共同創業者ケン・オルセンは、当時パーソナル・コンピューターの将来性をまったく理解していなかったという。ロータス・デベロップメントの創業者ミッチ・ケイパーは当時の「奇妙な」体験を振り返っている。

「ルート１２８周辺の人たちはパソコンの本質を」理解しておらず、自ら破滅への道を進んでいた。オルセンは自社のパソコン用ケース（筐体）を設計して、工業規模で使える丈夫さだと私に自慢していた。しかし家庭用のパソコンにそんな耐久性は必要ない。私は別世界に迷い込んだかのような気がした。オルセンの世界の中では、コンピューターは工場の床などに設置する装置であり、とにかく頑丈でなければいけなかったのだ。[49]

一方シリコンバレーは力強く前進を続けていた。当事者と第三者が出会い、多様なコンセプトが融合されていった。また企業が広範囲に散在したルート128周辺と異なり、シリコンバレーでは企業同士が密に隣接し合っていた。その結果、情報が猛烈な勢いで一帯を駆け巡った。IDT社の当時の幹部、ラリー・ジョーダンは1990年のインタビューで次のように語っている。「ここには常に自らを活性化するような一種独特のエネルギーが流れています。昨日の失敗が今日の共有知識になり、明日の融合につながる。(中略) そしてその融合を通してまた学ぶ。ほぼなんの妨げもなく、これほど効率良く融合が生まれる場所はほかにありません。シリコンバレー全域がこのプロセスで強化され続けています」[50]

VI 社員の導線までデザインしたスティーブ・ジョブズ

イノベーションを起こすには壁を打破していかなければならない。ただ、壁の中にはいいものもある。プライバシーを重んじたり、知的所有権を保護したりするのに役に立つ。専門的な仕事なら、そのためだけのスペースが必要なこともあるだろう。大事なのはバランスだ。しかし我々はときにそれを間違える。異なる考えを持つ人々の大切さを過小評価してしまう。そして必要以上に壁を作って孤立してしまう。そうやって画一的な集団ができ上がる。ものの見方が同じ人間同士の集まりは何かと気が楽だ。

これは科学の世界でさえ起こる。もちろん同じ分野の学者同士でつながり合うのは一向にかまわないが、やはり大事なのはバランスだ。歴史学者が歴史学者とだけ、経済学者が経済学者とだけ論議していたら、研究対象の全体像をつかみ損ねてしまう。本書で取り上げるデータのほとんどは、多分野を横断して第三者の視点を持ち、性別や人種も多様で、我々の世界に対する理解を深めてくれる学者らによる研究結果だ。

ただ残念なことに、その中には学術雑誌に論文が掲載されず苦しい思いをしている研究者がいる。科学界の一部が孤島化し、特定の枠組みの中だけで査読を行っているからだ。「偉大な科学的発見は融合に負うところが大きい」という認識もまだまだ足りていない。科学者が融合のイノベーションを起こすには、自身の分野に関する知識を深めるだけでなく、もっと広い視野で多分野の研究者と交流していく必要がある。そうやって有意義な異種交配を実践してこそ、成功を収められる。

特に今後、多分野交流のカギを握るのは「ネットワーク科学」(ネットワーク理論)だろう。これは18世紀に数学者のレオンハルト・オイラーが提唱したグラフ理論に端を発する。いわば物事の関連を見出し、その構造から人間の行動や社会現象などを分析しようという学問なのだが、根本的な概念はさまざまな分野に応用できる。たとえば建築デザインの世界で、人々が交流しやすい導線を配慮した設計が進んでいるのもこうした学問が下敷きになっている。

こうしたアイデアを自社に取り入れたのがスティーブ・ジョブズだ。1986年にジョージ・ルーカスから買収して新たに設立したピクサー・アニメーション・スタジオのデザインを考える際、彼はトイレを1カ所だけにすると決めた。しかも場所はアトリウム（エントランス付近に設けられる明るい大空間）の中だ。つまり社員はそれぞれのオフィスから出て、そこに集まってくる。一見、非効率だが、そのおかげで偶然の出会いが起こり、第三者の視点を得るチャンスが増える。「みんな誰かと出くわすんだ」とジョブズは言った。

マサチューセッツ工科大学（MIT）の研究棟「ビルディング20」（Building 20）も代表的な例の1つだ。ただこれは建物としては決して美しくない。「合板で急遽建てられ、雨漏りがした。暗くて、換気も悪く、（何年もそこに勤めている人でさえ中で迷うことがあるほど）ごちゃごちゃとしていて、夏は暑く、冬は寒かった」という。[51] しかしそこから驚くべきイノベーションが生まれた。世界初の原子時計、現代言語学、ハイスピード撮影など挙げればきりがない。認知科学者のジェローム・レトビンはこの棟を「MITの子宮」と呼んだ。


ではなぜビルディング20はそこまでイノベーションをもたらしたのか？　ごちゃごちゃとした構造のせいで、異なる分野の人々の偶然の出会いが生まれたからだ。たとえば当時

MITで博士論文執筆中だったアマー・ボーズは、ビルディング20の研究室につめていたが、ときおり休憩がてら、すぐ近くにあった音響実験室に顔を出すようになった。彼はのちに有名なくさび型スピーカーを開発。その後ボーズ（Bose：音響機器メーカー）創業にいたった。

この研究棟では長年の間に音響、接着剤、言語、照明デザインから鉄道模型までさまざまな研究が行われた。誘導ミサイルプログラム研究室や海軍調査研究室も存在した。「これだけの研究者が同じ施設内に在籍するなど当時は考えられなかった。通常は照明デザインなら建築棟、生物学者なら生命科学棟といった具合に住み分けがされていた」と建築家のデイヴィッド・シェイファーは言う。「多様な分野の科学者がこうした特異な環境で出会って刺激を受けた結果、学問の垣根を越えた、ほかに類を見ないコラボレーションが生まれた」

有益なコラボレーションを生んだ要因はほかにもある。間に合わせの薄い壁のおかげで、研究室同士をケーブルで簡単につなぐことができたのだ。工事を頼む必要さえなく、「電気ドリルで穴を開ければそれで済んだ」と工学部のポール・ペンフィールド教授は言う。経済学者のティム・ハーフォードは、著書『ひらめきを生み出すカオスの法則』で次のように書いている。「電気工学と鉄道模型を組み合わせたら、テレビゲームやハッキング技術が生まれた。そんな結果を誰が想像しただろう？」[52]

こうしたつながりやネットワークの力は、スポーツなどさまざまな文化の歴史にも見られる。たとえばサッカー界では、特に戦術面で、数々の融合のイノベーションが生み出された。[53] 代表的な例で言えば、アーセナルFCの伝説的監督、ハーバート・チャップマンが開発した「WMフォーメーション」や、イタリアの堅守・速攻型「カテナチオ」などが挙げられるだろう。経済学者のラファエレ・トレカトリーニによれば、こうしたイノベーションが長期的な競争優位性をもたらすという。

「トータルフットボール」戦略も革命的だった。スポーツ界全体で見ても、もっとも鮮烈な融合のイノベーションと言えるだろう。しかしオランダのサッカー界はかつて孤島化していた。そう聞くとサッカーファンは驚くかもしれないが、実際に新たなアイデアがチャンスではなく脅威とみなされていた時代があった。1959年当時、アムステルダムに本拠地を置くサッカークラブ、AFCアヤックスの医療設備は、木のテーブルと毛布程度しかない状態だった。新たに着任した理学療法士が、自身で治療台を購入したいと申し出ると、コーチはこう言った。「そんなものでこの環境を壊さないでくれ。俺たちは50年ずっとこのテーブルでやってきたんだ」

その後しばらくして状況を変えたのは、第三者のマインドセットを持った若いコーチ、リヌス・ミケルスだ。彼は試合やトレーニングにさまざまなアイデアを取り入れただけでなく、選手の「プロ化」も推し進めた。それ以前は、チームのほとんどが別に仕事をしながらプレイしていた。オランダ・サッカー界のレジェンドの1人、ヨハン・クライフでさえ、地元の印刷工場で働いていた。しかしミケルスがコーチに就任して以来、トレーニングはより理論的かつ独創的になり、選手たちも以前よりハードなメニューに集中して取り組むようになった。

『オレンジの呪縛―オランダ代表はなぜ勝てないか？』の著者デイヴィッド・ウィナーは、こうした変化をオランダ社会そのものの変化と関連付けている。「長い平和が続いたあと、オランダには国の垣根を越えた文化交流の波がこれまでになく押し寄せていた。（中略）当時のアムステルダムの若者ほど陽気な反逆精神に溢れた者はいなかった」

ヨハン・クライフはトータルフットボール戦略の核となる選手だった。元ユースチームのコーチ、カレル・ガブレルは1960年代当時を振り返ってこう言う。「クライフはいつも上と揉めていた。『なぜこのチームはこんなやり方なんだ？』と、それまでみんなが疑問に思っていたことをどんどん口にし始めたからだ」

融合のイノベーションはイギリスのオリンピック史にも大きな影響をもたらした。『*The Talent Lab: The secret to finding, creating and sustaining success*（才能研究所―持続的な成功をもたらす秘訣）』で、著者のオーウェン・スロットは、1996年のアトランタオリンピックで金メダル1つに終わったイギリスが、2012年のロンドンオリンピックで29個の金メダルをもたらすまでの軌跡を追っている。その主要人物の1人は、政府が所管するオリンピック・スポーツ振興機関の研究・改革責任者に任命されたスコット・ドロワーだ。スポーツ科学の博士号を有し、新しいアイデアを常に追い求めていた彼は、スポーツ界の枠を超え、学界や産業界から専門家を招集しチームを結成した。彼らはシリコンバレーのワゴン・ホイールのような場所に集まり、オリンピック選手のパフォーマンスを高める方法について、多様な視点から意見を交換し合った。ドロワー自身は次のように語っている。

> 学問的知識だけで見れば最高〔の集団〕とは言えなかったかもしれないが、創造性の高さならずば抜けていた。みな人の話をよく聞いて、好奇心旺盛で、探求心にも溢れていた。（中略）誰もが自由に意見を出せる、適切な環境に人々を集めることができれば、驚くような結果を出せる。[54]

実際、さまざまな融合のイノベーションが生まれた。

たとえばボブスレーのスピード改善には、F1の最先端技術を活用した。スケルトン〔小型のソリで滑走する競技〕には宇宙航空技術を用いた結果、エイミー・ウィリアムズがバンクーバー五輪で金メダルを獲得。（中略）水泳選手には各種センサーを取り付けて完璧なクイックターンを追求した。（中略）自転車競技の選手には、レースの合間に筋肉が冷えないよう「ホットパンツ」を着用させた。カヌー競技ではスプレースカート（座席部分の開口部をカバーする布）に最新の撥水コーティングを施し、その結果エド・マッキーバーがロンドン五輪で金メダルを獲得した。[55]（*）

同様の例は歴史上いたるところに見られる。さまざまな障壁を打破し、それまでにないアイデアの融合が実現すれば、イノベーションが起こる。中でも際立つのが、18世紀のスコットランドの例だ。長い政治的混乱が続いたあと、歴史的停滞期にあったにもかかわらず、スコットランドは啓蒙運動の拠点となった。

同世紀の初頭には、極めて広範な教区学校のネットワークを築いている。また大学も、セント・アンドルーズ大学、グラスゴー大学など5校が存在し（イングランドは2校のみ）、そのすべてにおいて数学、経済学、科学といったこの時代には非常にレベルの高い講義を行っていた。

しかも孤島化とはまるで逆の「明るく社交的な[56]」環境ができ上がっていたという。社交クラブのような場所が当時いくつも建てられ、学者と商人が交流していた。ある研究者は次のように指摘している。「分野をまたぐ交流は（中略）当時のスコットランドにおける傑出した特徴の1つだ。地質学者と歴史学者、経済学者と化学者、哲学者と外科医、弁護士と農業従事者、聖職者と建築家といった異種交流が盛んに行われていた」[57]

シリコンバレーに見られたような同好会も数々生まれた。哲学・経済学者のアダム・スミスは、化学者のジョゼフ・ブラック、地質学者のジェームズ・ハットンとともに「オイスタークラブ」を結成。また「セレクト・ソサエティ」と呼ばれた会には、建築家のジェームズ・アダム、医師のフランシス・ホーム、哲学者のデイヴィッド・ヒュームらが名を連ねていた。

当時の知性は目覚ましい開花を遂げた。ヒュームは倫理学、政治経済学、形而上学、歴史学の分野で名著を執筆。彼の親しい友人だったアダム・スミスも、経済学史上絶大な影響力を今なお誇る『国富論』を著した。また物理学者・化学者のジョゼフ・ブラックは二酸化炭素を発見している。

こうした例は枚挙にいとまがない。おそらくどれも一見しただけなら、「当時のスコット

*イギリスのスポーツジャーナリスト、ティム・ウィグモアによれば、スポーツ界における技術的イノベーションの多くは、本質的に融合の賜物だという。インドのクリケット選手は、テニスからヒントを得て、バックハンドのスウィープショット（バッティング方法の1つ）を生み出した。また、テニス選手のノバク・ジョコビッチが両足を大きく開いて返球する、有名な「スライディング」は、趣味のスキーを参考にしたという。ほかにアメリカの走り高跳び選手、ディック・フォスベリーの背面跳び、中国の卓球選手、丁寧（テイ・ネイ）のトマホークサーブ（しゃがみ込みサーブ）なども同様だ。

ランドには、たまたま非凡な才能を備えた人が多かった」としか映らないかもしれない。しかし一歩下がって全体を見つめ直してみると、この知性の開花こそ、多様な集団脳の産物であることがわかるはずだ。

第5章

エコーチェンバー現象

ECHO CHAMBERS

I　白人至上主義

デレク・ブラックが白人至上主義に忠誠を誓ったのはまだ小学生の頃だった。10代になると、父親が創設した「ストームフロント」（Stormfront）というサイトの運営を手伝い始める。ストームフロントは「ヘイトサイト」（ヘイトスピーチなどを拡散するウェブサイトや掲示板）の最古参とも言われ、2001年の『USAトゥデイ』紙の記事では「もっともアクセス数の多い白人至上主義サイト」と評された。[1] デレク自身頻繁にコメントを投稿し、すぐにサイトの中心的存在となった。頭の回転が速く、常に明確に意思を表明できる彼は、一部で白人至上主義の若き王子とも呼ばれた。

10代後半になると、AMラジオで「デレク・ブラック・ショー」という番組を持つようになる。放送ではドイツ人の著名なホロコースト否定論者、エルンスト・ツンデルの発言を絶賛し、ジャレッド・テイラーなど白人至上主義のリーダー的人物を数多くゲストに招いてインタビューを行った。番組は大人気を博し、帯番組となった。

同時に彼はストームフロントの運営や宣伝活動も続けた。その間、サイト利用者による暴力行為が巷を騒がせていた。ある調査によれば、2014年までの5年間で、ストームフロントのメンバーによって100人近くが殺害されたという。そのうち77人は、2011年の「ノルウェー連続テロ事件」の犠牲者だ。このテロ事件では、極右思想のアンネシュ・ベーリング・ブレイビクが単独実行犯として逮捕されている。あるデータによれば、こうした殺人事件の発生率は「バラク・オバマがアメリカ初の黒人大統領に就任した2009年から急激に上昇し始めた」という。[2]

やがてデレクは白人至上主義者集会を主催し始め、自ら演台に立って弁舌を振るい、大勢の聴衆を沸かせた。その勢いで20代直前に地元パームビーチの共和党執行委員に立候補して当選を果たすが、白人至上主義思想が委員会に知られるところとなり、結局任命されることはなかった。[3]

バラク・オバマが大統領選挙に勝利した年、ストームフロントはアクセス集中により一時つながらない状態となった。白人至上主義を声高に訴える人間の数は日に日に膨れ上がり、オバマ大統領は月に30以上もの殺人予告を受けた。その頃、デレクはメンフィスで開かれた白人至上主義者の大規模な集会に講演者として招かれていた。『*Rising Out of Hatred: The Awakening of a Former White Nationalist*（憎しみから立ち上がるとき―元白人至上主義者の目覚め）』の著者イーライ・サスロウは、そのときの状況を次のように書いている。

クー・クラックス・クラン（ＫＫＫ）やネオナチ団体のメンバーは、スーツ姿でひっそりと会場のホテルへ向かった。通りでは集会の開催を聞きつけた一般市民が抗議デモを行っている。ロビーの近くでは州警察が警備を強め、ＦＢＩの情報提供者は内部に潜入しようと画策していた。（中略）周辺地域の一部は非常事態を宣言して地元警察の人員を増強した。しかし日曜の午前７時、１５０人余りの世界でも突出した白人至上主義者らは一堂に会し、予定通り集会が始まった。ホテルの会場の入り口に掲げられた小さな案内板にはこう書かれていた。「白人の国アメリカを再生する闘いが今始まる」

デレクはある意味、白人至上主義者になるために生まれてきた。父親のドンは大学時代にKKKの一員となり、あっという間に幹部の地位に就いた。ドンは1981年、白人至上主義者の仲間とともにドミニカ国でクーデターを企てたとして逮捕されている。最終的には未遂に終わったものの、彼らはダイナマイトや催涙ガスなどを携帯していた。「ドミニカ国を白人のユートピアにしようとしていた」とサスロウは動機を指摘する。ドンは3年の実刑を受けたが、その間にコンピューターの技術を習得したことがストームフロントの開設につながった。

ドンは息子デレクの活躍を誇らしく思っていた。デレクには自分にはない強みがいくつもあると感じていた。中でも特に顕著だったのが柔軟な知性だ。デレクは大衆の想像力を刺激するフレーズやスローガンを考え出すのがうまかった。「白人大虐殺《ホワイト・ジェノサイド》」（大量の移民により白人の文化が失われるという思想）を一般に広めたのはデレクだという一説もある。

デレクの母クロエも白人至上主義と深いつながりがある。20代の頃は、ＫＫＫの中でも特に著名なメンバー、デイビッド・デュークと結婚しており2人の娘もいた。デュークと離婚した数年後、白人至上主義集会で顔見知りだったドンと再婚。結婚式の介添人はデュークが務めた。

デュークは当時、アメリカにおける白人至上主義運動の事実上のリーダーで、その思想を国内政治の主流にしようと画策していた。１９９１年にはルイジアナ州知事に立候補し、白人票の大半を獲得したが、対立候補に僅差で敗れた。やがてデレクが生まれると名付け親となり、第2の父親のような存在となった。クリスマスはブラック家で過ごし、小さなデレクをかわいがった。まるで自分の後継者を大切に育てているかのようだった。

おかげでデレクは、10代後半には白人至上主義の思想に身も心も浸っていた。ただ彼は人から好かれた。赤毛を肩まで伸ばし、黒いカウボーイハットを被った彼は、愛嬌に溢れていた。差別的な暴言を吐いたり、暴力を振るったりは決してしなかった。その代わり的確な言葉で自身の教義を説いた。彼はアメリカを白人国家にしたかった。人種的マイノリティを追放したかった。

メンフィスのホテルの集会で、「若き天才」デレクが演壇に立つ際、その紹介をしたのはデュークだ。「我々の活動が社会の主流になる、そんな未来へと導いてくれる新たなリーダーをご紹介しましょう。彼以上に最適な人物は思い当たりません。国内ばかりでなく国外での経験も私より豊富です。それでは拍手をどうぞ。デレク・ブラックです[4]」

II 数と多様性の逆説的結果

カンザス大学は、1865年に創立されたカンザス州最大の大学だ。5つのキャンパスがあり、アメリカでもっとも美しい大学の1つと言われている。「一流の研究機関として州、国、世界に貢献するアメリカ随一の大学」と同大学のサイトには書かれている。

総学生数はおよそ3万人。アメリカ国内のみならず世界各地からの留学生も多い。また非白人が約3000人、カンザス州外からの学生は約6000人、25歳以上も2000人という多様な内訳だ[5]。

学内ではさまざまな社会的ネットワークが自然に生まれる。これはどの大学でも同じで、気の合う者同士が集まり、講義のあとバーやクラブに行ったりしながら友情を深め合う。一生の付き合いになることも多く、卒業してからもずっと連絡を取り合う。

近年では、こうした社会的ネットワークが形成される過程が科学的に研究されている。これまで数々の論文が発表されているが、中でも特に興味深いのは、心理学者のアンジェラ・バーンズによる研究だ。カンザス州の大学を対象に行っており、カンザス大学もその1つに入っている。バーンズは学生たちが友人と一緒に過ごす様子を観察し、各人にアンケート票を渡して、彼らがどうやって友達になったのか、どうしてそういうグループができたのかなどについて答えてもらった。カンザス大学のほかに調査したのは、ベイカー大学、ベサニー大学、ベセル大学、セントラル・クリスチャン大学、マクファーソン大学という比較的小規模の5大学だ。[6]

ただ比較的小規模とは言っても、カンザス大学と比較するとかなり小さい。ベイカー大学は1858年に創立されたカンザス州最古の素晴らしい大学だが、学生寮は3棟しかない。優秀な大学として評価は高いものの、規模で見れば、アメリカのいわゆる有名大学には到底及ばない。

学生数そのものを見ても、カンザス大学の約3万人に対し、前記5大学の平均は約1000人だ。マクファーソン大学はそれ以下の629人、ベサニー大学は592人、ベセル大学は437人となっている。これは人口統計学的多様性も低いことを示唆する。実際にベセル大学ではカンザス州外からの学生は105人のみ。マクファーソン大学とベイカー大学にいたっては海外からの学生が1人もいない。[7]

バーンズが知りたかったのは、こうした背景の違いが、各大学で形成される社会的ネットワークにどんな影響を及ぼすかだ。人々のつながり方はどう変わるのか？　つながる人のタイプに違いは出るのか？　そして長い付き合いはどうやって生まれるのか？　パッと考える限りは、明らかな違いが出そうだ。学生数の多いカンザス大学は多様な人々と出会える。生まれ育った環境や、考え方の異なる人々とつながる確率が高くなって当然だろう。

しかし規模の小さいベセル大学では、そうしたチャンスは限られる。こぢんまりとした温かい環境はメリットになるが、学生数そのものが少なければ、考え方や行動の仕方が違う人々、あるいはたんに見た目の異なる人々との有意義な交流の可能性も制限される。

ところが、バーンズの調査データはまったく逆の結果を示した。カンザス大学の社会的ネットワークのほうが、ほかの5大学に比べて画一的だったのである。つまり自分と考え方や行動が似ている者同士、さらには政治的、倫理的な信条や偏見まで似通った者同士でつながり合っていた。「結果は明白に出たが、大方の予想とは完全に逆だった」とバーンズは言う。「これにより、人は大きなコミュニティに属すると、より狭いネットワークを構築する傾向があることが判明した」

一体どうしてそんなことになるのか？

まずカンザス大学の場合、大勢の学生がいて、当然多様性にも富んでいる。しかし多様性には矛盾した特徴がある。交流できる人の数が多いということは、自分と似ている人の数も多いということだ。つまり、自分と考え方の似ている人と友達になりたいと思ったら、探せば見つかる可能性が高い。だから「細かい選り好み」ができる。

一方、小規模の大学は学生数が少なく多様性も低い。しかしその分、自分と似たところの多い人も見つけにくい。すると、なるべく違いの少ない人で妥協することになる。学生数が少なくて多様性が低ければ低いほど、同じタイプの人間を見つけるのに制限がかかるのだ。バーンズは次のように指摘する。

皮肉な話だが、考えてみれば当然だ。小規模な大学では選択肢が少ない分、自分と異なる人間とつながりを持つ必要性が出てくる。しかし大学の規模が大きければ、それだけ自分の社会的ネットワークを「微調整」するチャンスも得られる。妥協せずに、できる限り自分と似た人間を探し続けられる。[8]

バーンズの調査結果は、世界中で（さまざまな設定で）行われた同様の研究データと符合する。たとえばコロンビア・ビジネス・スクールのポール・イングラム教授は、100人のビジネスマンをある交流イベントに招いて実験を行った。[9] 交流イベントは金曜日、参加者の仕事が終わったあとの夜7時に、同スクールのレセプションホールで開かれた。ホール中央の大きなテーブルにはオードブル、一方の壁際のテーブルにはピザ、もう一方の壁際にはビールやワイン、ソフトドリンク類が用意された。

参加者のビジネスマンは、みな平均して3分の1の人と顔見知りだが、そのほかとはまったく面識がない。多様な人々と知り合う絶好のチャンスだ。実際、事前アンケートでも、(気分転換を兼ねて)ネットワークを広げるのが今回の交流イベントに参加した主な目的だと答えた被験者が多かった。ホールの中では全員が電子タグを付け、誰と何分ほど話をしたか追跡できるようになっていた。もちろん話の内容などは記録できないが、このタグ追跡によって、ネットワークが形成される様子が可視化された。

それで結果はどうなったか。参加者は初めて会う人と話をしたのか？　目的通りネットワークを広げることができたのか？　バーンズら実験チームによれば、「答えはノーだ」。「少なくとも被験者自身が事前に望んでいたほどネットワークを広げることはできなかった。(中略)実験では、すでに面識のある数少ない人たちとばかり話す傾向が見られた」

人類の創成期において、集団脳が成長する上でもっとも大きな足かせとなったのは社会からの隔絶だった。狩猟採集時代には、地理上に点々と存在する集団が互いに交流する手段はほとんどなかった。農業革命が起きてからは、より近くに集まって暮らすようになったが、各集団の間には物理的・心理的な壁が数々あった。タスマニアがオーストラリア本土から切り離されて孤島化し、文化の発展が著しく滞ったのは前述の通りだ。

しかし今日の我々は、まったく異なる時代に生きている。今や実社会のみならず、デジタル技術を通して世界中の誰とでも一瞬にしてつながれる。多様な意見、信条、アイデア、技術などをクリック1つで目にすることができる。これはもちろん、インターネットの生みの親、ティム・バーナーズ＝リーが当初描いていたビジョン――科学者たちが研究結果や新たな情報やアイデアを共有できる世界――だ。おかげでさまざまな融合のイノベーションが生まれ、インターネットは人類にとって大きなプラスとなってきた。

しかし多様性豊かな環境は、矛盾した現象ももたらす。インターネット上でも実社会でも同じことが起きる。世界が広がるほど、人々の視野が狭まっていくのだ。多様な学生が集まる大規模なカンザス大学では、画一的なネットワークが生まれ、多様なビジネスマンが集まる交流イベントでは、顔見知りとばかり話す傾向が見られた。

これは現代社会における特徴的な問題の1つ、「エコーチェンバー現象」（同じ意見の者同士でコミュニケーションを繰り返し、特定の信念が強化される現象）につながる。インターネットは、その多様性とは裏腹に、同じ思想を持つ画一的な集団が点々と存在する場となった。まるで狩猟採集時代に舞い戻ったかのようだ。情報は集団間より、むしろ集団「内」で共有される。ただしエコーチェンバー現象は常に問題というわけではない。たとえばファッションが好きな人なら、特定の掲示板に行って同じ好みの人同士で話がしたいと思うだろう。そこに建築やサッカーやエクササイズの話をする人たちが割り込んできたら楽しめない。多様性は邪魔になる。

しかし政治問題など複雑な話題について情報を探す場合、多様性を排除してしまうと、エコーチェンバー現象によって現実が歪んで見え始める。たとえばFacebookやその他SNSから情報を得ようとすると、一番目にしがちなのは、友人がシェアする情報だろう。つまり自分と考え方が合う人の意見、あるいは自身の意見を裏付けてくれる情報に触れる機会が多くなる。反対意見に触れる割合はずっと低い。この傾向はいわゆる「フィルターバブル」によってさらに強まる。インターネットでは、Googleに代表される検索サイトのアルゴリズム（つまり特定のフィルター）が、利用者の好みに合わせて検索結果をふるいにかけている。そのため利用者が好む情報、すでに信じている情報ばかりが表示されやすくなる。まるで泡（バブル）の中に閉じ込められたようになって、多様な意見や視点へのアクセスが制限されるのだ。[10] いわばバーンズの交流イベント実験のデジタル版、しかも増強版といったところだろう。インターネットのつながりの強さが、逆にこうした細かい選り好みをもたらした。

エコーチェンバー現象が及ぼす影響の大きさについては、研究者の意見が分かれている。

コンピューターサイエンスの専門家エマ・ピアソンは、2014年にミズーリ州で起きた白人の警官（ダレン・ウィルソン）が黒人の青年（マイケル・ブラウン）を射殺した事件に関するツイートを調査した。するとその内容はほぼ、次の2つの大きな集団に分かれていた。ピアソンはこれを2つの色に分け、ツイート同士のつながりなどを可視化している。まず「青い集団」は、黒人青年の射殺をおぞましいと受け取り、白人警官を批判する集団だ。一方の「赤い集団」は、白人警官はスケープゴートになっていると考え、抗議デモをしている人たちは略奪行為に走っているではないかと主張する。ピアソンの解説は次の通りだ。

赤い集団はブラウン［黒人青年］よりウィルソン［白人警官］に会うほうが安心だと言い、ブラウンは撃たれたとき武器を携帯していたと主張した。しかし青い集団はまったく逆で、武器など持っていなかったと言う。また赤い集団は、警官に対する集団リンチや人種攻撃が行われていると訴え、青い集団は警察組織の解体を求めた。さらに赤い集団は、ミズーリ州が非常事態宣言を出すはめになったのはオバマ大統領が状況を悪化させる発言をしたせいだと批判し、青い集団は、［平和的デモまで禁じる］非常事態宣言は人権侵害だと声を上げた。[11]

おそらくここからもっとも露呈した事実は、2つの集団の「間」に実質的なやりとりが見られなかったことだろう。どちらも自分の意見に合うツイートばかりを見て、集団の「中」だけでやりとりをしていた。「政治的・人種的な背景が極めて異なる2つの集団は、互いを無視していた」とピアソンは言う。「両者の考え方は極端に違っている。そうした状況自体が問題を引き起こし得るのであり、実際にそうしたデータも見られる」(*)

しかしインペリアル・カレッジ・ロンドン〔理工系の名門大学〕のセス・フラックスマン博士とピュー研究所〔アメリカのシンクタンク〕の共同研究は、現代のデジタル社会についてまた別の見解をもたらしてくれる。博士らがインターネットの全体的な利用状況を見てみると、利用者は自身の考えに合う情報のほうを選択的に見ている率が平均して高かったものの、反対意見も目にしていたという。これは当然ながら驚くほどのことではない。農業革命後の狩猟採集民の集団でさえ、他集団の情報から完全に遮断されていたわけではなかった。

ただ面白いのは、自分とは反対の意見を見たそのときに何が起こるかだ。普通に考えれば、たとえ正反対の意見でも、十分な裏付けや証拠を目にすれば、それまでの自分の意見を多少なりとも和らげるはずだ。しかし実際はまったく逆のことが起こる。以前にも増して自分の意見を極端に信じるようになるのだ。たとえば前述のピアソンの調査では、赤い集団と青い集団との間のやりとりはほんのわずかだったが、そのわずかの機会のツイートは実に攻撃的だった。ピアソンは次のように書いている。

　赤と青の集団が会話をした際、赤い集団の人々が、青い集団の中でも特に影響力のあった人物、公民権運動家のドレー・マケッソンに対して放った言葉はひどいものだった。「憎悪をまき散らす共産主義者」（中略）「差別主義者の戯言」「銃や火炎瓶を手放せないくせに」「薬を変えてもらったほうがいいぞ」などと過激に煽っていた。

　デューク大学の社会学者、クリストファー・ベイル教授もこれに似た調査結果を発表している。被験者はTwitter利用者のうち、共和党支持者と民主党支持者の計８００人。教授はそれぞれの支持者に、社会的影響力の高い人物の政治的見解――ただし被験者自身の意見と相反する見解――をリツイートする「ボット」（反復的なタスクを自動実行するプログラム）をフォローしてもらった。結果はどうなったか？　両支持者の意見はさらに二極化した。特に共和党支持者はそれまで以上に保守的になった。自分と異なる意見を目にしたあ

＊イタリアに拠点を置く計算社会科学者、アナ・ルチア・シュミットも、２０１９年に行った調査で同様の結論に達している。３億７６００万人に及ぶFacebookユーザーによる、ニュースサイト９００社の利用傾向を調査した結果、「選択的露出によって利用するニュースサイトが限定され（中略）強力な二極化が起こっていた」と言う。[12] 別の研究者による調査でも、「ＳＮＳの利用がエコーチェンバー現象による分極化を新たに引き起こしている可能性がある」という結論が出ている。

とのほうが、彼らの信念を強めたのだ。[13]

なぜそうなるのかを正しく理解するには、まずエコーチェンバー現象とフィルターバブルの微妙な違いを押さえておく必要がある。哲学者のC・チ・グエンは、フィルターバブルは社会からの孤立のもっとも極端な形だと言う。当事者はいわば丸い泡の中に閉じこもっている状態で、情報にはフィルターがかけられ、泡の内側の人間には自分の意見と似通った意見しか見えない。このような集団は現代では稀で、カルト団体かその類の排他的な組織くらいのものだろう。一方エコーチェンバー現象は、グエンによれば、少々異なる。情報のフィルターは機能しているものの、自分たちの信条に沿わない意見を完全に遮断してしまうケースは少ない。むしろこの現象でもっとも特徴的なのは、別の特殊なフィルターの存在だ。

では一体どんなフィルターか？　本書ではそれを「認識の壁」と呼ぶことにしよう。

III　信頼は人を無防備にする

コミュニケーション学の専門家、キャスリーン・ホール・ジェイミソンとジョセフ・カペラ両教授は、学術書『*Echo Chamber: Rush Limbaugh and the Conservative Media Establishment*

『エコーチェンバー現象―ラッシュ・リンボーと保守系メディア』で、政治的見解の二極化現象を詳細に分析した。[14] その題材として主に取り上げたのは、扇動的な発言で知られるアメリカのラジオパーソナリティ、ラッシュ・リンボーが司会を務める保守系トークショー。週間累計聴取者数がおよそ1325万人にも達する大人気番組だ。

　リンボーはリスナーを反対意見から隔離しようとはしない。そもそも現代においてそんなことはほぼ不可能だ。そこで彼は反対意見を不当化する。異なる意見を唱える人々を徹底的に攻撃・誹謗するのだ。しかも相手の「間違い」を主張するだけでなく、悪意があると説く。彼はこう息巻く。主流メディアはリベラル派の偏見を垂れ流している！「真実」を語るのは保守派の自分であり、それを認められないリベラル派が、自分やファンを弾圧しようとしている！ ジェイミソンとカペラはこれを次のように指摘する。「こうした保守系の司会者は、主流メディアがダブルスタンダードを用いて組織的に保守派を不利な立場に追いやろうとしていると強調する」。「極端な仮説を用い、揶揄や人身攻撃（人格攻撃）、そのほか否定的な感情に結び付ける手段」を通して、リンボーはリベラル派の見解のみならず、自身の信条と異なるあらゆる情報の信用を落としにかかるのだ。

　さて、このあたりでフィルターバブルとエコーチェンバー現象の違いが少し見えてきただろうか？ 前者では、当事者は泡の中にすっぽりと包まれ、反対意見から完全に隔離された状態だ。聞こえてくるのは同じ泡の中の住人の意見だけで、現実が歪んで見えている。カルト集団が、信者の洗脳が解けないよう外からの接触を断ち切るのにはこうした理由がある。しかし隔離という極端な手段をとっている分、いったん外部の意見にさらされると脆い。泡が弾けたとたん、自分の信念を疑い始める。

一方、エコーチェンバー現象の仕組みはこれと本質的に異なる。もちろんエコーチェンバー（原意は、録音設備の一種でエコーが響く部屋）にもある程度情報のフィルターはあって、その内側では自分と同じ意見が常に大きくこだましているものの、外部の反対意見も入ってくる。ところが内側の当事者は、反対意見を聞けば聞くほど信念を強めるのだ。たとえば前述のリンボーの番組の場合、反対派がリンボーを攻撃すればするほど、あるいはリンボーの間違いを指摘すればするほど、「メディアの弾圧」や「組織的な陰謀」の裏付けになる。エコーチェンバーの内側の人々にとって、反対派の意見は新たな情報ではなく、フェイクニュースでしかない。反対派が提示するデータは、その一つひとつが自分自身を「正当化」する――認識の壁を厚くする――材料になる。その結果、両者の溝は深まる一方だ。哲学者のC・チ・グエンは次のように指摘する。

いわば精神的な柔道だ。注意深く築き上げられた信念という道場で、相手の力や勢いを利用して組み伏せる。リンボーのファンは主流メディアやリベラル派のニュースも読むが、受け入れはしない。彼らの孤立は隔離によるものではなく、誰を権威とするか、何を信頼できる情報とするかで決まる。外部の声を聞きはするものの、意見を変える材料には決してならない。[15]

人が何かを信じるときに欠かせないのは「信頼」だ。我々にはあらゆる物事の正当性をチェックする時間などない。だから場合によっては、相手を信頼して額面通りに受け取るほかない。医者や教師の言うことならそのまま受け入れる人も多いだろう。専門家もほかの専門家を信用し、その定理をもとに推論を組み立てる。今日の情報化社会も、いわばビジネスと同じで、信頼という大前提の上に成り立っているのだ。グエンはこう言う。

自問してみてほしい。あなたは優秀な統計学者とそうでない統計学者の区別がつくだろうか？　いい生物学者とそうでない生物学者は？　原子力工学者ならどうだろう？　放射線医やマクロ経済学者なら？（中略）こうした検証を自身で行うのは極めて困難だろう。そこで拠りどころとなるのが、信頼という大いに複雑な概念だ。我々は互いを信頼し合わなければならない。しかし哲学者のアネット・ベイヤーが言う通り、信頼は人を無防備にする。[16]

エコーチェンバー現象は、この信頼に関わる人間の隙に付け込んで、歪んだフィルターをかける。反対派の意見は徹底的に攻撃し、反対派自身には人身攻撃を行って、その人物もろとも信憑性を徹底的に貶める。そうやって逆に自分たちを正当化する。反対意見やその根拠となるデータは、考慮の上で価値がないと判断するのではなく、見聞きした瞬間にはねつける。まるで磁石の同極同士を近づけたときのように。グエンは言う。「エコーチェンバーは、いわば人間の弱さに巣食う寄生虫だ。（中略）フィルターバブルの中では、外部の声が聞こえない。エコーチェンバーの中では、聞こえるが一切信じない」

エコーチェンバー現象は保守派にだけ起こるものではない。リベラル派にも、政治以外の分野にも見られる。「ワクチン反対派も明らかにそうだ。しかも彼らは政治的党派を問わない。実際、エコーチェンバー現象には幅広い分野で出くわす」。たとえばダイエットの話題1つとっても、パレオダイエットが流行したときにはそうした現象が見られた。エクササイズで言えば、クロスフィット。母乳育児に関しても同様だ。こうした例は数え上げたらきりがない、とグエンは言う。[17]

情報のフィルターに信頼のフィルターを重ねて認識の壁を築き上げれば、集団内には並外れた結束力が生まれる。これに対し、はじめから一方の主張しか耳に入らないフィルターバブルは本質的に脆い。しかしエコーチェンバー現象では、反対意見に触れることでいっそう狂信的になる。それによってすでに二極化した派閥はさらに溝を深める。一方にとって、もう一方の情報やデータは常にフェイクニュースだ。どちらの側も、相手が「ポスト真実」の時代〔客観的事実より個人的感情や信条で世論が形成される時代〕に生きていると信じ込む。グエンは言う。「『集団の健全度をチェックする』簡単な方法がある。『信条に沿わない部外者に対し、その人の信頼度を貶める行為を積極的に行っているか？』と考えてみればいい。答えがイエスなら、その集団にはほぼ間違いなくエコーチェンバー現象が起こっている[18]」

Ⅳ　極右の大いなる希望の星

デレク・ブラックは特異な例だ。インターネットではなく実社会のエコーチェンバーの中で育った。彼が6歳のとき、父親はデレクの部屋の壁に南部連合の旗を飾った〔奴隷制の存続を求めていた南部連合の旗は、白人至上主義のシンボルとされることがある〕。デレク少年が白人至上主義集会に顔を出し始めたのはこの頃だ。大人たちが「黒人は生まれつき知能が劣っている」などと話すのを聞いていた。前述の『*Rising Out of Hatred: The Awakening of a Former White Nationalist*（憎しみから立ち上がるとき—元白人至上主義者の目覚め）』でイーライ・サスロウは次のように書いている。「デレクはパソコンのキーボードを打てる年齢になるとすぐ、ストームフロントでメンバーとの交流を始めた。（中略）小学4年生になる前には、『地元ウエスト・パームビーチの公共機関にはハイチ人やヒスパニック系の移民が溢れている』という理由で両親に学校を辞めさせられた」[19]

その後ホームスクーリングを始めたデレクには、さらなる白人至上主義思想が吹き込まれた。実家は高く生い茂った草木に囲まれ、ちょうど孤島のような状態だった。客として招かれるのは白人至上主義の仲間か親戚のみ。こうした状況を見る限り、デレクは社会から隔絶された中で極端な思想を身に着けていったかのようだ。外のことを何も知らなければ、自身の信条に疑問を持つこともない。しかし、デレクの日常は特異ではあったものの、彼は決してカルト集団にいたわけではない。名付け親のデイビッド・デュークはアメリカにおける白人至上主義運動の事実上のリーダーだったが、その信条に沿わない意見からデレクを遮断しようとはしていなかった。デレクの両親も同じ考えだった。つまり、これはフィルターバブルではない。

エコーチェンバー現象だ。デュークも両親も、反対派の意見や情報を排除しなかった。だが信用もさせなかった。そのために彼らは反対派の信憑性を徹底的に貶めた。反対派はすべて偽善者や嘘つきの集まりとして扱われた。リベラル層は移民やユダヤ人たちに白人の社会を明け渡そうとしている！　だから我々極右派の「真っ当な主張」を一切許さないのだ！

デレクがインターネットやテレビやその他の情報に触れていながら、自身の主義主張を和らげるどころかさらに硬直させていったのには、こうした背景がある。デレクにとって反対派はフェイクニュースをばら撒く人々、上っ面の「道徳的な正しさ」を振りかざすペテン師でしかなかった。サスロウは言う。「[デレクは]自分たちへの批判の声をまったく意に介していなかった。（中略）彼にとって反対派は、遠くで騒いでいる名前も知らない人たち――なにやら強引な「原始人」たち――という程度でしかなかった。（中略）そんな風に見下げた相手の意見を信じるはずもない」[20]

21歳になると、デレクは大学に通うため実家を出た。ニューカレッジ・オブ・フロリダという州一番の大学だ。専攻はドイツ語と中世史。「彼はヨーロッパの白色人種が支配的立場にあった中世を輝かしい時代だと考えていた。両親は彼が歴史を勉強することについて、『そのうち自身で歴史を築いてほしい』と期待をかけていた」。父親は確固たる自信を持っていた。大学に行って反対派の声にさらされたところで、息子の信条が揺らぐことなどない。しばらくして「デレク・ブラック・ショー」に電話をかけてきたリスナーが、デレクに「大学で多文化の波に揉まれてどんな気分か」と質問すると、一緒に司会をしていた父親は笑った。「しがない共産主義者たちにデレクの考え方を変えられるわけがない。影響を受けるとしたら彼らのほうだよ」

しかしニューカレッジ・オブ・フロリダは少し変わっていた。規模が小さかったのだ。総学生数はわずか800人ほど。これが大きな大学だったら、デレクは十分な数の極右派を探せただろう。同じ思想の学生同士で容易にネットワークを築けたはずだ。しかし小さな大学ではそんな選り好みはできない。結局デレクは、それまで以上に意見の異なる人々と出会うことになった。情報のフィルターはもはや消え去ろうとしていた。

大学の初日、デレクはファン・エリアスと出会う。ファンはペルーからの移民で、もみあげを伸ばし、うっすらとあご髭を生やしていた。デレクはそれまでヒスパニック系の人とゆっくり話したことなどなかったが、ファンとは人生やそのほかのことについてじっくりと話した。数日後、大学の中庭でギターを弾いていたデレクは、ヤムルカ〔ユダヤ人男性が被る縁なし帽〕を被った学生が座って聞いているのに気づいた。その大学で唯一の正統派ユダヤ教徒、マシュー・スティーブンソンだった。そのうち2人は一緒に歌い始めた。

デレクは大学では自分の政治的見解を口にしないと決めていた。キャンパスで孤立したくなかったからだ。いつも夜になると学友たちと歴史や言語や音楽について語り合った。そして朝は早いうちに寮を抜け出してラジオ番組の収録に向かい、極右思想を語った。その事実に誰一人気づいていなかった。サスロウは言う。「ラジオでは、デレクは『黒人は本質的に犯罪者だ』『黒人とヒスパニック系は生まれつき知能が劣っている』と持論を繰り返した。オバマ大統領についても、『アンチ白人文化』の『過激な黒人活動家』で『本質的にアメリカ人ではない』と主張した」

大学に入ってから1年が過ぎても、デレクの信条は一切変わらなかった。それまで以上に多様な意見に触れるようになってはいたものの、まだ信頼のフィルターが極端な思想を支えていた。デレクは「極右の大いなる希望の星」であり続けた。反対派の騒音は耳に入っていたが、そんなものには以前からびくともしなかった。むしろ、新たな環境でも自分の思想が揺らがないことを誇りに思っていた。ただサスロウによれば、「デレクは、家族に洗脳されただけだと言われることは許せなかった。彼にとってそれ以上の侮辱はなかった」という。やがて彼は4カ月の休暇を取り、ドイツを訪れた。ドイツ語の語学学校に通うのと、当時現地にいた名付け親のデュークに会うのが目的だった。そして3カ月が経った頃、デレクはニューカレッジ・オブ・フロリダの学内ネットワークにログインし、友人とチャットをしようとして、ある学生のブログ記事を見つけた。

その数日前、午前1時56分、ニューカレッジ・オブ・フロリダで政治的過激思想についてて学んでいたある学生が、極右サイトをあれこれ閲覧していると、赤毛の長髪でカウボーイハットを被った若者の写真が目に入った。衝撃を受けた彼は、早速その写真を自身のブログに投稿し、キャプションを付けた。「この人物に見覚えはありませんか？　名前はデレク・ブラック。白人至上主義者、ラジオパーソナリティ、（中略）そして我が校の学生」

それを見た学生たちは各自のブログで拡散。ほんの数時間のうちに、同大学史上もっとも多くのブログで取り上げられた記事となった。

デレクにはどうなるかわかっていた。大学に戻ると、「元」友人たちから冷たくあしらわれた。学内ネットワークの掲示板には「家族ともども苦しみながら死ねばいいのに」「白人至上主義者への暴力は、今度は彼ら自身が餌食だというメッセージになるぞ」といった投稿が相次いだ。デレクの車は破壊され、彼自身も罵声を浴びせられた。デレクがニューカレッジ・オブ・フロリダに在籍していることに対し、学生たちの間で抗議デモが起こり、大学が丸一日閉鎖される事態にもなった。

しかしデレクにとってこれはすべて、両親から学んだことが正しいと裏付ける証拠になった。ほかの意見を受け入れられないリベラル派が極右派を封じ込めようとしている。彼らは極右派が発言することさえ許さない。なんでも検閲したがる偏狭な集団だ。科学的に、道理をわきまえて議論しているのは白人至上主義者のほうだ。そこでデレクはこうした「弾圧」に対抗すべく、白人至上主義者の国際集会を企画。「敵の攻撃に屈しない術を学び合おう」と、ストームフロントのメンバーにラジオで呼びかけた。大勢の講演者にも参加を打診した。その中には雄弁な指導者、デュークと父も名を連ねている。

デレクは「国際集会のロゴから軽食用のサンドウィッチまで、あらゆるディテールにこだわった」という。集会当日。デレクが冒頭のスピーチのため壇上へ向かうと、ヨーロッパ、オーストラリア、カナダなどから集まった白人至上主義者らが総立ちになり、大きな拍手で彼を迎え入れた。

そのあとは講演者のスピーチが続く。デュークのスピーチは次の言葉で始まった。「大、虐、殺」。「この言葉を私と一緒に繰り返そう。我々白人の文化が、今失われようとしている。これは我々の遺伝子に対する殺人だ」。父親のドンはこの日最後の講演者を務め、割れんばかりの拍手喝さいを浴びた。デレクはそばに駆け寄り、並んでステージの中央に立った。

「『白人に対する大虐殺』だと唱え続けていれば、反白人至上主義者も自分たちの行動を振り返って恥じ入ることになる。士気も下がるだろう」、デレクはストームフロントの掲示板にそう記した。「オフェンスに徹しよう。正しいのは我々だ」。彼が白人至上主義の未来を担う勢力となるのは、誰の目にも明らかに思えた。

しかし数日後、すべてが変わる。

Ⅴ　傷つけるべきでなかった人々

正統派ユダヤ教徒のマシュー・スティーブンソンは、黒い髪で短いあご髭を生やし、明るい目をしている。デレクと一緒に歌っていた青年だ。彼はフロリダ州マイアミで育ち、物腰はおだやかで、人懐っこい顔をしている。ヤムルカを被り始めたのは14歳。子供の頃は、母親がアルコール依存症だったこともありつらい思いをした。母親はアルコホーリクス・アノニマス（ＡＡ）〔アルコール依存症者の自助グループ〕の集会に参加していたが、マシューも小さな頃から付き添いで顔を出していた。「ものすごく勉強になりました。豊かな人も貧しい人も、白人も黒人も、本当にいろんな人に出会いました。アルコール依存症で人生のどん底に落ちて、そこから這い上がってきた話をみんなで共有し合うんです」

このマシューに、私は冬のある晴れた日の午後、取材をした。話をするうち、とても思慮深い青年という印象を受けた。ＡＡ集会で本当に多くを学んだようだ。特に、人間は変われるということを。

「何をどう理解すればいいのかしばらくわかりませんでした」彼はデレクの白人至上主義を初めて知った日のことをそう振り返った。「彼に初めて会ったときはそんなことはまったく知りませんでした。普通に話したり遊んだりしていました。親友とかではありませんでしたが、一緒にいて心地いい関係でした。例のブログで知ったときは、ほかのみんなと同じくショックでした」

彼はストームフロントのことは以前から知っていた。極右派の台頭を懸念していたほかの生徒と同様に、ヘイト犯罪の起因を少しでも理解しようとサイトを覗いてみたこともあった。「デレクの思想について知ったあと、サイトに行って彼の投稿を探してみたら、結構な衝撃でした」。その投稿の1つにはこう書かれていた。「ユダヤ人は白人ではない。彼らは虫が這うようにして社会に潜り込み権力を得た。彼らユダヤ人は人を騙し、権利を乱用する」

マシューの学友の多くはデレクを完全に拒絶した。一部には罵声を浴びせる者もいた。デレクの正体が発覚してから何週間も何カ月も学内はざわついていた。しかしマシューはデレクが育った環境に思いを巡らせた。

きっとほかの人とゆっくり交流する機会がなかったんでしょう。黒人やユダヤ人の家族も友人もまわりにいなかった。私もそんな環境で育っていたら、白人至上主義者に絶対ならないとは言い切れません。私は彼に手を差し伸べることが必要だと思いました。人は変われますから。ＡＡ集会に行っていたからわかります。本当に大きく変われるんです。

毎週金曜の夜、マシューは友人のために安息日の夕食会を開いていた。最初は小さな集まりだったが、キリスト教徒も無神論者も参加するようになり、いつの間にか、小さなキャンパスで送る社会生活に欠かせない定期行事となった。多いときは15人ぐらいが彼の寮に集まって、はちみつとマスタードでマリネしたサーモンとハッラー〔ユダヤ教徒が安息日に食べるパン〕を食べた。友人同士で親交を深め、意見を交換し合うのに最適な場だった。

そこで、ストームフロントの国際集会の数日後キャンパスに戻っていたデレクに、マシューはメールを送った。「今週の金曜、空いてる?」。そして金曜の午後にもう一度「今夜会えるのを楽しみにしてるよ」とメールすると、デレクからやっと参加するとの返事が返ってきた。マシューはその夜のことをこう語っている。

夕食会が始まって、最初のほうはちょっと変な感じでした。どうなるか誰にもわかりませんでした。〔いつもの参加者のほとんどはデレクと同席するのを嫌がったので〕参加者はほかに2人だけだったんですが、政治の話はしないように頼んでいました。でも数分もすると、スムーズに会話が流れ始めました。(中略)デレクはすごく頭がいいんです。彼は次の週も来ました。その次の週も。正直言って、楽しかったですよ。

もちろん、マシュー自身も政治の話を避けていた。そういう話題は激しい議論を招きやすい。回を重ねるにつれ、最初はボイコットしていた友人たちが少しずつ出席するようになったものの、できるだけおだやかにいきたかった。そもそも夕食会ぐらいで、白人至上主義者の考えが簡単に変わるはずもない。誰だってそうだ。少なくともはじめはそうだろう。マシューにはわかっていた。有意義な話し合いをするには、まず、信頼の構築が欠かせない。

夕食会では、初期のキリスト教や当時の言語、修道院の生活などについて語り合った。デレクはマシューの知識の深さにいつも感心していた。マシューも、デレクはそれまで会った人の中でも特に頭がいいと感じていた。2人とも大学ではトップクラスの成績を収めていた。2人の気持ちはそれまで以上につながり始めた。彼らは一緒に笑い、一緒に学んだ。夕食会に元の参加者がどんどん戻ってくるようになると、彼らもデレクとの絆を強めていった。認識の壁のレンガが1つずつ1つずつ取り除かれていった。

そしてある晩の夕食会。参加者の1人、アリソン・ゴーニックは、デレクと2人で話している最中、自身の政治的見解について語り始めた。デレクはじっと耳を傾けた。そして2人は白人至上主義思想の基本理念について話し合った。「黒人は平均的に白人より知能が劣り、犯罪に走りやすい」「人種間の違いは生物学的なもので、変えることはできない」。

デレクはこうした香ばしい疑似科学の説を信じていた。人種的マイノリティは本国に送還したほうがいいと本気で考えていた。黒人にとっても白人にとってもそのほうがいいと信じていた。

アリソンは次の夕食会に、デレクの差別理論に反する内容の科学論文をいくつか持ってきた。デレクはそんな論文のことを聞いたことはあったが、じっくり読んでみたことは一度もなかった。信用の置けないリベラル派が出したいい加減なデータをチェックする必要などない。彼らが都合よく操作した情報など読むだけ無駄だ。ずっとそう思っていた。

しかしこの夜、デレクはそれを読んでみた。そしてしばらく目を通したところで、以前より素直な気持ちで反対意見を理解しようとしている自分に気づいた。「人種間のＩＱの違いは文化的な背景にも起因し得る」「移民の第一世代の子供たちは、アメリカ人の子供たちより平均して学業成績がいい」といったデータや遺伝子の多様性に関する情報をデレクはじっくりと読んだ。

彼は今まで長い間、現代のアメリカで差別を受けているのは白人のほうだと本気で訴えてきた。しかし論文にはそんなことは書かれていなかった。「州政府には黒人の代議員がほとんど存在しない」「同じ能力を有する黒人より、白人が昇進するほうが多い」「同じ校則違反を犯しても、黒人の生徒は白人の生徒より2倍停学になりやすい」「同じ職でも、最低賃金で働いている人員は、黒人のほうが白人より2倍多い」「適性が同じでも、黒人が面接に呼ばれる率は白人に比べて大幅に低い」

これが本当に自分の思っていた、白人よりマイノリティを都合よく優先する国なのか？　デレクのこれまでの人生、幼い頃の記憶、彼のアイデンティティは、白人至上主義と切り離して考えることはできない。それは彼の家族も同じだ。友人も、そのほかまわりにいる人々も。しかし今、デレクの信念の土台が崩れ始めた。ゆっくりと、しかし確実に。彼はこれまで反対意見を見聞きしたことがなかったわけではない。ただ腰を据えて向き合ったことは一度もなかった。しかし目の前のデータは、それまで信じてきた自分たちの「正しさ」を裏付けるものではなかった。どれも白人至上主義の思想のほうが間違いだったことを示している。彼がそれを公に認めれば、活動家たちの間で大騒ぎになることは間違いない。まわりの人々との関係に深い亀裂が入る。特に両親との間に。やがてある晩、デレクはコンピューターに向かい、キーボードを打ち始めた。

私が育ったコミュニティでは、人々が白人至上主義を信奉している。尊敬する両親、特に父は確固たる支持者だ。私は小さな頃から、父が白人至上主義思想の正しさをひたむきに信じ、その信念に基づく活動に人生を捧げる姿を見てきた。そんな人々との関係にくさびを打ち込むことになろうとは、私はこれまで考えもしなかった。そんな必要を感じたことさえなかった。

しかしここ数年で、私の信念にはさまざまな変化が生じ、自分自身で真剣に向き合わなければならない状態にまできた。この社会において（中略）人種差別撤廃プログラムの数々が（中略）白人を抑圧していると論理的に異議を唱えるのはもはや不可能だ。（中略）中でも今や特に奇異に思えるのは、ユダヤ人が社会的支配を目論んでいるといった主張で、（中略）到底支持できるものではない。これまでの殻から抜け出し、過去の自分が影響を及ぼした人々と話をし、広く文献に目を通すようになって、私は、決して傷つけるべきでなかった人々を傷つけていたことに気づいた。[21]

デレクはこれを書き上げると、「南部貧民救済法施行機関」（父親の活動を何十年にもわたって追跡調査していた公民権団体）のアドレスを探し、そこにメールした。

VI　政治的信条の二極化はこうして起こる

自分とは反対の意見に対して「ポスト真実」を主張する現象についてはこれまで数々の分析がなされているが、そこにはフィルターバブルとエコーチェンバー現象が混在している。フィルターバブルが要因だとする分析では、「当事者は特定の情報から隔絶された結果、歪んだ世界しか見えなくなっている」「人は多様な情報や視点から切り離されると、極端な思想に傾きやすくなる」と説く。法学者のキャス・サンスティーンも、非常に名高い小論で次のように書いている。

大勢の人々がインターネットを使い視野を広げている一方、逆に狭めている人も多い。後者は自身の関心や偏見に合う情報ばかりを集めた「デイリー・ミー」(Daily Me)を作るのに懸命だ。(中略)民主主義が適正に機能する上で不可欠なのは、検閲のない自由ばかりではない。(中略)予期せぬ、あるいは必要だと思ってさえいなかった、多様な情報や人々や考え方に触れることが欠かせない。「門戸を閉ざされたコミュニティ」は、実社会同様、サイバースペースにおいても不健全だ。

こうした分析は一見的を射ているが、まだ十分とは言えない。極端な政治的思想を持つ人々の多くは、実際には反対意見を見聞きしている。しかしそうでありながら、その影響をなんら受けていないのだ。そこで新たな解釈が生まれた。

エコーチェンバー現象は、カルト集団のように単純に泡の中に閉じ込められて起こるものではない。問題はもっと複雑だ。外部の見解は入ってくるものの、すべて「圧倒的にばかげたもの」として扱われる。そうやって情報が歪められる。すると信頼の形成過程そのものにも歪みが生じる。客観的なデータより、まず誰を信じるかが重んじられる。「何が真実か」はもはや重要ではなくなってしまうのだ。哲学者グエンはこう指摘する。

エコーチェンバーは、反対意見の信用を貶める空間だ。そのため外部の情報が次々と流れ込んでくる状態でも存在し得る。外のメディアに触れることは一切禁じられていない。反対意見の信用を落とすメカニズムがうまく働いている限り、外の情報に多く触れれば触れるほど、逆に内部の人間の忠誠心を高められるからだ。

＊

デレク・ブラックとマシュー・スティーブンソンは現在、政治的信条の二極化に反対して、積極的に講演活動を行っている。2人とも、意見が分極化すること自体や、激しい論議を招く見解そのものは特に問題視していない。しかし人身攻撃や、なんでもフェイクニュースで片付けてしまうやり方など、反対派の信用を損なう行為を危険視している。これまで2人でテレビの人気番組にゲスト出演したり、ポスト真実時代の理解に積極的な企業に招かれて講演を行ったりしたこともある。マシューは今、経済学と数学の博士号の取得を目指して勉強中の身でもある。デレクは歴史学の博士課程修了間近だ。デレクのTwitterのプロフィールには、現在「予期せぬ反人種差別主義者」と書かれている。

南部貧民救済法施行機関にメールを送ったあと、デレクの人生には困難が多々あった。白人至上主義団体の間に起こった嵐は凄まじかった。父親のドンはメールの件を当初「なりすまし」によるものと考えていたが、やがて母親ともどもデレクと口を利かなくなった。デュークはデレクがストックホルム症候群〔誘拐事件などで被害者が犯人に連帯感や共感を抱く現象〕に陥っている——リベラル派に人質に取られたデレクが極限状態において犯人に共感した——だけだと考えた。デレクは当時をこう振り返る。

メールがハッキングされているんじゃないのかと、すぐに父から電話がありました。まだ父には何も言っていなかったんです。その後［白人至上主義について］考えが変わったことを話すととてもショックを受けていました。正直、あんなやり方はよくなかったと思います。メールを送る前に父には話しておくべきでした。結局何日も激しい口論が続いて、その後の関係がどうなるのかわからない状態でした。

一方マシューはこう言っている。

最初の数カ月は特に大変だったようです。デレクの人生もアイデンティティも、それまで白人至上主義の思想とは切っても切り離せないものでしたから。見直さなければいけないことが山ほどあったようです。でもデレクが変わったことで、母について行ったＡＡ集会で学んだことは、やはり間違いではなかったとわかりました。人は変われるんです。大事なのはまずその人から信じてもらうことです。本当に信頼関係を築けていたら、相手は話を聞いてくれます。頭から拒否したりしません。

今日の問題はそこにあります。政治団体の間ではすぐ中傷合戦が始まりますが、これは極右団体に限られた行為ではありません。（中略）そんな状態では話し合いなどほぼ不可能です。

人を中傷することを目的とした「人身攻撃」は、次のように定義されている。「反論相手、またはその議題に関連する人々の人格や信条などを攻撃し、肝心の論点に関する議論を迂回するための誤った論法」。フィンランドの哲学者、ヤーッコ・ヒンティッカによれば、最初にこの概念を提唱したのはアリストテレスで、著書『詭弁論駁論』に記しているという。[22] この人身攻撃は、重要な哲学的概念の1つとして後進に考察され続けているが、イギリスの哲学者ジョン・ロックも自身の著書で次のように定義した。「人が議論をする際、優位に立とうとして、あるいは少なくとも相手を沈黙させようとして用いる論法[23]」。

人身攻撃の破壊力は、数々の心理学実験で明らかにされている。公共科学図書館（PLOS）で近年公表された、39人の大学生と199人の成人を対象にしたある研究では次のような結果が出た。「人身攻撃を受けた者は、物証を持って異論を唱えられたときと同じくらい、自身の主張に自信をなくす」。つまり論点ではなく論者を攻めても効くのだ。これは経済学の「フリーライダー」〔「ただ乗り」。対価を支払わず恩恵にだけ預かる人、またはその行為〕問題にも通じる。たとえば政治家と選挙区民の間は信用で成り立つ。しかし政治家はときにライバルを中傷し、相手の信用を落とすことで自分の信用を高めにかかる。結果、その政治家自身は当選という利益を得る。しかし選挙区民の認識は激しく偏ることになって、民主主義に欠かせない集団脳は機能不全に陥る。

もちろん、人身攻撃は常に間違った行為というわけではない。誰かが嘘をついていたり、不当な手段で利益を得ようとしていたりすれば、指摘してそこに注意を向けるのはかまわない。問題は、相手が間違ったことをしていないのに、ただ自分と反対の意見だからという理由で攻撃することや、自分の信念に沿わないものを悪として論じることだ。それは論議ではなく、たんなる二項対立にすぎない。

古代ギリシアの哲学者の多く、特にソクラテスは、民主主義がしかるべく機能するには熟議や熟考が欠かせないと説いた。さまざまなアイデアを試し、情報やデータを詳しく検証することによって初めて、理にかなった賢明な結論がもたらされる。(*)だからこそソクラテスは、誤った理屈や推論を見抜いて罰することが大事だと人民に訴えた。現代のマシュー・スティーブンソンもそこに光を見出している。「討論の相手に人身攻撃を仕掛けると、自身の信憑性も失うということを公人が理解すれば、もっとデータを重んじるようになります。そうすれば討論の調子が変わって内容の質も高まります。相手の信用を無闇に落とそうとすると、失うのは自分の信用です」

デレク・ブラックは、その後両親といくらか和解した。「今はときどきメールや電話でやりとりします。ここ半年ぐらいで3〜4回実家に戻りました」と彼は言う。「政治的な意見の違い云々より、コミュニケーションをとれることがまず大事です。(中略)その点は両親が努力してくれました」。彼らの関係が最終的にどうなるかはわからないが、マシュー・スティーブンソンが彼の認識の壁を崩してくれたように、デレクが父親ドンの認識の壁を崩すのも不可能ではない。そもそも彼らの間には信頼がある。愛がある。白人至上主義運動の中心人物の1人が、その認識を劇的に変える日がいずれ訪れるかもしれない。

マシューは言う。「不信感は人から人へ伝染します。でも信頼も伝染することがあるんです」

＊イェール大学の政治学者エレン・ランドモアは、著書『Democratic Reason: Politics, Collective Intelligence, and the Rule of the Many（民主主義論—政治、集合知、多数決の原理）』で、集合知の観点から民主主義の利点をダイナミックに論じた。寡頭政治・専制政治・軍事政権と比較した場合、ほとんどの状況において、民主主義（つまり多数の意見）がより適正な結論に達することを数々のデータや理論で示している。その代表的な例には、18世紀のフランスの数学者ニコラ・ド・コンドルセの陪審定理（1785年に出版した著書『Essay on the Application of Analysis to the Probability of Majority Decisions（多数決の確率に対する解析の応用試論）』で展開した、多数決の信頼性に関する定理）が挙げられるだろう。

第6章

平均値の落とし穴

BEYOND AVERAGE

I　我々がダイエットの諸説に惑わされる理由

本書ではここまで、画一化した集団、順位制（ヒエラルキー）、エコーチェンバー現象などの危険性について検討してきた。さらに第三者のマインドセットや融合のイノベーションが持つ力についても考察した。またそれぞれの場面を通して、多様性への理解を深めることが今後の重要なカギとなる事実を学んだ。そこで本章ではあらためて、これまでとはまったく別の角度から多様性に関わる問題を眺めてみたい。たとえば、我々が人間について考える際には、無意識のうちに陥る落とし穴がある。その穴にはまって多様性を見過ごし、本来の力を出せずにいる集団や組織は多い。しかも現代科学の世界にさえ、そんな危険が潜んでいる。ここからはそうした実情を明らかにしていこう。

ではまず、その落とし穴とは一体どういうものなのか、それを知ることがなぜ重要なのかを理解することから始めよう。もっともわかりやすい例の1つとして最初に挙げるのは、誰でもおそらく一度は経験があるダイエット、あるいは食事療法に関する落とし穴だ。特にダイエット方法には流行りすたりがあり、それぞれ矛盾する内容であることも多い。一見、多様性ともここまで見てきたこととともなんら関係なさそうだが、決してそんなことはない。しかも現代社会にとっては非常に重要で、我々の将来に大きく関わる問題でもある。

＊

計算生物学者のエラン・シーガルは困惑していた。うろたえていたと言ってもいい。スタンフォード大学で博士号を取得した優秀な科学者の彼にとって、まるで納得のいかない状況だった。混乱の原因は、ダイエットや食事療法に関する科学的データだ。我々人間にとって「健康や長寿のために何を食べるべきか」は非常に重要な問題だ。しかし彼が目にした数々のデータは謎に満ちていた。

まだ学部生だった頃、エランはハンドボールに夢中で健康的な食事をしていたにもかかわらず、標準体重を40〜50ポンド（約18〜23キロ）オーバーしていた。やがて23歳のときにあるパーティで現在の妻ケレンと出会うのだが、彼の混乱が頂点を極めたのはそのあとだ。妻のケレンは結婚後間もなく臨床栄養士になり、最新の科学を身に着け、夫のために健康的な食事作りをした。主に米国栄養士会のガイドラインに沿って、たっぷりの野菜を使った料理に励んでいた。しかしそれでもエランの体重は少しも変わらなかったのだ。

「もうガイドラインを参考にするのはやめて、その科学的な論拠をチェックしてみることにしました」。エランは私が夫妻に取材を行った際にそう話してくれた。「実際に調べてみたらびっくりしました。データの多くが、ごく少人数のサンプルをもとにした結果だったんです。しかもその研究資金は食品会社が出していました。これは懐疑的にならざるを得ません。私が想像していたような綿密なデータではありませんでした」[1]

　エランがそう言うと、ケレンが急に笑顔になった。「夫は普段はおおらかな人なんですけど、データの話になると人が変わるんですよ」

　おそらくエランが一番驚いたのは、数々のデータが互いに相反していたことだろう。低脂肪食がいいとする研究結果もあれば、高脂肪食を勧めるものもある。パレオダイエットを絶賛する本が出たかと思えば、地中海ダイエットを推す本も出た。そんな複数の説を組み合わせた本もある。しかし流行りのダイエットは、消費者の注目をいっとき集めてもあっという間に忘れ去られる。そしてまた形を変えて世に出てくる。

　炭水化物に関しても同様だ。低炭水化物・高脂肪の食事が健康を増進するという説がある一方、低脂肪・高炭水化物がいいとする説もある。どちらも根拠となるデータがあるが、それはある意味どちらにも根拠がないのと同じだろう。紛らわしいというより、どうなっているのかまったくの謎だ。そのうちエランの困惑は強い関心へと変わっていった。

　彼は難しい顔をしつつ、ときどき目を輝かせながら、私にその後の知的な旅の話をしてくれた。エランは、一見した限り良識あるごく普通の社会人だ。これまでダイエットの諸説に惑わされた大勢の人々と同じような毎日を送っている。妻と3人の子供がいて、スノウという犬とブルーという猫を飼っている。ただ1つ、彼はこのダイエットを巡る謎を解くのに有利な立場にいた。コンピューター（科学技術計算）の世界に精通していたのだ。すでに20代でオーバートーン賞（計算生物学の分野で素晴らしい功績を収めた若い科学者に毎年贈られる賞）を受賞し、現在はワイツマン科学研究所（イスラエルにある世界的に有名な研究施設）に籍を置いている。

ダイエットや食事療法に関わる問題については、誰が混乱しても不思議ではありません。たとえば２０１２年には、米国心臓協会と米国糖尿病学会が、減量や健康のためにダイエット炭酸飲料を勧めました。するとダイエット炭酸飲料の消費量が劇的に増えました。しかしその後の調査では、学会の発表とは真逆のデータが出ています。また１９７７年には、アメリカ政府が「脂肪は体に悪くて、食物繊維は体にいい」と発表しました。すると国民は脂肪の摂取を減らし、食物繊維を多くとるようになりました。しかしそれとほぼ同時に肥満が、男性ではそれまでの３倍、女性では２倍に増えたのです。

これを聞くと、エランがたんにダイエット理論の根拠だけに注目していたのではないことがわかる。ダイエットは今や公衆衛生に関わる大きな問題だ。たとえばもしあなたがアメリカに住んでいたら、やや肥満である可能性はほぼ70％、肥満である確率は約40％に達するという。イギリスでも同様の統計が出ている。世界全体の肥満率は１９８０年と比較して2倍以上に高まり、２０１４年には、成人で19億人（世界人口の39％）を超える人々がやや肥満、6億人が肥満となっている。エランは言う。「さまざまな情報が錯綜している状態で、こうした肥満傾向を食い止めることはできません。ダイエットをする人の多くはリバウンドを繰り返しています。実際ダイエットの影響については、体重の減少より増加との関連を示すデータが数々出ています」

アメリカで大人気の減量リアリティ番組『*The Biggest Loser*（ザ・ビゲスト・ルーザー）』では、参加者がエクササイズやカロリー制限で劇的な減量に成功する。しかしこの参加者を対象にしたある調査では、次のような事実が判明した。大幅な減量によって、参加者の基礎代謝が急激に低下した結果、6年後には、ダイエットを経験していない同体重の人が通常摂取する量（カロリー）を食べることができなくなっていた。この現象は「代謝適応」（カロリー不足の状態が続いた体に適応して基礎代謝が落ちる現象）という。そしてこうしたダイエットの影響についても、見解が分かれている。「もちろん、一致している見解もあります。たとえば食事には脂肪、たんぱく質、食物繊維、ビタミン、ミネラルのバランスが大切といったことは事実とされています。しかしそのほかのことは、ほぼ言ったもの勝ちの状態です」

エランは30代に入ってマラソンを始めた。しかし少しでもタイムを縮めるために食事の見直しをしようとして、また困惑する。マラソン走者への食事のアドバイスも矛盾だらけだったのだ。彼はこう振り返る。

私がマラソンを始めた頃に流行っていたのは、レース前日の「カーボ・ローディング」〔高糖質（高炭水化物）食で体内にエネルギーを蓄える手法〕で、当時はそうするのが当たり前でした。前の晩にパスタを３皿食べて、レースが始まる30分前になるとデーツ〔ナツメヤシの果実〕かエナジーバー〔栄養補助食品〕を数個食べていました。最初は疑いもせずやっていましたが、そのうち詳しく調べてみようという気になったんです。

しかし調べれば調べるほど困惑した。まず、炭水化物はどれも同じとするデータがある一方、「いい」炭水化物と「悪い」炭水化物があるというデータもあった。レースの30分〜1時間前にデーツを食べるとエネルギーになるというデータもあれば、人によっては逆に疲れてレース後数分で走れなくなるという研究結果もあった。

「もう自分で実験することにしました」とエランは言う。「ある晩パスタの代わりに、アボカドやナッツやタヒニ〔地中海地方などで食べられるゴマペースト〕を入れた脂肪分たっぷりのサラダを食べてみたんです。翌朝、私は20マイル（約32キロメートル）を走り切りました。

レース直前にも途中にも何1つ食べる必要はありませんでした」。これは当時推奨されていた方法に逆らうやり方だ。自己破壊行動だと言う栄養士もいただろう。しかし当のエランにはそれまでになくエネルギーがみなぎっていた。「糖質をとっていたときよりずっと体力を感じました。レース後にものすごい空腹感に襲われることもありませんでした」

彼はその後、パリで開かれたマラソン大会で「3時間を切る」という夢をかなえた。2017年にはウィーンの大会でも同様の記録を出した。しかし、ダイエットや食事療法に関わる謎を科学的に解明するという野望はまだ果たせていなかった。「諦めることはできませんでした」と彼は言う。「この謎はどうしても解かなければならないと思いました」

II 標準規格化されたコックピット

ジェット機の黎明期に当たる1940年代末、米空軍もある謎を抱えていた。当時、航空工学のレベルは空前の領域に達したと思われていたものの、空軍では墜落や胴体着陸、突然の急降下などさまざまな事故が立て続けに起こっていた。「機種を問わず頻繁に事故が発生しており、空軍は生死に関わる危険な謎の解明に頭を悩ませていた」と、ハーバード大学の発達心理学者トッド・ローズは自身の著書に記している。ある引退したパイロットもこう振り返る。「本当に大変な時期だった。自分の命がどうなるか誰にもわからなかった」[2]

事故がどの程度多発していたか具体的に見てみよう。米空軍の公式記録によれば、1950年2月1日には、C-82パケット（2つの胴体が翼でつながった輸送機）、P-51マスタング（航続距離の長い1人乗りの戦闘機）、T-6テキサン（練習機）、ボーイングB-29などの機種でそれぞれ事故が発生し、計7名の死傷者が出ている。念のために繰り返すが、これはすべて同じ日に起きた事故だ。しかしこの1950年2月1日は決して「外れ値」ではなく、典型的な1日だった。その証拠に翌日の2日には4件、3日には7件、4日にも4件、さらに14日にいたっては16件もの事故が報告されている。1950年2月全体では172件にも及ぶ[3]。

一体何が起こっていたのか。空軍の関係者には、航空機の機械系統や電気系統そのものには問題はないと思えた。なにしろ事前にエンジニアが徹底的なテストを重ね、すべて正しく作動していることが確認されていた。かといって、パイロットの腕がジェット機を操縦するようになって急に落ちたわけでもない。みな厳しい訓練を積んだプロばかりで、そのスキルは高く評価されていた。

しかし航空機にもパイロットにも問題がないとすれば、原因は何なのか。ここで登場するのが、ギルバート・S・ダニエルズ中尉だ。ハーバード大学で形質人類学（身体の形や質を分析する学問」を専攻したのち、研究者として空軍に入隊した彼は、「空軍」と聞いて一般的に想像するようなタイプの人物ではない。物静かでおだやかな語り口の、真面目な科学者だ。趣味はガーデニング。そんな彼には、事故の多発に関して1つ考えがあった。問題は航空機でもパイロットの判断ミスでもなく、コックピットの設計にあるのではないか？

空軍機のコックピットは、1926年に標準規格化されていた。つまり当時測定したパイロットの体格の平均値に合わせて、座席の高さ、ペダルやギアの位置、フロントガラスの高さ、ヘルメットの形などがすべて決められていた。そのため事故が頻発した当初、空軍内では、「1926年当時に比べてパイロットの体格が大きくなったのではないか？そのために操縦のコントロールが難しくなったのではないか？」という声が上がっていた。しかしダニエルズ中尉の考えは少し違っていた。問題は体格が変わったことではない。「平均値」という考え方そのものに欠陥があるのではないだろうか？

1952年、ダニエルズ中尉はその考えを試してみる機会を得た。彼はオハイオ州のライト・パターソン空軍基地で、4063人に及ぶパイロットの寸法を測定するプロジェクトを開始。親指の長さ、股下の長さ、目と耳の距離など計140カ所を丹念に調べ上げた。[4] その後、コックピットの設計にもっとも重要だと思われる10カ所の測定結果について、まずは従来のように平均値を出してみた。

そして各パイロットの寸法と比較した。つまり、算出した平均値に当てはまるパイロットが実際にどの程度いるか調べてみたのである。判定はシビアになりすぎないよう平均値に幅を持たせ、各寸法につき、測定データの中央30％以内に収まれば許容範囲とした。たとえば身長の場合、平均値は5フィート9インチ（約175センチメートル）だったが、前述の通り幅を持たせると、5フィート7インチ（約170センチメートル）から5フィート11インチ（約180センチメートル）までが許容範囲となる。

さて、空軍の専門家の大半は、大多数のパイロットが10カ所の測定部位のほとんどで平均値に収まるだろうと踏んでいた。それも当然だろう。そもそも空軍が設定した特定の基準に当てはまる者がパイロットに選ばれていたのだから。もし身長が5フィート4インチ（約162センチメートル）だったらはじめから採用されていない。

ところがダニエルズ中尉の測定結果では、「10カ所すべてが許容範囲に収まったパイロット」の数はゼロだった。4000人超の中で1人もいなかったのである。ダニエルズ中尉の考えは見事に的中した。問題は1926年以降にパイロットの体格が大きくなったことではない。真の問題は、平均値にすべてピタリと当てはまるパイロットなど存在しないのに、平均値を採用していたことにあった。前述の心理学者トッド・ローズは次のように考察する。「腕は平均より長いのに足は平均より短いパイロットもいただろう。胸囲は大きいのにお尻は小さい場合もある」。実際、ダニエルズ中尉が10カ所のうち3カ所——たとえば首、太もも、腕まわりの長さ――だけを抜き出して比較してみても、3カ所とも許容範囲内に収まるパイロットは全体の3・5％に満たなかった。[5]

なぜそうなるのか？　一見する限りでは不思議な話だ。平均値に当てはまるパイロットが1人もいないなど、まず考えられないように思う。特定の集団の平均値を出せば、メンバーのだいたいの特徴がわかるだろうと考えても特におかしくはない。なにしろ当の本人たちからとった平均値なのだから。しかしその平均値こそが曲者だ。たとえばツムギアリ〔東南アジアなどに分布する体長7～12㎜のアリ〕は、個体によって体の大きさがまちまちだ。つまり平均身長を出したところで、各個体を映す鏡にはならない。平均は代表ではないのだ。こうした現象は「マルチモーダル分布」〔多峰性分布。統計グラフなどで山が複数ある状態〕とも呼ばれる。

ただ人間の男性の場合、身長の統計をとると典型的な正規分布（中央が盛り上がった釣鐘型の曲線）になる。つまり平均値の人が多い。たとえば5フィート9インチ（約175センチメートル）の男性は大勢いるが、4フィート9インチ（約145センチメートル）や6フィート9インチ（約205センチメートル）の男性はごく少ない。しかしコックピットの設計は、たんに身長だけの問題ではない。胸囲、腕の長さ、足の長さ、座高の高さなどさまざまな要素を考慮する必要がある。どこか1カ所（たとえば首まわり）が大きけ

図8

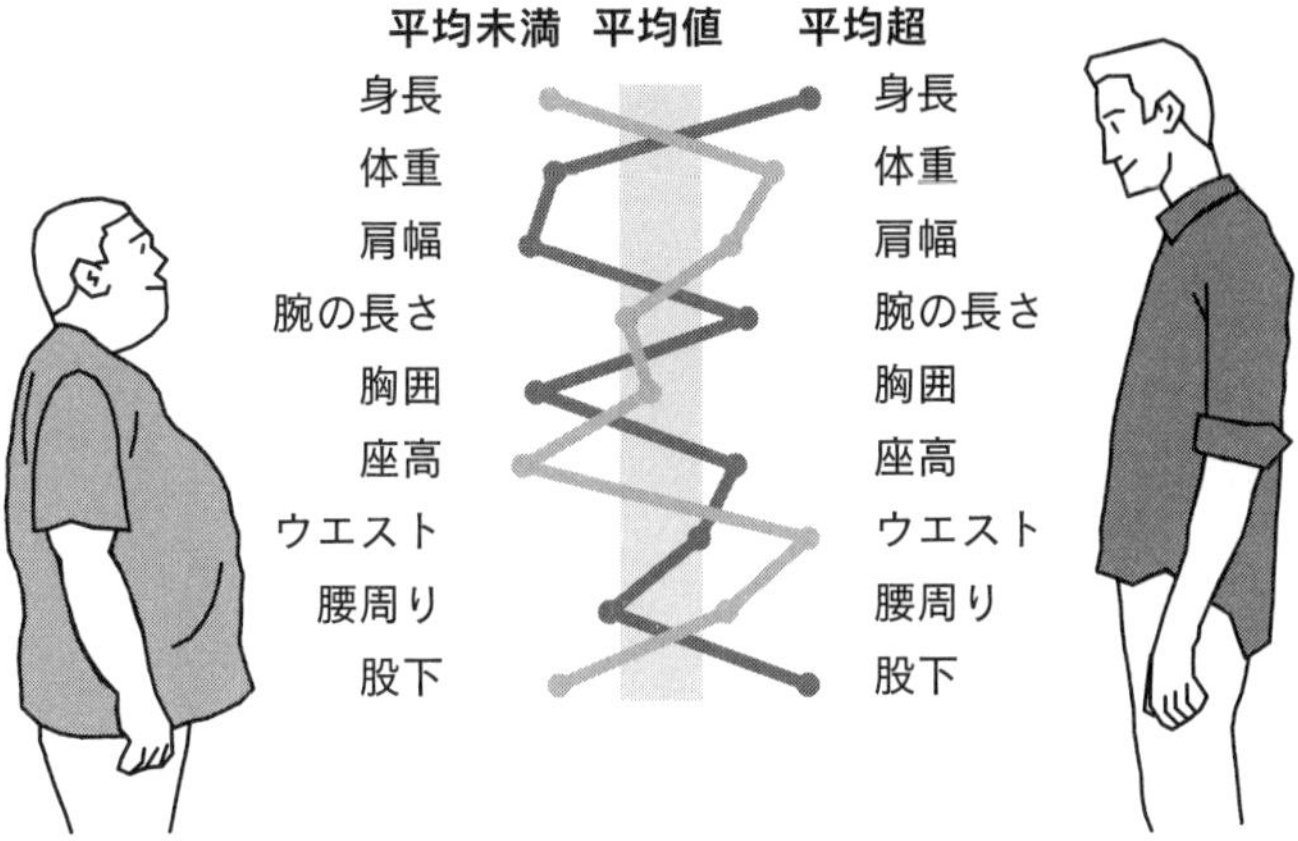

ればほか（たとえば腰まわり）も大きいと考えるのは簡単だが、実際は関連性が薄い。つまり平均値は、多様性を覆い隠してしまうのだ。

上の図8の2人の男性を見てみればわかる。9つある項目の平均値だけを見ると、2人はまるで同一人物のようだ。しかし実際は左の男性のほうが太っていて、身長が低くて、肩幅も狭く、腕も短いが、お腹は大きい。一方、右の男性は背が高く、体重は軽く……といった具合にずいぶん異なっている。2人とも全項目を合計すると同じような値になるが、一つひとつを見ると平均値ともお互いの値ともかけ離れている。

IQについても同じことが言える。IQの高さが同じなら、さまざまなIQテスト（語彙力や問題解決能力）のスコアが同じになるというわけではない。ローズも関連性は低いと指摘している。並んだものの共通点を推理する問題には強くても、知識問題には弱く、図形を見本通り並べる能力は特にどちらでもないということもある。それとまったく逆のパターンの人もいるだろう。ＩＱをたった1つの値で表すと、そうした特徴は見えなくなる。しかしスポーツなどほとんどの分野において、その特徴がパフォーマンスの高さにつながることは多い[6]。

ダニエルズ中尉のプロジェクトは、問題の解決にまったく新たな光明をもたらした。平均値に合わせたコックピットは、一見理にかなった科学的な設計に思えるが、実際には潜在的な危険をはらんでいた。標準規格化（つまり画一化）されたコックピットこそ、事故多発の根本的な原因だった。それに気づいた空軍は、設計を一からやり直した。誰の体にも合わないコックピットにパイロットを合わせるのはやめて、コックピットのほうを個人個人の多様な体格に合わせる設計に変えた。

やがてパイロットが自分で座席の高さやジョイスティック（レバー）の位置を変えられるコックピットが完成すると、事故は激減した。しかもこの可動式のコックピットの設計にかかったコストは、事故によって被るコストに比べればごくわずかだった。もちろんパイロットの命の重さと比べても。このコックピットの設計変更後、米空軍の安全実績は飛躍的に向上した。

Ⅲ 標準化を疑う眼があなたにはあるか？

空軍のコックピットに限らず、我々の社会ではさまざまな物事が標準化されている。標準化された教育カリキュラム、標準化された勤務形態、標準化された政策、標準化された治療方法……。どれもそれぞれ人間の多様性を考慮し損ねている。個々の人間を見ず、全員を「平均値」として扱っている。多様性を見過ごせば、多様性のメリットは得られない。人間は一人ひとりみな違う。体格も、知能も、長所も、短所も、経験も、興味も、あらゆることが異なる。だからこそ人間は素晴らしい。

有益な違いがあればなおさら、組織や社会がそれを考慮してしかるべきだ。そうした違いはむしろ称賛に値する。それなのに標準化されたコックピットのような1つの型に全員を押し込めてしまったら、平均値に惑わされてさまざまな違いを見過ごしていたら、せっかくの多様性を活かすことも、その恩恵を享受することもできない。

ではそうならないために、どうすればいいのか？　ここでGoogleの一例を見てみよう。

2014年、ある心理学者のチームがGoogleの販売管理部門の社員に向けて短期的なワークショップを開いた。通常、販売管理のような業務は標準化されやすい。行動のスケジュールも、利用するツールも画一化されがちだ。しかもこれは物理的というより精神的な標準化で、こうした職場に柔軟性を持ち込むのは難しい。かえって混乱しかねない。[7]

しかしワークショップでは、社員に型通りの業務形態から抜け出すことを奨励した。いわば職場を可動式のコックピットにするように、自身の長所やスキルや関心事に合わせて仕事をするよう促したのだ。もちろん、その部署や会社が掲げる目標はきちんと頭に入れておかなければならない。しかし大事なのは、社員が自分自身をたんなる歯車ではなく、独自のスキルや視点を備えた一個人と考えることだ。ワークショップを開いた心理学者チームの1人、アダム・グラントは次のように解説している。

我々はGoogleの何百人もの社員に、仕事は形の変えられない彫刻ではなく、柔軟に組み替えられるブロックなんだという話をした。また、自分の仕事を建築家になったつもりで設計したり、タスクや人間関係を自分の興味やスキルや価値観に沿うようカスタマイズしたりする実例も紹介した。たとえばアートの才能がある販売員が新しいロゴのデザインを買って出たり、社交的な金融アナリストがメールの代わりにビデオチャットで顧客とやりとりしたり。（中略）その後、社員はみな自身の役割を新たなビジョンで、かつ現実に即して、組み立て直した。[8]

それで結果はどうなったか？　ワークショップに参加した社員のその後を上司や同僚に評価してもらったところ、「以前より楽しそうに仕事をしている」「業績が上がった」などの意見が多く、実際に昇進（あるいは自身が望む部署へ異動）した率が対照群と比較して1・7倍も高かった。グラントは言う。「彼らは自身が持っていたもともとの素質を活かしただけでなく、率先して新たなスキルを磨いた。その結果、自分だけのオリジナルな仕事を構築することができた。みな以前に比べて幸福感が増し、ずっと効率的に、より自分にふさわしい仕事ができるようになった」

本書の第2章で、我々は予測には平均が役立つと学んだ。6人のエコノミストの予測の平均が、トップのエコノミストの予測より正確だったのを覚えているだろうか？　ところが本章では、平均はまるで悪者だ。これは一体どういうことか。ここまでの分析結果に何か矛盾があるのだろうか？　しかしこれは矛盾でもなんでもない。エコノミストたちの予測は、それぞれ異なるモデルを用いたもので、独自の視点による多様な予測だ。その平均をとるのは、多様な情報を統合しつつ、間違いをふるい落とす作業でもある。

一方、標準化はそうではない。多様な人々を1種類のコックピットに無理やり押し込める。あるいはみな同じやり方で仕事をさせる。つまり多様性を統合するのではなく、はじめから除外してしまう。エコノミストにみな同じモデルで予測をしろというのと同じだ。たった1種類の平均的モデルを強制して、個人個人の有益な違いはすべて無視。それでは反逆者のアイデアは枯渇してしまう。

Amazonの機械学習部門の責任者ニール・ローレンスは言う。「平均値が適切に利用されれば、複数の人々の視点や意見を活かせる。しかし不適切な場合は、複数の人々に平均的な答えを押し付けることにしかならない」[9]

もちろん、標準化も役に立つことはある。たとえば標準サイズの服は、完璧に自分に合うサイズとは言えないかもしれないが、大量生産のおかげで安く買えるというメリットがある。採寸してオーダーメイドにすると高くつく。ただ、我々は安いから標準品を選んでいるとは限らない。そもそも選択肢を考慮してさえいないことが往々にしてある。コックピットの一件もそうだ。標準化設計は費用対効果を分析した結果の選択ではなかった。たんに、平均値をもとにしたデザインがほとんどのパイロットの体に合わないとは考えてもいなかったからだ。少なくともダニエルズ中尉が現れるまでは。

柔軟性に乏しい組織では誰もが苦しむ。しかし平均や標準に惑わされて人間の多様性の価値を見過ごすのは組織に限ったことではない。そうした思考パターンは以前から社会に根付いていて、科学界にさえ深くはびこっている。それを踏まえた上で、ここでもう一度エラン・シーガルの話に戻ろう。問題がたんなるダイエットだけにとどまらないことが見えてくるはずだ。

*

カーボ・ローディングと真逆の食事をしてマラソンで結果を出したあと、エランはついに食事療法に関する科学の謎にメスを入れようと決心した。食生活の標準ガイドラインは、標準化されたコックピットと同じく柔軟性がない。人間の多様性という重要な要素を無視している。エランは言う。

いわゆる「GI値」を見てみるとよくわかると思います。これは血糖値の上がりやすさを食品ごとに表す数値です。食品ごとに計測した、被験者グループの血糖値の反応をもとに、1~100の間で低GIから高GIまでランク付けされます。[10]

これだけ聞くと、GI値は科学的に根拠のある数値に思える。しかしGI値はあくまで平均値だ。食品に対する被験者の平均的な反応でしかない。ということは、実際には同じものを食べてもまったく異なる反応をする人がいるのではないか？　もしそうなら、標準化されたGI値を参考にして食事をすると、かえって体に悪いのではないか？　2017年、エランは共同研究者とともにその答えを探る実験を行った。実験に使った食品は2種類のパン。一般的によく売られている白いパン（精製した小麦粉を使った、健康ロビイストが悪魔呼ばわりするパン）と、手作りの茶色いパン（全粒粉を使い、サワー種という天然酵母で発酵させた、健康オタクが愛するパン）だ。そもそもパンに関する既存の情報はかなり錯綜していた。がんや2型糖尿病のリスクを下げるという研究結果もあれば、健康状態を示す臨床的指標にはほぼなんの影響も与えないとするデータもあった。

エランの実験はシンプルだった。まずダイエットや食事療法をしていない健康な被験者を選び、ランダムに2つのグループに分けた。一方は白いパンを毎日1週間食べ、もう一方は茶色いパンを同様に食べる。どちらもそれ以外の小麦製品をとってはいけない。また朝食はパンのみにする。昼食と夕食には好きなものを一緒に食べてかまわない。実験後は両グループとも2週間の休憩期間をとり、その後は互いに実験内容を入れ替えた。

被験者のパンに対する反応は、炎症反応や栄養吸収度などを含めて細かく測定した。中でも重要なのは血糖値の変化だ。これは健康のカギにもなる要素なので、ここで少し説明しておこう。血糖値をコントロールするメカニズムは人体にとって非常に重要だ。まず、食事で摂取した糖分は体内でブドウ糖に変わり、血液中に運ばれる。するとインスリンというホルモンが分泌され、ブドウ糖を（あとでエネルギーとして利用するため）グリコーゲンに変えて肝臓に貯蔵する。

ただしインスリンは、血中の余分なブドウ糖を中性脂肪として細胞内に取り込む働きもする。これが肥満の主な原因だ。しかし血中に余分なブドウ糖が多すぎると、その濃度（つまり血糖値）を下げようとしてインスリンが過剰に分泌され、逆に血糖値が急降下してしまう。これが強い空腹感を引き起こし、実際には十分に食べているのにもっと食べたいと感じる原因になる。こうした血糖値の乱高下は糖尿病や心血管疾患のリスクを高める。2000人の被験者を30年以上追った調査では、血糖値の上下が大きい人のほうが死亡率が高いという結果が出ている。慢性的な高血糖は全身の血管を傷つけ、さまざまな障害をもたらす。しかし食後の血糖値が安定していると、心疾患やがんのリスクが下がるとも言われている。つまり血糖値は、たんに体重ばかりでなく健康状態そのものに大きな影響を及ぼす。

さて、エランの実験結果はどう出たか。念のため平均値も出しているので、まずはそちらを見てみよう。2種類のパンの違いは、血糖値の変化にも、その他の臨床的指標にもまったく現れていなかった。つまり市販の白いパンも手作りの茶色いパンも、実質的に同じ反応を示していた。これを見る限り、食事のアドバイスをするなら、この2種類のパンについては中立的な立場をとらなければならないようだ。どちらのパンも同じなら、食べたいほう、あるいは安いほうを選べばいい。

しかしこれこそ平均値のマジックだ。では、個人個人の反応はどうだったか？　多様性は見られたのか？　結果は驚くべきものだった。被験者の中には、茶色いパンでは血糖値が安定し、白いパンでは不安定だったという人もいれば、まったく逆の反応を示した人もいた。また2種類のパンで反応がほぼ変わらなかった人もいれば、劇的な差が出た人もいた。「一人ひとりかなり違う結果が出ました」とエランは言う。「たんなる平均ではなく、個人を見る必要が間違いなくありました」

一人ひとりの反応はなぜそんなに違ったのか？　それはパイロットが1つのコックピットに収まらないのと同じだ。1つのパンに対する反応も、人によって細かく異なる。年齢、遺伝的特徴、生活習慣などさまざまな要素が関連している。

その中でも特に興味深いのがマイクロバイオーム（人間の体に共存する細菌叢）だ。腸内には約40兆個（最大1000種類）の細菌が生息している。この「宇宙」には人間の200倍以上の遺伝子が存在していて、それが食物の消化や栄養吸収、免疫システムなどに大きく影響していると言われている。そしてこのマイクロバイオームの構成は人によって異なる。

このように細菌や遺伝子レベルまで、さまざまな独自要素を踏まえた上で考えれば、「標準的な」「誰にでも当てはまる」食事療法が、いかにばかげているかがわかるだろう。「多くの人に当てはまる」というだけでも難しいかもしれない。「考えれば考えるほど興味を惹かれました」とエランは言う。「標準化された食事療法は、今後も欠点を抱え続けるでしょう。食物ばかり見て、食べる側の人間を考慮していないのですから」

そこでエランはさらに研究を進めた。今回の被験者は総勢約1000人。およそ半数はやや肥満、4分の1は肥満で、先進国における非糖尿病人口の構成と合致している。被験者には血糖値センサーを装着し、5分おきに丸1週間計測を続けた。その間摂取した食事は、おやつなどを含めて5万食を超える。[11]

被験者は食べたものをすべて、実験用に用意されたモバイルアプリに記録した。基本的に食べたいものを食べてよかったが、朝食だけは標準化されていた。具体的にはパンのみ、バターを塗ったパン、粉末状の果糖を水で溶いたもの、ブドウ糖を水で溶いたものを日替わりで摂取する。朝食の総数は5107食、その他の食事は4万6898食、総カロリーは1000万カロリーにのぼり、血糖値など健康状態を示すデータとともにすべて記録された。そして今回、エランは平均値を一切計算せず、共同研究者とともに一人ひとりの被験者の反応を詳細に分析した。

結果は目を見張るものだった。被験者の中には、アイスクリームを食べて健康的な血糖値を示す人もいれば、すしを食べて乱高下する人もいた。これとはまったく逆の反応を示す人もいた。「医学的にも栄養学的にも、いわゆる平均とは異なる結果を示した人が大勢いました」とエランは言う。「まるで正反対の反応を示すケースも多々ありました」

エランの妻ケレンはその結果に動揺した。彼女はこれまで臨床栄養士として大勢の患者を診ており、ずっと標準ガイドラインに沿って食事のアドバイスをしてきた。糖尿病予備軍には、アイスクリームをやめて、米などの複合糖質を代わりにとるよう勧めてきた。「患者さんの体の毒になりかねないアドバイスをしていたことに初めて気づきました」とケレンは言う。「衝撃的でした。今では患者さん自身に血糖値を測るよう勧めています。そうすれば自分の体に合う食事を見つけられますから」[12]

たとえば64歳の被験者、タルヤの例を見てみよう。元小児科の看護師で、イスラエル北部から移住してきた彼女は、糖尿病予備軍だった。医学的にも肥満と診断され、不安な日々を送っていた。「体重がかなり増えて、血糖値も相当高くなっていました」とタルヤは言う。しかし彼女の食生活は健康的だった。朝食はオムレツで、一日を通してバランスのいい食事をしていた。新鮮な野菜や果物もたっぷりとっていた。庭でいろんな食物を育てていて、特にりんごやネクタリン（ももの一種）を気に入っていた。「できる限りのことをしていたんです。一体何がいけないのかさっぱりわかりませんでした」

ある日彼女は病院で血糖値センサーを渡され、食事ごとの血糖値を定期的に測定することになった。実際に測ってみると、その結果に愕然とした。ネクタリンとメロンとトマトで血糖値が急上昇していたのだ。脂肪分1%の牛乳でも同じことが起こっていた。しかしスイカや脂肪分3%の牛乳では、血糖値はまったく健康的な数値を示した。「本当にびっくりしました。そんなことになっているなんて思いもしませんでした」

その後タルヤが自分に合う食生活に変更すると、体重は17キロ落ち、血糖値は20%下がった。「血糖値の変化は一人ひとり違うんです」と彼女は言う。「みんなDNAが違って、代謝機能などもばらばらです。夫はとても痩せていて、私と同じものを食べても血糖値が急に上がることはありません。私も今では正常値に戻りました。(中略)ネクタリンが自分の体に良くないなんて想像もしていませんでした」

エランの研究にはまだ続きがあった。彼は共同研究者とともに血糖値の変化を予測するアルゴリズムを構築し、その時点までのデータをすべて学習させた。いわばAmazonがユーザーごとにお勧めの本を予測するのと同じように、個人の血糖値の変化を予測しようと試みた。エランはその成果を試すため、新たに100人の被験者を集め、まず個人的な特徴(血液型、年齢、マイクロバイオームなど)を調査した。そしてそのデータをアルゴリズムに入力した。果たしてエランらのアルゴリズムは、被験者の血糖値がどの食事にどんな反応をするか、正しく予測できたのか？

答えはきっぱりと「イエス」だ。エランは言う。「実験に参加したことのない人でも、誰でも、どんな食事についても、一人ひとりの血糖値の変化を十分な精度で予測できました。それがわかったときには興奮しました。自分たちのアルゴリズムが信頼できるものだという証明ができました」

エランらは最後に、糖尿病予備軍の新たな被験者26人を集め、各被験者に合わせて2種類の食事をアルゴリズムに予測させた。1つは血糖値を上げにくい「良い食事」で、もう1つは血糖値を上げやすい「悪い食事」だ。

結果はもうおわかりだと思うが、ある被験者にとって「悪い」ものは、ほかの被験者にとって「良い」ものとオーバーラップしていた。ここではある人の一例を挙げよう。良い食事は、卵とパンの組み合わせ、ハマス〔ヒヨコマメのペースト〕とピタパン〔中が空洞になったパン〕、豆腐と野菜パスタ、そのほか枝豆、アイスクリーム。悪い食事は、コーンとナッツ、チョコレートとコーヒー、そのほかミューズリー〔穀物、ナッツ、ドライフルーツなどを合わせたシリアル〕、すし、マジパン〔粉末状のアーモンドと砂糖を練り合わせたお菓子〕。これら悪い食事では、予想通り血糖値が異常に上昇した。しかし良い食事を1週間とった場合、カロリーは悪い食事と同じでも、血糖値は正常のまま一度も乱高下することはなかった。「正直、我々にとっても驚くべき結果でした」とエランは言う。「血糖値は自分でコントロールできるという証明になりました。自分に合った食事に変えるだけで、糖尿病予備軍レベルの血糖値から正常値まで1週間で下げることもできます」

こうした研究結果はそれ自体が重要でもあるが、多様性への理解を深める大きなヒントにもなる。空軍では、パイロットの多様性が見過ごされて深刻な事故が重なった。栄養学の世界では、患者の多様性が見過ごされ、食事療法に関わるデータの欠陥が長い間放置された。一人ひとりの多様性を考慮しない限り、コックピットも食生活ガイドラインも、そのほかなんでも、不完全なものか窮屈なもの（あるいは不完全かつ窮屈なもの）にしかならない。

ただ個人にカスタマイズした食事療法が確立されるのは、まだまだ先の話だろう。さらなる研究が必要だ。もっと長期的な健康への影響も調査しなければならない。マイクロバイオームなどについても、これまで以上に理解を深める必要がある。しかしエランらの実験結果は前途を明るく照らしている。今こそ研究者らがスタート地点に立って、長い間の矛盾を覆すチャンスだ。科学の世界でさえ忘れられがちな、大事な事実を思い出そう。肝心なのは多様性だ。

Ⅳ　硬直したシステムが生産性を下げ、離職率を上げる

2010年春、労働経済学者のマイケル・ハウスマンは、コールセンター（カスタマーサポート）従業員に関する研究を開始した。彼が知りたかったのは、従業員の生産性や離職率の違いを分ける要因が何なのかだ。しかしどれだけ調査をしても何も見えてこない。辻褄の合う答えが見当たらないのだ。彼は私がのちに取材した際、こう話してくれた。

当時、私はあるソフトウェアを販売する企業の最高分析責任者（CAO）として、従業員に関するデータ分析を統括していました。データは5万人分あって、みな採用の過程で45分間のオンライン査定を受けていました。我々はその査定の全要素を分析し、従業員のパフォーマンスの質や離職率について何かヒントになるものはないか探ってみました。しかし何一つ発見できませんでした。

ハウスマンのチームは当初、過去に転職回数の多い従業員がすぐに離職するのではないかと睨んだ。しかしそうではなかった。前年までの転職回数が5回であろうと1回であろ

うと、離職率との相関性は見られなかった。次に、オンライン査定で明らかになった性格や個性が関係しているのではないかと考えたが、納得のいく答えは出なかった。

しかしあるときハウスマンの研究助手がふとひらめいた。データの中には、従業員がオンライン査定時に利用したブラウザの情報も入っていたが、そこから何かつかめないだろうか？　Firefox、Chrome、Safari、Internet Explorer それぞれの利用者がいたことはわかっている。その選択がカギになっているのだろうか？　しかしハウスマンにはそうは思えなかった。たんなる好みの問題だろう。

ところが詳しく調査してみると意外な結果が出た。Firefox や Chrome を使ってオンライン査定のフォームに入力した者は、Safari や Internet Explorer を使った者より勤続期間が15％長いことがわかったのだ。そこでチームは従業員の欠勤日数も調べてみた。するとそこにも同じ現象が見られた。Firefox や Chrome を使っていた者は、Safari や Internet Explorer を使っていた者より欠勤日数が19％少なかった。

これでも十分衝撃的だが、同じ現象は従業員のパフォーマンスにも現れていた。Firefox や Chrome を使っていた者は、Safari や Internet Explorer を使っていた者より、生産性も、売り上げの業績も、顧客の満足度もすべて高かった。かつ顧客への対応時間はより短かった。「ここまで際立った結果が出ることはそうそうありません」とハウスマンは言う。「両者の間には、一貫して大きな差がありました」

これは一体どういうことか？　ハウスマンは次のように指摘する。

答えを理解するには時間がかかりました。ポイントは、Internet ExplorerもSafariもはじめからインストールされているブラウザだということです。Windowsのパソコンを買うとInternet Explorerが初期設定で入っていますし、AppleのパソコンならSafariが入っています。つまりどちらも電源さえ入れれば使えます。しかしFirefoxやChromeは違います。どのブラウザがいいか自分で探した結果選んだもので、わざわざダウンロードしてインストールしなければ使えません。

問題はブラウザそのものではなく、それを選択した従業員の心理傾向の違いだ。世の中には、目の前の世界（現状）をあるがままに受け入れる人がいる。一方で、世界は変えられるものだと考える人もいて、彼らは常に何かもっといい方法はないかと模索し、あれば実践する。一見取るに足らないことに思えるブラウザの選択は、そうした心理傾向の違いを物語っていた。さて、ここで話題になっているのは、顧客への柔軟な対応が求められるコールセンターの従業員だ。一般的なコールセンターでは、さまざまな状況を踏まえた「マニュアル」が用意されていることが多い。マニュアルに従っていれば楽だ。初期設定のままなら複雑なことは特にない。しかしそれではカバーできない問い合わせや、特別な解決方法が必要な問題もときには出てくる。そんなときあなたならどうするだろう？　とにかくマニュアル通りにいくだろうか？　それとも新たなアイデアを模索して、顧客を喜ばせようとするだろうか？

初期設定のブラウザではなくFirefoxやChromeを使っていた従業員は、マニュアルに縛られず、自分なりに工夫して顧客の対応に当たる傾向が高かった。そういう姿勢があったからこそ、離職率も欠勤率も低かった。彼らはマニュアルの枠組みから抜け出して考え、行動に移して問題を解決した。自分の仕事に変化を起こした。それによって満足感を感じながら、高い生産性を発揮した。一方、現状を不変のものとして受け止める従業員は、問題の解決率が低い傾向が見られた。マニュアルの枠から出ようとしないからだ。しかし能動的に行動を起こさなければ、うまくいかないことが重なる。そのうち不満が募って離職にいたる。「意外な結果に最初は驚きました」とハウスマンは言う。「しかし考えてみると、ブラウザの選択傾向が従業員の重要な特質を照らし出してくれていたんです。絶えず変化を続ける世の中では、初期設定に疑問を呈する力があるかどうかが大きな違いをもたらします[13]」

ハウスマンのデータは、「精神的にしなやかな人」、あるいは「フットワークが軽い人」といった傾向を示していると言っていいだろう。特定の枠組みから抜け出せる人、第三者のマインドセットを持っている人は、そうでない人に比べて生産的で満たされている。現状に甘んじることなく、柔軟に問題を解決していく力がある。

では「ベストプラクティス」ならどうだろう？　ベストプラクティスは特にビジネスで用いられることが多い概念で、「もっとも効率的だと認められた手段」を指す。いわば最高のマニュアルだ。そんな「最善策」があるのなら、みんなそうするのが理にかなっている。ところがたとえば医療の世界では、調査によれば、各医師がばらばらな方法で処置に当たっていて、患者が最善の治療を受けていないことが多いという。こうした結果を聞くと、ベストプラクティスを重んじることも大切だと感じる。しかしもちろん、最善策は決して絶対的なものではない。「今のところ最善策」というだけだ。さまざまなデータをもとに、もっと優れた手段が見つかれば、順次更新されてしかるべきだろう。

しかしこうした考察も場合によってはまだ不完全だ。今ならそれがわかる。エランの実験でも明らかになった通りだ。ＧＩ値についてどれだけ詳細な研究を行ったところで、標準的な血糖値の変化をベースに考えていたら、最善のランク付けはできない。標準という枠の中での最善でしかない。しかし一人ひとりの体に合わせて考えれば、柔軟に答えを出せる。エランの研究でも、個人にカスタマイズした食事で血糖値を正常値まで下げる効果が認められた。

ではコールセンターの場合はどうだろう？　企業はさまざまなマニュアルをテストし、その是非を統計的に分析した結果、最善のマニュアルを決めている。しかしこれは柔軟性を失う要因になり得る。ハウスマンのデータでは、自分できちんと考えた上でマニュアルから離れた対応をした従業員が、問題の解決や売り上げに高い業績を上げていた。これは新たな状況に柔軟に適応した結果だ。しかしそれだけではなく、彼らは自身の強みを活かした。顧客との会話に個性を出した。同じマニュアルでも、そうした付加要素の有無で大きく変わる。つまり方法だけを比較して最善策を決めても、それだけではまだ不十分だ。一人ひとりの従業員の柔軟性を加味してこそ意味がある。それが多様性の醍醐味だ。コックピットでも食事療法でもコールセンターのマニュアルでもなんでも、柔軟な仕組みが成功や勝利につながる。

問題は、そうした柔軟性をいかにして職場に持ち込むかだ。これは「ワーク・ライフ・バランス」といった考え方を含めて近年では大きな話題になっている。私生活との両立ができてこそ、仕事にもやりがいを感じられるものだ。特に近年の若い世代は、仕事を決める際にワーク・ライフ・バランスを重視する傾向が高い。柔軟な勤務時間を設定できる企業なら、（9〜5時の勤務を好まない）新たな才能を獲得しやすいだろう。

勤務時間に限らず、柔軟なシステムは、組織や社会に進化をもたらす重要な要素の1つだ。一人ひとりが個性や強みを発揮できる――つまり多様性を存分に活かせる――環境があってこそ、イノベーションが生まれる。

ただし柔軟なシステムには危険も潜んでいる。変化を起こすことを許容すれば、失敗の可能性もついてくる。何をどこまで柔軟にするか、さまざまなバランスを考慮しなければならない。もちろん、厳しく管理すればいいというわけでもない。そうした管理下で硬直したシステムの危険性は、案外見過ごされがちだ。つまり、我々は今まで以上に科学的に多様性を考えていかなければならない。

V　独自の環境を作ることで才能は開花する

「標準化」は我々の社会に深く根付いている。たとえば20世紀初頭の教育改革者たちは、学校教育を標準化した。その結果が現在の標準化されたカリキュラム、標準化された教科書、標準化された学年、標準化された休日、標準化された学位だ。[14] 彼らはこう考えた。教育には学習者一人ひとりに合わせる柔軟性は必要ない。学習者のほうが学校制度の要求に合わせるべきだ。

言ってみれば大量生産方式だ。工場が部品を量産するように、学校も生徒を量産する。みな同じ方法で、同じペースで、同じ教科書で学び、同じテストで成績を決められる。アメリカの著名な教育者、エルウッド・カバリー自身、1916年にこう記している。「学校はある意味、工場だ。その中で原料（子供たち）は形を整えられ、人生のさまざまな需要を満たす製品に仕上げられる[15]」

こうしたアプローチは、それまでまとまりのなかった学校制度に一定の成果をもたらしたが、同時に数々の制約も生んだ。しかし、一人ひとり個性の異なる子供を扱うシステムには柔軟性が欠かせない。実際、子供にも学校にも、柔軟性がより良い影響をもたらすという研究結果が出ている。経済協力開発機構（OECD）加盟国などに住む15歳を対象とした「国際学習到達度調査」（PISA）の2015年のデータによると、高い学業成績をもたらす要因の第2位が「適応学習」だった。3位以下には規律、教室の広さなどが並ぶ（第1位は豊かさだった）。適応学習は、おそらくご想像通りのものだろう。全員に同じことを同じペースで同じ時間にさせるのではなく、生徒一人ひとりのニーズに適応した柔軟な学習指導を行うシステムだ。

元教師で作家のマリア・ムーリは、フィンランドの教育制度が現在世界屈指とも言われるほどの成功を収めている理由をある記事にまとめている。彼女が挙げる要因のうち5つは本書のテーマとも符合する。たとえば1つは、「横断的なスキル」（Transversal Skill）の習得。これはざっくり言えば、柔軟な考え方を身に着けさせるカリキュラムで、コミュニケーション能力などもここに含まれる。もう1つは「学際的なスキル」の習得だ。教科はそれぞれ独立したものではなく、互いに橋渡し（融合）をすればさらに新たな知識を得られるということを学ばせるカリキュラムだ。[16] ムーリは学校制度に柔軟性が欠かせない理由についても書いている。「生徒は一人ひとり違い、全員に同じ教え方をすることはできない。（中略）［フィンランドの学校で］宿題を出すときは、レベルの異なる課題を通常少なくとも5つ用意している。これにより生徒は各自のレベルに合ったゴールを目指せる」。これは「差異化」と呼ばれている。

また教師が生徒を評価する際にも重要なポイントがあって、ムーリは次のように記している。

> 新たなカリキュラムでは、評価や査定、学習指導の方法にも多様性が強く求められている。各生徒の勉強の進み具合は定期的に本人と保護者に伝えなければならない。（中略）常に生徒の長所を考慮した上で、それに沿ったゴールを設定し、学習方法を検討して、評価する仕組みだ。

ムーリはさらに、フィンランドの学校ではグループ作業においても、生徒が多様性の恩恵を受けられるよう配慮されていると言う。「必ず背景の異なる生徒同士で学ばせるようにしている。自分と違う人からは、学べることが何かしらあるものだ」

教育制度における個別化（差異化）について、近年は「いきすぎている」という声もある。一方で、ハーバード大学の発達心理学者トッド・ローズのように「まだまだだ」と主張する専門家も多い。これは互いにしっかりとしたデータをもとにしてさえいれば、なされるべき健全な議論だろう。今のところ広く合意に達しているのは、硬直しがちな制度に柔軟性を持ち込めば、あらゆる生徒に大きな成長をもたらし得るという点だ。

しかし標準化の波にさらされているのは教育の世界に限らない。もっと一般社会に蔓延している。中でも特に顕著なのは、男性の被験者を対象としたデータの平均値を、女性にも適用しようとするケースだ。これがどれほど間違っているか、コックピットの例で考えてみるとわかりやすいだろう。男性にとってさえうまく機能しない標準設計が、もっと体の小さい女性に合うはずがない。作家のキャロライン・クリアド＝ペレスは著書『存在しない女たち─男性優位の世界にひそむ見せかけのファクトを暴く』で、「ピアノの鍵盤は男性の手の平均サイズに合わせて作られた」「警官の防弾チョッキや軍の装備も同様だ」と指摘している。[17]

しかしこれらの例はほんの一部でしかない。実際はもっと広範な分野で、女性の存在がまるでないものとされている。「ここで言っておかなければならないのは、そうした事例がほとんどの場合、悪意に起因するものではないということだ。しかし何かしら考慮した結果というわけでもない。まったくその逆だ。何世紀もの間ずっとそうだったように、そもそも女性のことを考えてさえいないのだ」

女性の問題に限らず、このような無意識の標準化は科学の世界にも深く浸透している。2002年、カリフォルニア大学サンタバーバラ校の神経科学者、マイケル・ミラーは、16人の被験者を対象に、磁気共鳴機能画像法（ｆＭＲＩ）〔脳の活動をMRI装置で視覚化して分析する方法〕を用いた実験を行った。被験者はまず、目の前に一つひとつ表示される単語を見る。そして休憩をとったあと、またさまざまな単語を見て、最初の単語と同じものがあれば用意されたボタンを押す。[18] その間、被験者の脳はスキャンされる。言語の記憶に関わる神経回路の活動を詳しく調べるのが狙いだ。スキャンされた脳（いわゆる脳地図）には、活動中の部位が色付けで明るく表示される。これは大勢の人が一度は何かで目にしたことがあるだろう。しかしこの脳地図の分析にも平均値が用いられていることはあまり知られていない。

そこでミラーは、これまでの平均的な脳地図と、今回の被験者一人ひとりの脳地図とを比較してみた。「かなり衝撃的でした」と彼はトッド・ローズの著書でそう答えている。「平均的な脳地図と同じものはほとんどありませんでした。（中略）一番驚いたのは、その違いが微妙なものではなかったことです。大々的に違っていました」[19]

これは一体どういうことか。神経科学という現代でも最先端をいく研究分野においてさえ、個々の多様性を覆い隠す平均値をベースにして物事を見ていた。ローズは次のように指摘する。「ミラーが発見した広範な違いは、言語記憶に関わる脳活動に限られたものではない。顔認識や心的イメージ〔心に思い浮かべる実体験や想像の情景〕から感情や手続き記憶〔物事のノウハウなどの記憶〕まで、ありとあらゆる分析結果に見られた」。もちろん、これで神経科学そのものに欠陥があるという話にはならない。場合によっては平均値を用いることが理にかなっていることもある。しかし問題は、無意識にそうしているケースがあまりにも多いことだ。（*）人間の多様性を考慮していないどころか、クローンとして扱っているのに近い。

*

多様性に関わる研究で私が特に興味深いと思ったものの1つに、エクセター大学の心理

*平均値が大勢の人々の「典型」として扱われ、そこから離れた値は見過ごされる（むしろ完全に無視される）ことは往々にしてある。

学者、クレイグ・ナイトが行った実験がある。ナイトは学者になる前はセールスマンで、いつもイギリス中を飛び回っていた。そんな中、ウェスト・ミッドランズ州のある企業で、彼は標準化の恐ろしさをまざまざと目にした。なんの飾り気もないがらんとしたオフィスに、無機質なメラミン樹脂製のデスクと椅子が整然と並んでいたのだ。当時はそれが流行りのスタイルだったという。ナイトはこう振り返る。

「無駄を削ぎ落としたオフィス」というコンセプトが、２０００年代への変わり目にもてはやされていました。個人的なものは何も飾ってはいけませんでした。写真も、絵も、植物も。そういうものはみな仕事の邪魔になると言われていました。当時はそれが一番効率的な環境だと考えられていたんです。[20]

ナイトは当時、オフィスというオフィスで同じ光景を目にした。経営者は標準化されたオフィスを自慢げに見渡し、従業員はその中であくせくと働いていた。当時の経営者はそれが生産性を引き上げる実質的な方法だと信じていた。しかし心理学の知識があったナイトは懐疑的だった。

あんなオフィスでは、そのうち意図しない結果を招くことになると思いました。無駄を削ぎ落としたスペースでたとえばゴリラやライオンを飼育したら、悲惨なことになります。ストレスがたまって、争いを始め、その後無気力になって、早死にします。標準化されたスペースで働く人間は、それ以上に閉塞感を覚えるんじゃないでしょうか。人間は一人ひとり個性も趣味も意見も違います。自分独自のスペースにしたいと思ったとしても何もおかしくありません。

その後研究者となったナイトは、自身の仮説を試す機会を得た。同じく心理学者のアレックス・ハスラムと共同で行った研究は独創的だ。彼らは被験者を2つのグループに分け、標準的なオフィスで課題（書類のチェック、データの処理など）をこなしてもらった[21]。ただし1つ目のグループのオフィスは、無駄を削ぎ落とした環境に整えてある。一見すると効率的だ。誰の作業スペースも同じ見た目で、最低限のものだけを揃えてある。ちょうどナイトがウェスト・ミッドランズ州で見たオフィスとそっくりだった。もう一方のグループもオフィスや備品は標準化されていたが、若干違うところがあった。壁には絵が掛けられ、デスクのそばには観葉植物が置かれていた。ナイトはこれを「豊かな環境」と呼んだ。

結果、生産性を比較してみると、後者のグループのほうが15％高かった。しかしこれは驚くほどの数字ではないかもしれない。それでも、たとえ標準化されたオフィスであろうと、より人間的な環境のほうが作業効率が上がるという結果が出た。「やはり思っていた通りでした」とナイトは私に話してくれた。「人はたいてい豊かな環境を好みます。被験者も絵と植物のおかげで元気が出たと言っていました。無駄を削ぎ落としたスペースは、組み立てラインのような流れ作業には向いているかもしれませんが、認知力や創造力を要するタスクには不向きです」

実はナイトはこのあと3つ目のグループでも実験をしている。ここでは被験者自身に絵と植物を飾らせ、彼らの好みや個性に合ったスペースにした。「好きなように選んでください、と指示を出しました」とナイトは言う。彼はこれを「個人的な環境」と呼んだ。

さて、一見した限りでは、3つ目のグループの作業スペースの多くは、1つ目と2つ目のグループの作業スペースとほぼ変わらなかった。それも当然で、もともと無駄のない環境が好きな人もいれば、豊かな環境を好む人もいる。しかしこの3つ目のグループの環境は、被験者自身の好みに合わせた個人的な環境だ。ちょうど座席やペダルを自分の体格に合わせて調節できるコックピットや、自分の血糖値の変化に合わせてメニューを組める食事のように。

結果は明白だった。3つ目の個人的な環境のグループが、もっとも生産性が高かったのだ。無駄を削ぎ落とした環境と比較すると約30%も高く、豊かな環境と比べても15%高かった。これは大きな違いだ。「人は自分独自の環境を作る権限を与えられると、他人が用意するよりほぼ必ずいい環境を作ります」とナイトは言う。「被験者の1人はこう言っていました。『最高でした。本当に楽しかったです。すぐに引っ越してきたいくらいですよ』」

生産性が向上した要因は2つある。1つはナイトも指摘した権限（あるいは自律性）の有無。被験者は他人から指図されるのではなく、自分で飾りたいものを選んだ。つまり主導権を得て、モチベーションが湧いた。ここでは何を選ぶかより、選ぶという行為そのものに大きな意味がある。もう1つの要因は、「個人的」な空間にカスタマイズできるということ。自分の好みや個性に合わせて、自分だけの世界を作れる。ちっぽけなことに思えるかもしれないが、当人にとっては非常に重要だ。企業などの組織で多様性をうまく取り入れるには、こうした環境作りも大事な要素となる。

VI 標準を疑え！ 食事療法は一人ひとりで異なっている

エラン・シーガルの先駆的な研究は、その後「DayTwo」（デイツー）というハイテク・ベンチャー企業になった。現在、糖尿病患者に食事指導を行うサービスを提供している。対象はまだ一部の国に限られているが、いずれ世界中で展開する予定だ。サービスの利用方法はシンプル。まずDayTwoに便のサンプルと血液検査のデータを送ると、マイクロバイオームと血糖値を分析してくれる。分析結果はその後アルゴリズムにかけられ、個人の体に合う食品が弾き出される。10万種類の食品と飲み物の中から血糖値の上がりやすいものと上がりにくいものを予測・検索できるデータベースも利用可能だ。前述の実験のように毎食後の血糖値を厳しくチェックしてくれるシステムではないが、糖尿病患者に1つの方向性を示してくれる。食事療法は今や標準化から個別化への道を進み始めた。

世界的に著名なゲノム医療の専門家エリック・トポル教授は、エランの研究に大いに興味を持ち、自ら進んでテストを受けた（摂取したすべての食品および飲み物とその血糖値の変化を記録し、腸内のマイクロバイオームも分析した）。教授はその過程で、標準化された食事療法では知り得なかった自分独自の血糖値の変化について多くを学んだ。自身のマイクロバイオームの構成が特異なことも発見し、それまで何年も食べ続けてきた食品で血糖値の乱高下を起こしていたことにも気づいた。「私の腸内のマイクロバイオームはある細菌の密度が高い。バクテロイデス・ステルコリスだ。全腸内細菌の27％を占めている（一般の平均値は2％以下）」と教授は『ニューヨーク・タイムズ』紙に寄稿している。「［テスト中は］何度か血糖値の急上昇が見られた。血液1デシリットル当たり160ミリグラムにまで上がったこともある（空腹時の血糖値は通常100㎎／dL未満）」

これはたんに教授自身の健康に関わる発見というだけではない。食事療法の内容がなぜ矛盾に溢れていたのかを理解するきっかけにもなった。「これまで何十年もの間数々の食事療法が流行し、政府も栄養摂取のガイドラインを策定してきたが、我々は栄養学について驚くほど何も知らずにいた。従来の研究結果はことごとく矛盾していた」と教授は続ける。「しかし今、すべての人に最適な食事療法という大前提そのものに、根本的な欠陥があったことが明らかになり始めている」

2019年4月、DayTwoの研究者らは、イギリスの国営医療制度（NHS）の幹部らとロンドンで会合した。現在はさらなるエビデンスを求めて、DayTwoをはじめとしたさまざまな機関で新たな研究が進んでいる。[22] 今後はマイクロバイオームやDNAのみならず、睡眠の時間や質、ストレス、服用中の薬剤など、個人的な要素の解析を含めた食事療法の提案を目指す。トポル教授は次のように記している。

皮膚パッチやスマートウォッチなど、多角的な手段で（中略）多角的なデータをとる必要がある。アルゴリズムがこれだけ進化している現代なら、結果は大いに期待できる。数年後には、あなたの健康に関する測定値をディープラーニングして、あなただけにカスタマイズした食事を提案してくれる「バーチャル健康アドバイザー」が現実になるかもしれない。

しかしこの食事療法の一件は、従来の概念を覆す進化のほんの入り口でしかない。今後は我々の生活のあらゆる領域で、標準化から個人化への転換が起こるだろう。それが人々の英知によって導かれれば、健康のみならず幸福感や生産性の向上にもつながる。エランはこう語ってくれた。「多様性は人間らしさの大事な一部です。今こそそれを真剣に考えるべきときだと思います」

第7章

大局を見る

THE BIG PICTURE

I　個人主義を集団知に広げるために何ができるか？

本書ではここまで、ＣＩＡの大失態、エベレスト山頂でのロブ・ホールの勇敢な行動、キャスター付きのスーツケースの数奇な歴史、政治的なエコーチェンバー現象などさまざまな題材を掘り下げてきた。また、イノベーションを起こすには頭の良さよりも社交性がポイントになることについても考察した。さらに食事療法の矛盾や、１９４０年代末の米空軍における航空機事故などの事例を通して、平均値にとらわれると個人が見えなくなる怖さも見てきた。

どの問題もみな、指し示しているものは同じだった。多様性の力、もしくはそれを軽視する危険性だ。組織や社会の今後の繁栄は、個人個人の違いを活かせるかどうかにかかっている。賢明なリーダー、政策、建築デザイン、科学的探求などによって多様性をうまく活用できれば、組織にも社会にも大きな恩恵がもたらされるだろう。

そこで今一度、この繁栄への旅の障害となり続けている深刻な問題に立ち返ってみよう。第２章ではそれを「クローン錯誤」と名付けたが覚えているだろうか？　これは複雑で多次元的な問題を一面的、直線的に解こうとする考え方だ。あるいは、全体論的な観点を忘れ、個人主義的な観点から物事を見てわかったつもりになる現象だ。しかしこうしてあらためて考えてみると紛れもない錯誤だが、実は我々が気づかないうちに社会のいたるところに潜んでいる。これこそが大きな障害となって、個人主義的なアプローチから全体論的なアプローチへの転換を阻んでいるのだ。

実際、今日の社会はまだまだ個人主義の傾向が強い。我々はこれまでなんでも個人に焦点を当てて、個人が知識や洞察力を高める方法や、個人が認知バイアスから逃れる方法を模索してきた。ゲーリー・クラインやダニエル・カーネマンの名著もそんな視点で書かれている。もちろんそれも大事なことだが、個人ばかりに光を当てて全体論的な視点を失うようなことがあってはならない。

全体論的な視点は、本書においても根幹をなすテーマだ。集団脳、集合知、心理的安全性、融合のイノベーション、ネットワーク理論。こうしたコンセプトはみな部分ではなく全体から生まれている。現代社会において非常に重要なことばかりだ。今日の我々に差し迫る問題はあまりに複雑で、個人の力だけでは到底解決できない。これからは集合知の時代だ。

そこでこの最終章では、これまでにもまして可能な限り広い角度から多様性を見つめ、旅のゴールを目指したい。多様性はたんに個人や組織の成功を助けるものではなく、人類に進化をもたらす重要なカギだという事実を見ていこう。その過程で、全体論的なアプローチの重要性やクローン錯誤の危険性がさらに明白に浮かび上がってくるはずだ。

またほかにも、ここまでに学んできたことを実生活に活かすためのポイントを3つ紹介しよう。多様性を取り入れるためのこうした刺激的なアイデアやコンセプトは、どれも我々の生き方、働き方、社会の在り方を見つめ直す大きなヒントになる。

II 人類は本当に他の生物に優っているのか?

人類は地球上のほぼどんな場所にも生息している。家畜やペットも含めれば我々が、地球上に存在する脊椎動物の質量の98%を占めているという。人類は強力なテクノロジー、理論、芸術を生み出す。高度な言語を使ってコミュニケーションをとる。一方、人類の親戚ともいえるチンパンジーは、アフリカの熱帯雨林などごく一部の地域に生息するのみだ。セント・アンドルーズ大学の行動・進化生物学教授、ケヴィン・レイランドは言う。「人類の生息域は類を見ない広さだ。熱帯雨林からツンドラまで、ほぼ文字通り地球上のあらゆる場所に住んでいる」

そこで湧いてくるのがこの疑問だ。なぜ人類はそこまで繁栄したのか?

おそらくほとんどの人は、直感的にこう答えるだろう。「人類は知能が高いから」。なにしろ人類には大きな脳があって、ほかの動物に襲われないように策を練ることができる。新たな知恵やアイデア、ひいては新たなテクノロジーや文化を生み出していける。つまり人類には、自然界を生き残る独自の力がある。

しかしこうした直感の根底にあるのは、「大きな脳が、優れた知恵やアイデアをもたらす」という考え方だ。

たしかに我々は長い間その枠組みで考えてきた。しかし本章では、その考え方が間違いであるどころか、「因果関係がまったく逆」であることを解き明かしていきたい。個人主義的な視点で脳を起点に物事を分析するのをやめ、もっと全体論的な視点で見つめ直せば、真実が見えてくる。

真の因果関係はこうだ。「優れた知恵やアイデアが、大きな脳をもたらす」

そう聞くと奇妙に感じるかもしれないが、これが真実だ。それをここから解明していく過程で、多様性が人類の進化に果たした重大な役割も明らかになる。多様性の力は人類に集合知をもたらしたばかりでなく、ほかの種とは一線を画す独自の進化をもたらした。多様性はまさしく、人類の内なる原動力だ。

しかし遠い昔、人類の祖先（いわゆるホモ・サピエンス）の脳は、ネアンデルタール人の脳と同じか少し小さいくらいだった。これはハーバード大学の人類進化生物学教授、ジヨセフ・ヘンリックほか大勢の専門家が指摘している。この発見はつまり、人類の祖先はネアンデルタール人より知能が低かった可能性を示唆している。ヘンリック教授も次のように指摘する。「霊長類の間では、認知能力の高さを示す最大の要因は脳の大きさだ。そのため、もっと大きな脳を持っていたネアンデルタール人より、人類の祖先のほうが頭が悪かったと考えるのは不可能ではない」

ただ我々の祖先には、重要な、しかし見落とされがちな強みがあった。社会性があった（社交的だった）のだ。人類の祖先はほかの種より大きな、より密につながり合った集団で生活していた。その違いが劇的な繁栄へとつながった。なぜか？　密な社会的集団があれば、その中で学習が進む。たとえ一人ひとりは食物を探したり道具を作ったりといった初歩的な知識しかなくても、密な集団に属していれば仲間から学べる。すでに頭のいい者でさえ、まわりから学ぶことは多い。１人なら一生かけてやっと学べるような知恵を集団から得られる。

すると自然淘汰の原理によって、学習能力の高い者（たとえば他者の行動を観察する力があって、その相手から知恵やアイデアを得るのがうまい者）が生き残るようになる。一方、密な集団を構成しておらず、その中で学ぶこともなかったネアンデルタール人にとって、こうした学習能力は重要ではなかった。ただしこれはネアンデルタール人が人類の祖先より劣っていたということではない。彼らが他者から学ぶには、狩りの時間を削るなど大きな犠牲を払わなければならなかった。しかもそれだけの投資に見合う知恵やアイデアが、そもそも十分になかったのだ。

自然淘汰で学習能力の高い者が生き残るようになると、今度は進化の軌道が変わり始める。前の世代からさまざまな知恵を学んだあと、自分たちでも新たな知恵を共有し、それを後世に伝えていく。すると知恵が積み重なっていく。脳の小ささゆえに、一人ひとりの知能はネアンデルタール人に劣っていたとしても、集団の中で知恵やアイデアの蓄積はどんどん進み、やがて融合のイノベーションが起こる。

一方ネアンデルタール人の場合、たとえイノベーションが起こっても、それを創造した者が死ねば一緒に消えてしまう。個人が新たな発見をしても、それが集団で共有されることはなく、後世に受け継がれることもない。しかし人類の祖先は、社会集団（ネットワーク）の中で、かつ世代から世代へと、それぞれがつながり合っていた。知恵やアイデアの共有や伝授が行われれば、イノベーションは失われにくい。それどころかさらに新たなアイデアが生まれていく。先史時代における情報のスピルオーバー効果だ。

我々の祖先は、ネアンデルタール人に比べて個人の知能は低かったかもしれない。しかし集合知は高かった。ヘンリック教授は次のように指摘する。

ネアンデルタール人は、氷河期のヨーロッパにおける資源の乏しさや天候の劇的な変

化に対処せねばならず、小さな集団でほうぼうに散って暮らしていた。（中略）一方、アフリカからの移住者［人類の祖先］は、相互的なつながりが強い、もっと大きな集団で暮らしていた。（中略）ネアンデルタール人が持っていた個人の知力の高さによる強みは、アフリカからの移住者が形成した社会的な集団の集合知によって矮小化された。

ここで第4章の天才族とネットワーク族の話を思い出してほしい。天才族はネットワーク族より賢いが、イノベーションを起こす率は低かった。イノベーションで重要なのは、個人と集団との交流だ。集団の中で個人の知恵やアイデアが積み重なれば、集合知が高まり、それと同時に自然淘汰のプロセスが進み始める。

こうした個人知から集合知への転換は、人類の歴史における主要な進化の1つだ。ほかの典型的な例には、原核生物（単細胞生物）から真核生物（DNAを含む細胞核を有する生物）への進化や、無性生物（無性生殖によるクローン集団）から有性生物（有性生殖による集団）への進化が挙げられる。

個人知から集合知への進化は、主要な進化の中でももっとも新しい。しかしそれによって知恵やアイデアの蓄積（「文化の累積」とも呼ばれる）が飛躍的に進み、やがて人類には大きな遺伝的進化がもたらされた。つまり集団の情報量が急速に増大した結果、その記憶や整理のために選択圧が働いて、脳の容量が拡大していったのだ。

過去５００万年の間に、人類の脳の容量は約３５０ccから１３５０ccにまで増えた。しかもこの進化の大半は過去２００万年以内に起こっている。脳の拡大が止まったのは約20万年前で、これはひとえに産道の広さとの兼ね合いによる。胎児の頭が大きくなりすぎると、産道を出ていけないばかりか、母体も危険にさらすことになるからだ。ちなみに柔らかい胎児の頭は、狭い産道から押し出される際にいったん細くなったあと急速に丸く戻る。こうした頭部の変形が脳に影響を及ぼすことがないよう、大脳皮質は自然淘汰によって多層構造になっている。

現在、我々人類の脳はたしかに大きい。しかし注目してほしいのは、知能の高さとの因果関係だ。人類の脳が大きいのは「結果」であって「原因」ではない。知恵やアイデアの蓄積が脳の拡大をもたらしたのであり、その逆ではないのだ。

優れた知恵やアイデア（そしてその蓄積や融合）こそが、大きな脳をもたらした。

前述のレイランド教授はこう指摘する。「人口がある臨界値に達すると、今度は集団同士の交流が始まり、その間でものや知識が交換されるようになる。すると文化的な情報が失われにくくなり、知識や技術がさらに蓄積されていく」[1]

では、なぜチンパンジーやその他の動物は人間のように進化しなかったのか？　なぜ人間だけが、生物学者の言う「二重相続」を得ている（つまり遺伝的な進化と文化的な進化の両方を遂げている）のか？　実はこれは「卵が先か鶏が先か」という問題でもある。進化の観点から見た場合、他者からの学習が可能な脳は、それに見合う情報や知恵やアイデアがなければ存在の意味がない。しかしそもそもある程度学習可能な脳がなければ、十分な情報も知恵もアイデアも出てこない。この矛盾した状態が集合知への根本的な足かせになる。ヘンリックはこれを「スタートアップ問題」と呼ぶ。

たとえばゴリラはその一例だ。ゴリラは1家族単位（メスは複数いるが、オスは1頭のみ）で暮らし、集合知を形成する機会がない。またオランウータンは単独で生活し、つがいにならない。このため幼い個体にとっては、頼れるのは母親のみという状況が多い。チンパンジーは群れをなすものの、研究によればやはり幼い個体にとってのロールモデルは母親のみのようだ。

このような動物はほぼ原始的な能力しか身に着けていない。たとえ特定の個体がイノベーションを起こしても、その世代とともに消えてしまう。どの動物も遺伝的な進化の可能性を秘めているものの、文化的な進化は進まない。ネアンデルタール人も含めこうした種は、人類の祖先と比べて個々の知能が低かったわけではなく、集団としての知能が低かったのだ。

しかし集団内で情報が蓄積・伝播され、それが文化として定着すれば、遺伝的な進化にも拍車がかかる。火というテクノロジーの発見（人類が生んだ、もっとも偉大な反逆者のアイデアの1つ）を見てもそれが窺える。どんな個体が最初に発見したのかはわからないが、その知恵を人類の祖先は集団で共有し、次の世代へ託した。やがて火は文化の一部となり、世代を超えて受け継がれていった。

その結果、人類の祖先の体にも変化が生じた。大きな消化器官が必要なくなったのだ。火を使って調理するようになったため、それまでより消化しやすい解毒済みの食物に適応して、胃や腸が小さく進化した。その分、脳の成長のために代謝エネルギーを回せるようになった。大きな口も歯も、強力な顎も不要になった。ヘンリックは言う。

> 火を使って調理すると消化や解毒が楽になるのと同時に、食物から効率良くエネルギーを得られる。その結果、自然淘汰によって胃腸の組織が縮小し、摂取したエネルギーをそれまでより温存できるようになった。（中略）このように、文化的な進化がもたらした消化作業の外部化は、人類に大きな脳をもたらす要因の1つになった。[2]

脳の大きさばかりでなく、持久力の高さも人類の特筆すべき点だろう。たとえ暑い中でも、レイヨウなどの獲物を長時間追って仕留めることができる。それを可能にする要因はいくつかあるが、特に発汗作用は重要だ。1時間に1〜2リットルの汗をかくことによって、体をクールダウンできる。

しかしこれも考えてみれば矛盾している。人間の胃は小さいため、長時間の狩猟に必要な大量の水分をとり込むには適していない。それなのに汗はどんどんかく。つまり入る量と出ていく量が釣り合わない。実はこの謎にも、あるテクノロジーが関わっている。人類の祖先は、ある時点で、ヒョウタンやダチョウの卵やその他の動物の皮を「水筒」にして水を携帯する方法を発見した。それが集団で共有され、やがて文化として定着すると、体内に大量の水を貯め込む必要はなくなった。火を使った調理によって消化作業を体外で行うようになったのと同様に、水筒の発明によって水分も体外で保存（携帯）するようになり、人類のさらなる進化がもたらされた。

ここでも因果関係の向きに注意してほしい。人類が長時間の持久力を得たのは、水を携帯するというテクノロジーが先に生まれたからだ。ヘンリックは言う。「複雑で特殊な、発汗による人類の体温調節機能は、（水源を見つけたあと）水筒に水を入れて携帯するという発見があって初めて進化した」

こうしたテクノロジーや知恵やアイデアは、遺伝子的な進化ばかりでなく、生理的（機能的）な変化ももたらす。たとえば、今あなたが本書を読めているのは、親や教師に読み書きを習ったからだ。あなたの親や教師も同じように他者から学習した。しかしそうやって識字能力を得る過程で、脳には大きな変化が起こる。左脳の腹側後頭側頭領域が活性化され、左右の脳をつなぐ脳梁が太くなり、上側頭溝、下前頭前野の活動にもそれぞれ変化が生じる。しかしこれは識字能力が必要な社会で起こる脳の生理的な変化であって、遺伝子の変異ではない。ヘンリックは次のように指摘する。

識字能力は文化的進化の副産物だ。読み書きを習うと、脳の配線が書き換えられ（中略）さまざまな形を文字として瞬時に認識できるようになる。いわば魔法のような能力だ。数百年前まで、ほとんどの人は読むことも書くこともできなかった。現代においても、文字体系を持たない言語のほうが圧倒的に多い。つまり、識字率が高い社会で生きる人々の多くは（中略）、ほかの文化圏とは異なる脳を持ち、異なる認知能力を備えている。（中略）ただしここで重要な点は、こうした文化［つまり脳］の違いは生理的、あるいは生態的な違いであって、遺伝子的な違いではないということだ。

文化的な進化は人類の脳や体、さらには社会や組織の在り方にさまざまな影響を与えてきた。それと同時に、心理的能力も進化させている。人類が、自分1人では一生かかっても学べないことを集団からどんどん学習するようになると、自然淘汰によって、他者から学ぶ能力に長けた人間が優位に立ち始める。ヘンリックはこう指摘する。

［知恵やアイデアの］蓄積によって文化的な進化が始まると、生存のためのスキルが集団の中で次第に洗練されていく。（中略）それと同時に選択圧が働き出し、そうしたスキルをもっとも効率良く集団から獲得・記憶・整理する心理的能力を身に着けた者が生き延びるようになって、遺伝的な進化がもたらされる。（中略）このプロセスは自己触媒と言われる。生じた進化自体が触媒となってさらなる進化を促進するのだ。

Ⅲ　人間が唯一優れている能力とは？

ここまでかなりざっくりと人類の進化を追ってきたが、その過程においてもやはり、個人主義と全体論的な視点の差が大きく表れた。素晴らしく大きな脳を持つ人類の繁栄は、個々人の力よりも集団のつながり、そして集合知が軸となってもたらされた。約200万年という長い歴史の中で、そうした知恵の蓄積が文化的な進化を導き、脳の拡大をはじめとする遺伝的進化やさまざまな変化をもたらした。

いわば人類は、多様性という土台の上に築き上げられた。さまざまな知恵やアイデア、経験、幸運な発見、融合のイノベーションが社会的ネットワークの中で生まれ、共有されて、集合知が高まり、自然淘汰の軌道を変えていった。多様性こそが我々の知能を高めたと言っていい。これは人類独特のプロセスだ。現在においても、多様な知恵やアイデアの蓄積がなければ、人類の脳のせっかくの素晴らしさは発揮できない。

実際、人類学者らは、脳が裸の状態（蓄積された情報にアクセスできない状態）で認知力を測定する実験をしている。方法はさまざまにあるが、ここで紹介するのは人間の幼児を対象にした実験だ。幼児は成長過程において親から多くの情報を吸収するが、10歳の子供と比べればその量は相当少ない。5歳児と比べてもかなりの差がある。ドイツのライプツィヒにあるマックス・プランク進化人類学研究所が被験者に選んだのは、2歳半の幼児。比較対象は、同じ年齢のチンパンジーとオランウータンだ。実験では空間記憶力（物体があった場所を覚える能力）のほか、形や音を識別する能力を測るテストを行った。すると、それぞれほぼ同様の結果が出た。オランウータンの認知力だけはほかよりわずかに低かったものの、人間の幼児もチンパンジーもほぼ同レベルの認知力を示したのだ。

ただし1つだけ、人間が優れていた能力があった。社会的学習能力（他者の行動を模倣して学習する力）だ。細い管から食べ物を取り出す複雑な方法を被験者に見せると、人間の幼児はすぐに真似をして、あっという間に食べ物を取り出すことができた。しかしチンパンジーとオランウータンは、自分が見たことを理解できず、真似をして取り出すこともできなかった。ヘンリックは言う。

社会的学習能力のテストでは、2歳半の幼児のほとんどが満点をとったが、ほかの霊長類はほとんど0点だった。この結果から、チンパンジーやオランウータンに比べて人間の幼児が唯一優れていた認知能力は、空間記憶能力や形・音を識別する能力ではなく、社会的学習能力だということがわかった。

一見腑に落ちないと思う人もいるかもしれないが、この結果は我々が本書でここまで学んできたことと符合する。人類が高度な知能を備えているのは、他者（の脳）とつながり合いながら進化してきたからだ。人間の子供の場合、9歳か10歳になれば、実験中のほぼどの認知テストにおいても、ほかのどんな年齢のどんな霊長類と比較しても高い点数を出す。その要因は、まわりの大人から吸収する知恵の量だ。

チンパンジーとオランウータンの子供は、大きくなっても認知能力に変化はない。3歳で脳の成熟状態に達し、それ以上認知力は伸びない。つながって活用できる集団脳もなく、知恵やアイデア、あるいは文化の蓄積もない。あったとしても、そこから情報を得る（他者から学習する）能力は低い。進化の過程でその能力を磨く選択圧がかからなかったからだ。人類進化生物学の専門家、マイケル・ムスクリシュナはその点をうまく総括している。「なぜ人類はほかの動物とこれほど違うのか？　これは決してハードウェアの問題ではない。つまり、大きな脳を持っているから知能が高いというわけではない。実際、基本的なワーキングメモリ（作業記憶）を伴うタスクなら、チンパンジーのほうが優れていることがある。（中略）人間とその他の動物を隔てる違いは、集団脳にほかならない」。ケヴィン・レイランドもこう言う。「人類の繁栄は知能の高さによるものだと言われることが多いが、その知能の高さをもたらしたのは［アイデアの蓄積］だ。社会集団の中から知恵を得て、それを積み重ねていく能力こそが、人類を特別な存在にした[3]」

こうした分析を見ていると、個人の脳の力を逆に過小評価しすぎているのではないかと思うかもしれない。しかし決してそうではない。人間の脳は万物の中でももっとも複雑な物体で、その認知能力や情報処理能力には誇りを持ってしかるべきだろう。本書がここで伝えたいのは、個人と集団とのつながりが大事だということだ。脳そのものを例に挙げてみると、それがわかりやすいかもしれない。脳は無数のニューロン（神経細胞）からなっていて、非常に複雑なネットワークを形成している。個々のニューロンは単独で知恵やアイデアを生むわけではないが、ほかのニューロンとのやりとりで高い情報処理能力を発揮する。

社会の中で個人と集団とがつながっているように、脳の中にも個々のニューロンとネットワークとのつながりがある。ただニューロンとは違って、人は単独で知恵やアイデアを生むことができる。この点でニューロンは適切なたとえではなかったかもしれないが、言いたいことはわかってもらえるだろう。遠い昔の進化の時代であれ、現代であれ、人類の発展は、どんな脳を持っているかということよりも、多様な人々とのつながりにかかっているのだ。

人類が地球上で現在の地位を保っているのは、個人個人の力というよりも、多様な集団であるからだ。個人がそれぞれの知恵を持ち寄り、集団で共有し、その中でさまざまなアイデアが世代を超えて融合され、数々の驚異的なイノベーションが生まれた。そうした社会性が人類に高度な知能をもたらしたのであり、決してその逆ではない。

多様性は、たんに集合知を高める要素というばかりでなく、独自の進化を導く要素にもなる。ヘンリックの言葉を借りれば、「人類に成功をもたらすカギ」なのだ。

Ⅳ　日常に多様性を取り込むための3つのこと

さて、人類の歴史を広く振り返って大局をつかんだところで、ここから終盤はあらためて焦点を絞り込んでいこう。本書で学んだことを実生活にどうやって活かせるか具体的に考えてみたい。早速、仕事や私生活に多様性を取り込むための3つのポイントを紹介しよう。

「無意識のバイアス」を取り除く

無意識のバイアスは、自分では気づかないうちに持っている偏見や固定観念だ。世の中には、才能ある人々が、人種や性別に関する無意識のバイアスによって理不尽にチャンスを奪われるケースが多々ある。

一番わかりやすいのは1970年代のオーケストラの例だろう。この時代、アメリカ（に限らず各国）のオーケストラは団員のほとんどが男性だった。入団審査をする側が「一般的に見て、男性のほうが演奏がうまい」と思い込んでいたからだ。それを「実力主義による採用」だと主張していた。

しかしハーバード大学の経済学者クラウディア・ゴルディンと、プリンストン大学の労働経済学者セシリア・ラウズが妙案を出した。演奏者をカーテンで仕切ってオーディションをしてみてはどうか？　そうすれば審査員には音だけが聞こえて、演奏者の性別はわからない。実際にやってみると、女性演奏者の1次審査通過率は1・5倍に上がり、最終審査通過率は4倍にも達した。それ以降、主要なオーケストラにおける女性演奏家の割合は

5～40％近くにまで増えている。

この実験で面白いのは、カーテンが導入されるまで、審査員たちに性差別の自覚がなかったことだ。自分たちが演奏の腕ではなく固定観念で選別をしていたことに、それまでまったく気づいていなかったのである。こうした無意識のバイアスを取り除けば、女性演奏家にとってはもちろん、オーケストラ自体にとってもメリットになる。外見に惑わされず才能ある演奏家を採用できる。

無意識のバイアスは、候補者の実力の差がはっきりしている場合には現れない。明らかに劣っているほうを選べば組織に傷がつくだけだ。しかし候補者の実力が競っている場合、心理学者の言う「裁量の余白」が生じ、そこに無意識のバイアスが忍び込んで大きな影響力を持つようになる。

もう1つ、大学生を対象に行った研究を見てみよう。被験者の大学生は、ある職務について、黒人と白人の候補の履歴書を見て採用者を選ぶというタスクを与えられた。結果、黒人の候補者が白人の候補者より明らかに優れていた場合は、大学生のほぼ全員が黒人を選んだ。逆に白人の候補者のほうが明らかに優れていた場合は、白人を選んだ。しかし両者の履歴書に差がなかったときには、無意識のバイアスが生じた。白人のほうを選ぶ傾向が、小さくではあるがはっきりと現れたのである。のちにそれを指摘されると、大学生たちは一様に驚いた。差別の自覚がまったくなかったからだ。たとえこれが裁判になっても、差別の意図を立証するのはほぼ不可能だろう。しかし「黒人は白人より能力が劣っている」という無意識のバイアスは、履歴書の見方に影響を及ぼしていた。

こうした小さなバイアスは積み重なっていく。誰でも人生で何かしようとするときは、まず審査を通らなければならない。学校でディベートのチームに入るとき、大学生が夏休みの間インターン（実務研修生）として企業体験をするとき、就職活動をするとき、昇進を目指すときなどなど、これでもまだ氷山の一角だ。審査は我々の毎日について回る。

そのたびに偏見によってチャンスを奪われていたのでは、モチベーションが湧かなくなっても少しも不思議ではない。学業でもなんでも、成功をつかむまでには――そもそも審査の要件を満たす段階にたどり着くまでには――大変な努力や犠牲を伴う。[4]

しかし、それだけ苦労した見返りがほぼないとなれば、誰が最初から努力などするだろう？　ハーバード大学の経済学者ローランド・フライヤーは、こうした問題が社会的（民族的）マイノリティに歪んだ格差をもたらしていると主張する。小さな無意識のバイアスは、これまで歴史的に積み重なった結果、人々の意欲を歪め、もはや構造的なバイアスとなって社会の一部に大きな壁を作っている。

無意識のバイアスを取り除くのは、公正な社会に向けての第一歩だ。同時に、集合知の高い社会に向けての第一歩でもある。あらゆる背景の人々に才能を追求するチャンスを与え、知識のネットワークを拡大すれば、現代社会が直面するさまざまな問題に答えを出していける。そのためには構造的なバイアスの解体が欠かせない。これは今後の政治課題のトップに掲げられてしかるべきだろう。

オーケストラの入団審査に用いたカーテンは1つのヒントになる。採用側の主観を排除するには効果的だ。もちろん候補者側にも深い意義がある。才能そのものを公正に審査してもらえるとなれば（努力が報われる可能性があれば）、女性演奏家にとって大きなインセンティブとなる。

ハーバード大学の行動経済学者、イリス・ボネットは著書『WORK DESIGN（ワークデザイン）―行動経済学でジェンダー格差を克服する』で、採用審査の客観性を高める方法を広範に取り上げている。その1つは履歴書の「目隠し」で、性別など特定の人口統計学的情報を履歴書から取り除く方法だ。同書ではほかにも人材の募集方法、面接方法、最終選考の方法などについてさまざまに分析している。[5]

集合知を高める上で、無意識のバイアスを取り除くのは必須の作業だが、それだけではまだ十分ではない。前述のエニグマ解読の一件を例にとってみよう。ブレッチリー・パークの人材スカウトが数学者を探す場合、無意識のバイアスを取り除く努力を怠らなければ、人種や性別に左右されずに最高の数学者を見つけられただろう。

しかしそれだけでは、クロスワードパズルの達人や、そのほか暗号解読に欠かせない特異な才能を備えた人々にはたどり着けない。無意識のバイアスを取り除くのと、認知の多様性を最大限に広げるのとはまた別の作業だ。チームや組織が成功するためには、この両方を行わなければならない。

陰の理事会

最先端の組織が多様性を活用するもう1つの方法は「陰の理事会」（Shadow Board）だ。これは重要な戦略や決断について、若い社員が上層部に意見を言える場で、年功序列の壁を崩す意味合いがある。異なる世代に育てば文化的な背景も異なる。それが無意識のうちにものの見方や考え方にさまざまな影響を及ぼす。

これは科学の世界にも当てはまる。科学者が特定の想定や暗黙の理論をもとに実験や検証を行い、それが新たな発見を妨げていることは少なくない。物理学者のマックス・プランクはこう言った。「科学は葬式ごとに進歩する」（古い世代や価値観が世を去ってやっと新たな理論が発展しはじめること）

陰の理事会では、組織内から広く集めた有能な若手の人材が、上層部の意思決定に関し定期的に意見を述べる。上層部にとっては、多様な意見に触れて視野を広げる「テコ入れ」の機会になる。その結果、反逆者のアイデアがスムーズに流入する。

新しいテクノロジーをあっという間に使いこなす若者に感心したことのある人なら、陰の理事会の重要性がわかるだろう。予想外の角度から問題に取り組む若い層を見て驚いたことがある人も理解できるはずだ。実際に陰の理事会を設け、上層部の意思決定システムに統合させた企業が、これまで大きな前進を遂げているのも不思議ではない。

『ハーバード・ビジネス・レビュー』誌で、企業経営の専門家ジェニファー・ジョーダンとマイケル・ソレルの両氏は、高級ファッションブランドのプラダとグッチの経営状態を比較する論文を発表した。プラダは長年ずっと高利益を誇ってきたが、2014〜2017年には売り上げが落ち込んだ。なぜか？　同社は2018年、「デジタル化の重要性（中略）に気づくのが遅かった」と公式に発表している。CEOのパトリッツィオ・ベルテッリも「我々は間違いを犯した」と認めた。

一方グッチは陰の理事会を設け、若い人材とベテランチームとの定期的なコミュニケーションを図っていた。役員会議で取り上げる問題について同社の若手社員が出す意見は、「上層部にとって警鐘となった」という。事実グッチの売り上げはインターネットなどのデジタル戦略が功を奏し、2014〜2018年度において、34億9700万ユーロ（約4390億円）から82億8500万ユーロ（約1兆400億円）へと136％の伸びを見せた。同時期のプラダは、35億5100万ユーロ（約4460億円）から31億4200万ユーロ（約3940億円）へと11・5％下落している。[6]

与える姿勢

多様な社会において他者とのコラボレーションを成功させるには、それなりの姿勢で臨まなければならない。自分の考えや知恵を相手と共有しようという心構えが必要だ。そうした与える姿勢があって初めて、受け取る機会を得られる。実際いくつかの研究において、「ギバー」（giver）つまり「与える人」は成功を収めやすいという結果が出ている。

ここでは600人以上の医学生を対象にした研究を見てみよう。まず、ギバーとは違い、個人主義で自身の進歩のみに焦点を絞った、他者にほぼ無関心な医学生は、1年生のときに非常に好成績を収めた。彼らは「テイカー」（taker）つまり「受け取ることを優先する人」だ。まわりの人間からうまく情報を抽出するが、自分からはほぼ何も出さず、あらゆる努力を自身の進歩のみに当てる。一方、人のために時間を割いて自分の情報を共有しようとするギバーは、成績で後れをとった。

しかし2年目になると、他者に協力的なギバーは成績を上げ、3年目にはテイカーを抜いた。そして最終年には、さらに大きな差をつけてギバーが優秀な成績を収めた。事実、ギバーが学業で好成績を収める率は、喫煙者が肺がんを発症する率より高いと言われている。

これは一体どういうことか。ギバー自身は何も変わっていないのに、成績は逆転した。心理学者のアダム・グラントは『GIVE & TAKE「与える人」こそ成功する時代』で次のように解説する。

メディカルスクールでは、学年が上がるにつれて、教室での座学から臨床実習やインターンシップ、患者のケアなどへと授業の形が変わっていく。進級すればするほどチームワークや奉仕が求められるようになり、それが評価のカギとなる。テイカーは、個人で結果を出せる場面で好成績を収めたが、ギバーはチームワークが重要な場面で本領を発揮した。つまり進級と同時に授業の形がシフトするにつれ、ギバーは得意の共同作業で底力を見せ始めたのだ。

「与える人が成功を収める」という法則には、社会科学の分野で何度も出くわす。もちろんこれは絶対的な法則ではない。テイカーが大きな成果を挙げている例はいくらでもある。世界はそんなに単純に分類できるものではない。しかしデータによれば、幅広い場面において、ギバーが勝利を収めている。ただギバーの中でも、最大級の成功を収めた人々は、戦略的でもあり、常に有意義な多様性を求め、搾取されていると感じたときにはコラボレーションを断ち切るというデータも出ている。つまり彼らは協力的な姿勢でチームワークを高めて結果を出す一方、パートナーに「ただ乗り」されるリスクを減らす努力もしているのだ。ある研究者はこう言う。「与える姿勢は、社会的な知性の高さと組み合わされば、強力な強みになる」

与えよう、協力しようという姿勢には長期的な効果もある。今度はラトガーズ・ビジネススクールのダニエル・レヴィン教授が行った実験を見てみよう。被験者は200人以上の会社重役。実験では被験者がまず、少なくとも3年以上連絡が途絶えていた知人と再び交流を始める。その後、交流を再開した知人のうち2人に、被験者が会社で進行中のプロジェクトに関して助言を求める。最後にその助言を、同プロジェクトのメンバー2人からのアイデアと比較して査定する。

さて、どちらが斬新な、効果の高い解決策を出しただろう？　結果は明確に出た。交流が途絶えていた知人のほうが、はるかに価値の高い助言をしたのだ。理由はまさしく「交流が途絶えていたから」。プロジェクトのメンバーではない2人（つまりプロジェクトのメンバーと同じ状況を見ておらず、同じ経験もしていない第三者の2人）が多様な意見を提供した。

被験者の1人はこう話している。「実際に助言をもらうまでは、自分がすでに知っている以上のことはほぼ期待できないと考えていました。しかしそれは間違いでした。斬新なアイデアが出てきてかなり驚きました」。「与える人」は多様性豊かなネットワークを構築できる。つまりバラエティに富んだ知人がいて、視野の広い、反逆者のアイデアを数多く得られる。

自身の知識や創造的なアイデアを人と共有しようという姿勢でいると、大きな見返りを得られる。その場限りでなく、長いときを経ても。グラントは言う。「社会通念によれば、大成功を収めている人々はみな、モチベーション、スキル、チャンスの3つを持っているという。(中略)［しかし］実は4つ目の要素がある。他者との接し方だ。できる限り「自分のために」価値を得ようとするか、それとも他者に価値を与えようとするか(後略)。どうやらこの選択が、成功を収められるかどうかに圧倒的な影響をもたらすようだ」

V 自分とは異なる人々と接し、馴染みのない考え方や行動に触れる価値

今日、我々は革命の一歩手前まできている。しかし多様性はまだ差別問題や倫理的な問題の一部として語られることが多く、業績を上げる要因やイノベーションを起こす要因として取り上げられることは少ない。抽象的な言葉で議論されがちで、話がいっこうに噛み

合わないこともよくある。多様性への理解はまだまだ不完全であるだけでなく、根本的な欠陥さえある。

しかしここで多様性を正しく理解し始めれば、視野が大きく開けていく。人類の知性は、個人ばかりでなく集団の多様性の上に成り立っているということがわかる。イノベーションも、個人の知恵に限らず集団のネットワークの中で起こる融合がカギだ。人類の繁栄も、個人の脳を超えた集団脳によってもたらされる。

まずこうした事実を理解することが、多様性のメリットを実生活で享受するためには欠かせない。たとえばチーム作り1つにしてもそうだ。第1章で画一的な集団の危険性について学んだことは覚えているだろうか？　我々は自分と同じ考え方の人、同じ視点や同じ偏見を持つ人と一緒にいることを無意識に好む。そのほうが気が楽だ。しかもみんなで賛同し合って、自分たちの考えに自信を持てる。頭が良くなった気になる。実際には愚かな集団でしかないのに。

そんな状況に陥らないための対抗策として、多様性を正しく理解する以上に効果的な方法があるだろうか？　同じ考え方の人間ばかり集めても目標達成の足かせになるだけだとわかっていれば、そうならないように用心するだろう。同じ視点の人間ばかりでは物事を新たに学ぶチャンスをなくしてしまう、同じ意見の人間ばかりではイノベーションをもたらす反逆者のアイデアは出てこないとわかっていれば、それを避けようという意志が働く。チーム作りそのものに限らず、チームワークやコラボレーションにも多様性は大きく関わる。多様な意見は秩序を乱す脅威ではない。組織や社会を活性化する力だ。率直な反対意見も成長には欠かせない。第三者に意見を求めるのは、チームへの忠誠心が足りないからではなく、忠誠心が高いからこそ。新たなアイデアを融合して、新たな挑戦のために結束力を高めていくためだ。今や融合のイノベーションを起こさずに、急速に変化する世界についていくことはできない。

多様性に富む文化は、多様性の本質を理解して初めて構築できる。世界的なヘッジファンド運営会社、ブリッジウォーター・アソシエーツでは、新入社員にまず全体論的な視点の基礎を教え込む。その中には多様性への理解も含まれている。同社で称えられるのは、決してまわりの意見に賛同ばかりする者や、オウムのように同じ意見を繰り返す者や、壁の内側に頑固にとどまる者ではない。率直に反対意見を述べる者、人と異なることを恐れない者、第三者から新たな知恵やアイデアを求めようとする者だ。創業者のレイ・ダリオは言う。

素晴らしい企業文化では、問題や意見の相違が水面下に潜ることなくうまく解決される。社員はみなそれまで作ったことのないものを想像したり、実際に作ってみたりすることを楽しんでいる。それが組織の進化を支える。そのために我が社で取り入れているのは、「アイデアの能力主義」だ。誰もが率直に発言できる環境を作り、透明性を徹底して、有意義な仕事、有意義な人間関係につなげることを常に目標にしている。

企業にとって重要なことは社会にとっても重要だ。新たなアイデアを奨励し、異論を排除せず、強力なネットワークを広げて反逆者のアイデアを生み出し、融合のイノベーションを起こす。同じ意見の集団に囲まれたままでは、そのすべてに後れをとる。ヘンリックは言う。

集合知の重要性を理解すれば、現代の企業や集団の間でイノベーションの速度や頻度に大きな差がある理由がわかる。問題は個々人の知性の高さではない。(中略) 肝心なのは、集団の中で人々が自由に意見を交換できるか、互いの反論を受け入れられるか、他者から学ぶことができるか、協力し合えるか、第三者の意見を聞き入れられるか、失敗や間違いを許容できるかだ。イノベーションはたった1人の天才が起こすわけではない。人々が自由につながり合える広範なネットワークが不可欠なのだ。

こうした意見は、少なくとも古代ギリシア時代から哲学者らの間で唱えられてきた。今日では数々の研究データがそれを支えている。多様性が社会の活力になるという概念は、いわばたんなる直感から科学の領域へと発展した。多様性は、気候変動や貧困など現代社会が直面する複雑な問題を解決する手がかりになり、世界を歪めるエコーチェンバーから抜け出す足がかりになる。19世紀のイギリスの哲学者、ジョン・スチュアート・ミルも、多様性の価値を雄弁に語った。

我々の人間的な進歩が滞っている今、自分とは異なる人々と接し、馴染みのない考え方や行動に触れる価値がかつてないほど高まっている。（中略）こうした交流は常に、現代においてはとりわけ、進歩をもたらす大きな力となる。

VI 変われるか、CIA

さて、本書の最後は、冒頭で取り上げた1件の後日談で締めくくろう。9・11のあとしばらくして、CIAは自分たちが致命的な画一的集団であることにやっと気づき始めた。その兆候は、アフリカ系アメリカ人のムスリム、ヤヤ・ファヌーシを職員に採用したことからもわかる。ファヌーシはアメリカの西海岸で生まれ、カリフォルニア大学バークレー校で経済学を専攻し、その後フルブライト奨学金を得てコロンビア大学大学院を修了した。イスラム教に改宗したのは20代前半で、現在も敬虔な信者だ。私はある春の朝、ファヌーシに取材を行った。CIAでの体験について、彼はこんなことを話してくれた。

2005年にCIAに入った当時は、テロ対策ではなく経済分析を担当していました。経済学のバックグラウンドがあったので当然と言えば当然でしょう。ムスリムだからテロ対策、と単純にはいきません。しかしそのうち私ならではの貢献ができるのではないかと思い始めました。それで7月7日のロンドン同時爆破事件のあと、アルカイダのテロ対策に関わる部署に異動したいと申し出たんです。

ファヌーシはすぐに頭角を現した。ホワイトハウスのシチュエーションルーム（緊急対応室）で諜報関連のブリーフィングが行われたあと、彼はアメリカ人のイスラム教伝道師、アンワル・アウラキに疑念を抱いた。アメリカのニューメキシコ州でイエメン人の両親のもとに生まれたアウラキは、1990年代中盤から2001年にかけて、コロラド州デンバー、カリフォルニア州サンディエゴなどのモスクでイマーム（イスラム教の指導者）を務めていた。9・11の実行犯の中には彼のモスクに通っていた者もいた。2002年になってアメリカを出たアウラキは、まずイギリスへ、その後イエメンへ向かった。その間、彼の説教はそれまでにも増して過激になっていった。ファヌーシは言う。「アウラキはアメリカ英語とアラビア語を巧みに操つりました。しかも優れたストーリーテラーで、彼の説教は何時間にも及ぶことがありました。彼は２００６年に、誘拐事件に関与した容疑で逮捕されています。ちょうど私がテロ対策部署に異動したばかりのときでした。当時アウラキが、特に西側諸国の若いムスリムに接触しようとしていたのは明らかでした」。ファヌーシはアウラキのそれまでの説教の内容などを徹底的に調査し、やがて危険な兆候を見つけた。

アウラキはムスリムたちにジハードに加わるよう説いていました。しかも予想以上に戦略的にやっていました。イスラム教の説教の形をとりながら、西側諸国に住む若い世代のムスリムの心理に合わせて実に巧妙に勧誘していたんです。アウラキは釈放されたあと、ブログを始めました。完全に人材確保の手段に用いるためです。彼はアメリカやヨーロッパから若いムスリムたちをイエメンに呼び寄せ、文字通り「兵器」に仕立て上げていきました。

アウラキの信奉者の１人だったナイジェリア人は、あるクリスマス・イブにデトロイトに向かう航空機を爆発させようとしました。しかし自身の下着に仕込んだ爆発性物質に火をつけたところで、ほかの乗客に取り押さえられました。一方、テキサス州の陸軍基地でも、ニダル・マリク・ハサンという少佐が銃乱射事件を起こしましたが、このときはまだ米陸軍の少佐とアウラキとの関連は明確につかめていませんでした。しかしこの事件で同僚の兵士らが13人殺害され、そのほか数十人も負傷したことが明らかになると、アウラキは「ニダル・マリク・ハサンは正しい行いをした」と自身のブログに投稿したのです。

敬虔なイスラム教徒で、アメリカの愛国者でもあるファヌーシは、引き続きアウラキの説教を分析した。するとアウラキが仕掛けた西側諸国への脅威が徐々に浮かび上がってきた。「アウラキはブログやメディアへのインタビューを通して信者に密かにメッセージを伝えていました。(中略)しかしそれを読み取るには、まずさまざまな状況を把握する必要がありました。何が起こっているのか、何を起こそうとしているのかをつかまなければ、彼の狙いを阻止することはできません」

2010年4月、オバマ大統領の承認を受けて、アウラキはCIAの暗殺リストに挙がった。そして2011年9月30日、イエメン南西部に潜伏中だったアウラキは、CIAの指揮のもと、米統合特殊作戦軍(Joint Special Operations Command)の無人機(ドローン)攻撃によって殺害された。この頃には、アメリカ政府はアウラキを世界でもっとも危険な人物の1人と認識していた。あるサウジアラビアのラジオ局は、彼を「インターネットのビンラディン」と呼んでいたという。

2015年、『ニューヨーク・タイムズ』紙の国家安全保障担当記者、スコット・シェーンは、アウラキに関する著書『*Operation Troy: A Terrorist, a President, and the Rise of the Drone*（トロイ作戦―テロリスト、大統領、ドローンの台頭）』で次のように指摘している。

アウラキはアルカイダにおいて、ひいてはジハードという大義名分のもとで、英語を話す人材スカウトとしてもっとも有名で影響力のある人物だった。（中略）彼は何よりも説得術に長けていた。（中略）そしていわゆるDIY戦略のパイオニアだった。（中略）スカウトした人材が爆弾の作り方を知りたいと言えば、アウラキがマニュアルを提供した。ちょうど今イスラム国（ISIS）がやっているようなことの先駆者だった。つまり西側で暗躍する人材に、細かい指示を待つのではなく、自分たちでどんどん攻撃方法を考えて実行しろと奨励していたのだ。[7]

私はファヌーシに、情報機関における多様性について聞いてみた。するとこんな答えが返ってきた。

情報機関の関係者の間ではよく言われていますが、まずCIAに志願するマイノリティの数が少なすぎます。また志願者の親族に外国籍（非アメリカ市民）の人物がいると、スパイ活動などの懸念が出て採用プロセスに影響する場合があります。一方で採用担当者には、文化や経験やものの見方など自分たちに近い背景の候補者を選ぶ傾向が見られます。私の採用を決めたのが黒人女性だったことも偶然ではありません。

多様な人材を採用するとＣＩＡ職員の質を下げるリスクがあるか、という質問にはこう答えてくれた。

もちろん文化的、民族的な背景が違うという理由だけで職員を採用するべきではありません。それは危険な過ちです。しかし採用の幅を広げれば、才能の幅も広がるでしょう。「優秀かつ多様」な人材を採用するチャンスになって、そのあとは連鎖的な効果が生まれます。マイノリティの優秀な人材を雇えば、新たな出願者が増えて、才能の幅がさらに広がっていくはずです。

9・11以降、ＣＩＡは有意義な多様性に向けて前進を始めた。しかし問題はまだなくなってはいない。２０１５年の内部報告書では、上級職の多様性が乏しいとの指摘がなされている。それについて、当時の長官ジョン・ブレナンはこう発言した。「調査チームはＣＩＡの内情を厳しい目で検討し、明白な結論に達した。ＣＩＡはさらに多様性に富んだ、包括的な環境作りの努力をしなければならない。それが我々の今後の使命である」

ファヌーシは現在、民主主義防衛財団〔アメリカの保守系シンクタンク〕の経済金融力センターで上級研究員を務めるほか、諜報活動の専門家、国際会議の定例講演者としても活躍している。またポッドキャストも開設しており、アメリカ人で黒人のムスリムである自身の生い立ちから、地球規模の安全保障問題まで熱く語っている。２０１２年にＣＩＡを辞職した際には、国家テロ対策センターの元所長、マイケル・Ｅ・ライターの署名が入った記念の盾を贈られた。

盾にはファヌーシへの感謝の言葉が刻まれていた。「貴殿の絶え間ない活動が、アメリカ政府の最高レベルに常に寄与し続けたことをここに表する」

謝辞

パキスタン出身の父と北ウェールズ出身の母のもとで育った私にとって、多様性は常に人生の一部だ。本書を執筆しようと思ったのは、その多様性がたんに民族的・文化的な問題にとどまらず、ビジネスから政治、歴史学から進化生物学にまで関わる問題だと気づいたのがきっかけだった。

今回、本書の草稿を読んで助言をくださった多様性豊かな次の方々に心から感謝の意を表したい。アディル・イスパハニ、レオナ・パウエル、ニール・ローレンス、デビット・パピノー、マイケル・ムスクリシュナ、キャシー・ウィークス、アンディ・キッド、プリヤンカ・ライ・ジャイスワル、そしてディリス・サイド。

加えて優秀な編集者のニック・デイビス、同じく優秀なエージェントのジョニー・ゲラー。また、いつもコラムを書かせていただいている素晴らしい『タイムズ』紙。同紙の仲間からは実に手厚いサポートを受けた。中でも、15年以上にわたって私の原稿の編集に携わってくれているティム・ハリシーに深く感謝している。

執筆に当たっては数々の——ご想像の通り多様な——方々からインスピレーションを得

たが、特に次の2人には大きな力添えもいただいた。ハーバード大学の人類進化生物学教授、ジョセフ・ヘンリック、そしてミシガン大学の複雑系科学教授、スコット・ペイジ。わざわざ本書の原稿に目を通し、主要な問題について意見をくださったことにここであらためて礼を述べたい。

この種の本を執筆していて本当にうれしいのは、実にさまざまなジャンルの文献に出会えることだ。巻末の注記に掲載仕切れなかったものも含めて、特に影響を受けた書籍を以下に挙げる。今回本書で取り上げたトピックについて、もっと深く知りたいという読者の方々はぜひ参考にしていただきたい。

『文化がヒトを進化させた―人類の繁栄と〈文化-遺伝子革命〉』（ジョセフ・ヘンリック著）、『「多様な意見」はなぜ正しいのか』『*The Diversity Bonus: How Great Teams Pay off in the Knowledge Economy*（多様性の賜物―素晴らしいチームが知識経済で成功する理由）』（ともにスコット・ペイジ著）、『*Constructing Cassandra: Reframing Intelligence Failure at the CIA, 1947–2001*（カサンドラの構築―1947〜2001年におけるCIAの諜報活動の失態を検証する）』（マイロ・ジョーンズ、フィリップ・シルバーザン共著）、『平均思考は捨てなさい―出る杭を伸ばす個の科学』（トッド・ローズ著）、『空へ―「悪夢のエヴェレスト」』（ジョン・クラカワー著）、『*The Secrets of Station X: How the Bletchley Park Codebreakers Helped Win the War*（ステーションXの秘密―ブレッチリー・パークの暗号解読者たちはいかにして戦争を勝利に導いたのか）』（マイケル・スミス著）、『現代の二都物語―なぜシリコンバレーは復活し、ボストン・ルート128は沈んだか』（アナリー・サクセニアン著）、『*Echo Chamber: Rush Limbaugh and the Conservative Media Establishment*（エコーチェンバー現象―ラッシュ・リンボーと保守系メディア）』（キャスリーン・ホール・ジェイミソン、ジョセフ・N・カペラ共著）、『競争と協調のレッスン―コロンビア×ウォートン流 組織を生き抜く行動心理学』（アダム・ガリンスキー、モーリス・シュヴァイツァー共著）、『存在しない女たち―男性優位の世界にひそむ見せかけのファクトを暴く』（キャロライン・クリアド＝ペレス著）、『*The Blunders of Our Governments*（イギリス政府の失態）』（アンソニー・キング、アイヴァー・クルー共著）、『*Inside 9-11: What Really Happened*（9・11の全容―何が本当に起こったのか）』（『デア・シュピーゲル』誌編集）、『*Infotopia: How Many Minds Produce Knowledge*（インフォトピア―集合知を生む秘訣）』（キャス・サンスティーン著）、『社会はなぜ左と右にわかれるのか―対立を超えるための道徳心理学』（ジョナサン・ハイト著）、『WORK DESIGN（ワークデザイン）―行動経済学でジェンダー格差を克服する』（イリス・ボネット著）、『GIVE & TAKE「与える人」こそ成功する時代』（アダム・グラント著）、『PRINCIPLES（プリンシプルズ）―人生と仕事の原則』（レイ・ダリオ著）、『政治の起源―人類以前からフランス革命まで』（フランシス・フクヤマ著）、『繁栄―明日を切り拓くための人類10万年史』（マット・リドレー著)、『賢い組織は「みんな」で決める―リーダーのための行動科学入門』(キャス・サンスティーン、リード・ヘイスティ共著)、『ザ・セカンド・マシン・エイジ』(エリック・ブリニョルフソン、アンドリュー・マカフィー共著)、『*Imagine: How Creativity Works*(イマジン―創造力はいかにして生まれるのか)』(ジョナ・レーラー著)、『*Creative Conspiracy: The New Rules of Breakthrough Collaboration*(創造的共謀―革新を呼ぶコラボレーションの新たなルール)』(リー・トンプソン著)、『*Darwin's Unfinished Symphony: How Culture Made the Human Mind*(ダーウィンの未完成交響曲―文化はいかにして人の心を作ったか)』(ケヴィン・レイランド著)、『超予測力―不確実な時代の先を読む10カ条』(フィリップ・E・テトロック、ダン・ガードナー共著)、『ソーシャル物理学―「良いアイデアはいかに広がるか」の新しい科学』(アレックス・ペントランド著)、『スケール―生命、都市、経済をめぐる普遍的法則』(ジョフリー・ウェスト著)、『Hit Refresh(ヒットリフレッシュ)―マイクロソフト再興とテクノロジーの未来』(サティア・ナデラ著)、『木を見る西洋人 森を見る東洋人―思考の違いはいかにして生まれるか』(リチャード・E・ニスベット著)、『心の進化を解明する―バクテリアからバッハへ』(ダニエル・C・デネット著)、『科学的発見の論理』(カール・ライムント・ポパー著)

さらに取材に応えてくださった方々、そのほかさまざまな手段で力を貸してくださった次の大勢の方々にも礼を述べたい。マイロ・ジョーンズ、ジョフリー・ウェスト、キャロル・ドウェック、ジョナサン・シュルツ、デュマン・バラミ＝ラッド、アニタ・ウーリー、ラッセル・レイン、サティア・ナデラ、マシュー・スティーブンソン、マイケル・スミス、リー・トンプソン、ヤヤ・ファヌーシ、オール・ピータース、アレックス・アダマウ、クレイグ・ナイト、エラン・シーガル、ジェレミー・モグフォード、そしてオールド・バンク・ホテルの素晴らしいスタッフのみなさん。またスチュアート・ジェントには、第2章で図を用いることをアドバイスしていただいた。さらに第5章に関しては、優秀な哲学者のC・チ・グエン、心理学者のアンジェラ・バーンズのほか、『*Rising Out of Hatred: The Awakening of a Former White Nationalist*（憎しみから立ち上がるとき―元白人至上主義者の目覚め）』（イーライ・サスロウ著）から大きなヒントをいただいた。

　中でもとりわけ感謝したいのは、妻のキャシー、2人の子どもたちエヴィーとテディー、そして両親のアバスとディリス。みんな最高の家族だ。

図はなかった」と、作家のキャロライン・クリアド＝ペレスは『存在しない女たち―男性優位の世界にひそむ見せかけのファクトを暴く』でそう語る。「彼らは人間が持つバイアスを取り除こうとした。しかしそのバイアスがそもそもどういうものか気づいていなければ、またエビデンスに基づくデータ処理に時間をかけていなければ、無意識のまま永遠に従来の差別を繰り返すことになる。オンライン、オフラインに限らず、女性と男性では時間の過ごし方が違うという事実を考慮できなかった結果、ギルドは図らずも、女性に対する無意識のバイアスを持つアルゴリズムを作り上げてしまった」

6 https://hbr.org/2019/06/why-you-should-create-a-shadow-board-of-younger-employees

7 https://www.npr.org/2015/09/14/440215976/journalist-says-the-drone-strike-that-killed-awlaki-did-not-silence-him

17 Caroline Criado Perez, *Invisible Women: Exposing Data Bias in a World Designed for Men* (Kindle edition, 2019).『存在しない女たち―男性優位の世界にひそむ見せかけのファクトを暴く』キャロライン・クリアド＝ペレス著、神崎朗子訳、河出書房新社、2020 年
18 https://www.ncbi.nlm.nih.gov/pubmed/12495526
19 Todd Rose, *The End of Average.*『平均思考は捨てなさい―出る杭を伸ばす個の科学』トッド・ローズ著、小坂恵理訳、早川書房、2017 年
20 当人への取材より。
21 https://www.researchgate.net/publication/44689760_The_Relative_Merits_of_Lean_Enriched_and_Empowered_Offices_An_Experimental_Examination_of_the_Impact_of_Workspace_Management_Strategies_on_Well-Being_and_Productivity)
22 ここ最近のものでは、キングス・カレッジ・ロンドンの疫学者、ティム・スペクターによる研究などがある。

第7章　大局を見る

1 Kevin N. Laland, *Darwin's Unfinished Symphony: How Culture Made the Human Mind* (Princeton University Press, 2017).
2 当人への取材より。以下も参照のこと。Joseph Henrich, *The Secret of Our Success.*『文化がヒトを進化させた―人類の繁栄と〈文化 - 遺伝子革命〉』ジョセフ・ヘンリック著、今西康子訳、白揚社、2019 年
3 Kevin N. Laland, *Darwin's Unfinished Symphony.*
4 こうした人種差別問題の一面については、『タイムズ』紙の拙著コラムでも取り上げた。https://www.thetimes.co.uk/article/black-players-helped-to-fight-racism-now-game-needs-them-in-positions-of-power-592jgc078
5 ほかにバイアスを取り除く方法として、アルゴリズムを使った選考なども示唆している。機械なら人間のように偏見や固定観念に惑わされることもない。少なくとも理論上はそうだ。

一方、『あなたを支配し、社会を破壊する、AI・ビッグデータの罠』（キャシー・オニール著、久保尚子訳、インターシフト、2018 年）の著者キャシー・オニールは、アルゴリズムは社会に存在するバイアスを反映し得ると言う。彼女は同著でアメリカのベンチャー企業、ギルド（Gild）を例に挙げた。ギルドは主にエンジニアを対象にした求職求人サービスを提供している（インターネット上で収集した大量のデータを独自のアルゴリズムで解析し、エンジニアの適性を評価している）。評価のポイントは無数にあるが、その 1 つはエンジニア・コミュニティとのつながりだ。SNS などでフォロワーが多い、あるいは影響力の高いエンジニアとのつながりがあると評価（スコア）が高くなる。

ギルドのアルゴリズムは、エンジニアのスキルの評価につながる材料を探し学習する中で、あることを発見した。コーディング（プログラミング作業の一部）のスキルが高い一団が、日本の特定のマンガサイトを頻繁に利用していたのだ。優秀なエンジニアを探す企業には、こうした情報が役立つこともあるかもしれない。

しかしここで性別を考慮してみると、少し話が違ってくる。女性は、平均して、世界の無報酬労働（家事や子供の送り迎えなど）の 75%を担っていると言われている。つまりコーディングの腕はあっても、時間の関係でマンガサイトを訪問する頻度は低くなる。サイトのコンテンツが女性向けでなければなおさらだ。オニールは言う。「IT 業界同様、マンガサイトも男性に支配されており、コンテンツには性差別的な表現が見られる。女性の多くは高い確率で避けるだろう」

しかし当のマンガサイトを訪問する男性エンジニアが高いスコアを得る一方、訪問しない女性エンジニアのスコアは上がりにくい。つまり、スキルの高い女性エンジニアが不当なバイアスで低く評価される可能性がある。「ギルドには女性蔑視のアルゴリズムを作る意

ferguson/
12 https://pdfs.semanticscholar.org/e05f/05f773c9fc3626fa20f9270e6cefd89950db.pdf および https://arxiv.org/abs/1903.00699
13 https://www.ncbi.nlm.nih.gov/pmc/articles/PMC6140520/
14 Kathleen Hall Jamieson and Joseph N. Cappella, *Echo Chamber: Rush Limbaugh and the Conservative Media Establishment* (Oxford University Press Inc., 2010). 以下も参照のこと。https://www.tandfonline.com/doi/pdf/10.1080/1369118X.2018.1428656
15 https://aeon.co/essays/why-its-as-hard-to-escape-an-echo-chamber-as-it-is-to-flee-a-cult
16 同上。
17 同上。
18 同上。
19 Eli Saslow, *Rising Out of Hatred*
20 当セクションの登場人物に関するさらに詳しい背景については下記参照。Eli Saslow, *Rising Out of Hatred.*
21 https://www.splcenter.org/sites/default/files/derek-black-letter-to-mark-potok-hatewtach.pdf
22 https://philpapers.org/rec/HINTFO-3
23 John Locke, *An Essay Concerning Human Understanding* (Clarendon Press, 1975).『人間悟性論』(岩波文庫復刻版) ジョン・ロック著、加藤卯一郎訳、一穂社、2004年

第6章　平均値の落とし穴

1 下記参照。Eran Segal and Eran Elinav, *The Personalized Diet: The Revolutionary Plan to Help You Lose Weight, Prevent Disease and Feel Incredible* (Vermilion, 2017).
2 Todd Rose, *The End of Average: How to Succeed in a World that Values Sameness* (Penguin, 2017).『平均思考は捨てなさい―出る杭を伸ばす個の科学』トッド・ローズ著、小坂恵理訳、早川書房、2017年
3 http://www.accident-report.com/Yearly/1950/5002.html
4 Todd Rose, *The End of Average.*『平均思考は捨てなさい―出る杭を伸ばす個の科学』トッド・ローズ著、小坂恵理訳、早川書房、2017年
5 同上。
6 同上。
7 A. Wrzesniewski, Berg, J. M., Grant, A. M., Kurkoski, J., and Welle, B., 'Dual mindsets at work: Achieving long-term gains in happiness'. Working paper 2017.
8 Adam Grant, *Originals.*『Originals 誰もが「人と違うこと」ができる時代』アダム・グラント著、楠木建訳、三笠書房、2016年
9 当人との会話より。
10 当人との会話より。
11 https://www.ncbi.nlm.nih.gov/pubmed/26590418
12 本章の詳細はエランやその他の人々への取材をもとにしている。以下も参照のこと。Eran Segal and Eran Elinav, *The Personalized Diet.*
13 当人への取材より。
14 Todd Rose and Ogi Ogas, *Dark Horse: Achieving Success Through the Pursuit of Fulfillment* (HarperOne, 2018).
15 Ellwood Cuberley, *Public School Administration: A Statement of the Fundamental Principles Underlying the Organization and Administration of Public Education* (1916).
16 https://www.edsurge.com/news/2018-07-31-6-key-principles-that-make-finnish-education-a-success

トランド教授がオンライン投資サービスの「イートロ」(eToro)を対象に行った調査は有名だ。イートロでは、投資家のユーザーがほかのユーザーのトレード状況やポートフォリオを参照したり、互いに戦略などについてディスカッションしたりできる。ペントランド教授は共同研究者とともに160万人のユーザーのデータを集め、収益状況とともに、ユーザー間のやりとりを追跡した。

すると、そうしたやりとりのネットワークから孤立しているユーザーは運用成績が低いことがわかった。彼らは「他者とのつながりが希薄なため、社会学習の機会が乏しかった」。しかし、極めて大勢とつながっているユーザーもまた、運用成績が低いことが明らかになった。これはどういうことか。彼らはいわばネットワークの海に溺れていた。仲間内でのやりとりの数があまりに多いと、結局同じ戦略やアイデアを何度も繰り返し聞くことになって、次第にそれが正しいと信じ始めてしまう。つまり一種のエコーチェンバー現象が起こっていた。

一方、古いアイデアの焼き回しなどにとらわれず、ネットワークから進んで新たなアイデアを取り入れようとするユーザーは、もっとも高い運用成績を収めていた。実際、ペントランドらがユーザーに、(それまでとは違うグループに参加してみるなど)エコーチェンバーから抜け出すようアドバイスすると、彼らの収益は一様に上がった。ペントランドは言う。「多すぎるやりとりを減らし、それまでより多様性を取り入れると、ネットワークが本来の力を発揮してユーザーの平均パフォーマンスが上がった」

53 サッカー界における融合のイノベーションについては、『タイムズ』紙の拙著コラムでも取り上げた。https://www.thetimes.co.uk/article/why-english-footballs-reluctance-to-embrace-idea-sex-is-stopping-the-game-from-evolving-gs75vb30v

54 Owen Slot, *The Talent Lab: How to Turn Potential Into World-Beating Success* (Ebury, 2017).

55 同上。

56 https://www.open.edu/openlearn/history-the-arts/history/history-science-technology-and-medicine/science-the-scottish-enlightenment/content-section-3.1

57 https://www.open.edu/openlearn/ocw/mod/oucontent/view.php?id=1944&printable=1

第5章　エコーチェンバー現象

1 下記参照。https://usatoday30.usatoday.com/life/2001-07-16-kid-hate-sites.htm

2 https://www.splcenter.org/20140331/white-homicide-worldwide

3 http://nymag.com/intelligencer/2019/04/ex-white-nationalist-says-they-get-tips-from-tucker-carlson.html

4 下記参照。Eli Saslow, *Rising Out of Hatred: The Awakening of a Former White Nationalist* (Doubleday, 2018). 下記も参照のこと。https://iop.harvard.edu/forum/im-not-racist-examining-white-nationalist-efforts-normalize-hate https://www.youtube.com/watch?v=LMEG9jgNj5M

5 心理学者のアンジェラ・バーンズから個人的なやりとりの中で提供されたデータ。

6 https://www.ncbi.nlm.nih.gov/pubmed/26828831

7 バーンズからの提供データ。調査は2009年。

8 著者との会話より。

9 http://www.columbia.edu/~pi17/mixer.pdf

10 Eli Pariser, *The Filter Bubble: What the Internet is Hiding from You* (Viking, 2011).『フィルターバブル―インターネットが隠していること』イーライ・パリサー著、井口耕二訳、早川書房、2016年

11 https://qz.com/302616/see-how-red-tweeters-and-blue-tweeters-ignore-each-other-on-

a-more-inclusive-economy/
30 Matt Ridley, *The Rational Optimist.*『繁栄―明日を切り拓くための人類 10 万年史』マット・リドレー著、大田直子、鍛原多惠子、柴田裕之訳、早川書房、2010 年
31 下記参照。Steven Johnson, *Where Good Ideas Come From: The Seven Patterns of Innovation* (Allen Lane, 2010).『イノベーションのアイデアを生み出す七つの法則』スティーブン・ジョンソン著、松浦俊輔訳、日経 BP、2013 年
32 Randall Collins, *The Sociology of Philosophies: A Global Theory of Intellectual Change* (Belknap Press, 1998).
33 https://royalsocietypublishing.org/doi/full/10.1098/rstb.2015.0192
34 Steven Johnson, *Where Good Ideas Come From.*『イノベーションのアイデアを生み出す七つの法則』スティーブン・ジョンソン著、松浦俊輔訳、日経 BP、2013 年
35 https://royalsocietypublishing.org/doi/full/10.1098/rspb.2010.0452
36 Joseph Henrich, *The Secret of Our Success.*『文化がヒトを進化させた―人類の繁栄と〈文化 - 遺伝子革命〉』ジョセフ・ヘンリック著、今西康子訳、白揚社、2019 年
37 同上。
38 ジョセフ・ヘンリックとマイケル・ムスクリシュナは、個人の IQ の違いは集団脳の創発特性（集団の相互作用によって生まれる特性）だと言う。以下参照。'Innovation in the Collective Brain', *Philosophical Transactions of the Royal Society,* 19 March 2016.
39 Joseph Henrich, *The Secret of Our Success.*『文化がヒトを進化させた―人類の繁栄と〈文化 - 遺伝子革命〉』ジョセフ・ヘンリック著、今西康子訳、白揚社、2019 年
40 AnnaLee Saxenian, *Regional Advantage: Culture and Competition in Silicon Valley and Route 128* (Harvard University Press, 1994).『現代の二都物語―なぜシリコンバレーは復活し、ボストン・ルート 128 は沈んだか』アナリー・サクセニアン著、山形浩生、柏木亮二訳、日経 BP、2009 年
41 同上。
42 Glenn Rifkin and George Harrar, *The Ultimate Entrepreneur: The Story of Ken Olsen and Digital Equipment Corporation* (Contemporary Books, 1988).
43 AnnaLee Saxenian, *Regional Advantage.*『現代の二都物語―なぜシリコンバレーは復活し、ボストン・ルート 128 は沈んだか』アナリー・サクセニアン著、山形浩生、柏木亮二訳、日経 BP、2009 年
44 同上。
45 Tom Wolfe, 'The Tinkerings of Robert Noyce: How the Sun Rose on the Silicon Valley', *Esquire,* December 1983.
46 Walter Isaacson, *Innovators: How a Group of Inventors, Hackers, Geniuses and Geeks Created the Digital Revolution* (Simon & Schuster, 2014).
47 https://www.cnet.com/news/steve-wozniak-on-homebrew-computer-club/
48 AnnaLee Saxenian, *Regional Advantage.*『現代の二都物語―なぜシリコンバレーは復活し、ボストン・ルート 128 は沈んだか』アナリー・サクセニアン著、山形浩生、柏木亮二訳、日経 BP、2009 年
49 https://www.vox.com/2014/12/9/11633606/techs-lost-chapter-an-oral-history-of-bostons-rise-and-fall-part-one
50 AnnaLee Saxenian, *Regional Advantage.*『現代の二都物語―なぜシリコンバレーは復活し、ボストン・ルート 128 は沈んだか』アナリー・サクセニアン著、山形浩生、柏木亮二訳、日経 BP、2009 年
51 http://djcoregon.com/news/2012/06/19/building-20-what-made-it-so-special-and-why-it-will-probably-never-exist-again/
52 ネットワーク科学者自身もさまざまな研究を行っている。中でも MIT のアレックス・ペン

Future (W. W. Norton, 2017).『プラットフォームの経済学―機械は人と企業の未来をどう変える？』アンドリュー・マカフィー、エリック・ブリニョルフソン著、村井章子訳、日経 BP、2018 年

5 Shaw Livermore, 'The Success of Industrial Mergers', *Quarterly Journal of Economics,* Vol. 50, Issue 1, November 1935, pp. 68–96.

6 https://www.researchgate.net/publication/24092915_The_Decline_of_Dominant_Firms_1905-1929

7 https://abcnews.go.com/Travel/suitcase-wheels-turns-40-radical-idea-now-travel/story?id=11779469

8 McAfee and Brynjolfsson, *Machine, Platform, Crowd.*『プラットフォームの経済学―機械は人と企業の未来をどう変える？』アンドリュー・マカフィー、エリック・ブリニョルフソン著、村井章子訳、日経 BP、2018 年

9 Matt Ridley, *The Rational Optimist: How Prosperity Evolves* (4th Estate, 2010).『繁栄―明日を切り拓くための人類 10 万年史』マット・リドレー著、大田直子、鍛原多惠子、柴田裕之訳、早川書房、2010 年

10 https://insight.kellogg.northwestern.edu/article/a_virtuous_mix_allows_innovation_to_thrive

11 https://insight.kellogg.northwestern.edu/article/a_virtuous_mix_allows_innovation_to_thrive

12 https://royalsocietypublishing.org/doi/full/10.1098/rsif.2015.0272

13 Scott E. Page, *The Diversity Bonus.*

14 下記参照。Brynjolfsson and McAfee, *The Second Machine Age.*『ザ・セカンド・マシン・エイジ』エリック・ブリニョルフソン、アンドリュー・マカフィー著、村井章子訳、日経 BP、2015 年

15 同上。

16 http://startupsusa.org/fortune500/

17 https://pubs.aeaweb.org/doi/pdfplus/10.1257/jep.30.4.83

18 https://www.kauffman.org/what-we-do/resources/entrepreneurship-policy-digest/the-economic-case-for-welcoming-immigrant-entrepreneurs

19 https://www.hbs.edu/faculty/Publication%20Files/17-011_da2c1cf4-a999-4159-ab95-457c783e3fff.pdf

20 http://www.kauffman.org/-/media/kauffman_org/resources/2015/entrepreneurship-policy-digest/september-2015/the_economic_case_for_welcoming_immigrant_entrepreneurs_updated_september_2015.pdf

21 McAfee and Brynjolfsson, *Machine, Platform, Crowd.*『プラットフォームの経済学―機械は人と企業の未来をどう変える？』アンドリュー・マカフィー、エリック・ブリニョルフソン著、村井章子訳、日経 BP、2018 年

22 下記も参照。Erik Dane 'Reconsidering the Trade-off Between Expertise and Flexibility', *Academy of Management Review,* Vol. 35, No. 4, pp. 579–603.

23 https://www.sciencedirect.com/science/article/pii/S0883902616300052

24 https://www.apa.org/pubs/journals/releases/psp9651047.pdf

25 https://www.squawkpoint.com/wp-content/uploads/2017/01/Identification-of-scientists-making-long%E2%80%90term-high%E2%80%90impact-contributions-with-notes-on-their-methods-of-working.pdf

26 https://www.psychologytoday.com/files/attachments/1035/arts-foster-scientific-success.pdf

27 https://www.forbes.com/sites/catherinewines/2018/09/07/why-immigrants-are-natural-entrepreneurs/

28 https://blog.aboutamazon.co.uk/company-news/2018-letter-to-shareholders

29 https://www.weforum.org/agenda/2016/11/introducing-a-new-competition-to-crowdsource-

32 著者との会話より。
33 https://static1.squarespace.com/static/59e6592da803bb12f45168bf/t/59f8d8d76926703acf1de74a/1509480663644/dominance-and-prestige-dual-strategies-for-navigating-social-hierarchies.pdf
34 著者との会話より。
35 https://creighton.pure.elsevier.com/en/publications/psychological-safety-a-meta-analytic-review-and-extension
36 https://rework.withgoogle.com/blog/five-keys-to-a-successful-google-team/
37 著者との会話より。
38 著者との会話より。
39 https://www.linkedin.com/pulse/beauty-amazons-6-pager-brad-porter
40 著者との会話より。
41 以下より引用。Adam Grant, *Originals: How Non-Conformists Change the World* (W. H. Allen, 2017).『Originals 誰もが「人と違うこと」ができる時代』アダム・グラント著、楠木建訳、三笠書房、2016 年
42 https://www.pnas.org/content/112/5/1338
43 Adam Galinsky and Maurice Schweitzer, *Friend and Foe.*『競争と協調のレッスン―コロンビア×ウォートン流 組織を生き抜く行動心理学』アダム・ガリンスキー、モーリス・シュヴァイツァー著、石崎比呂美訳、TAC 株式会社出版事業部、2018 年
44 同上。
　ここで興味深いのは、支配型ヒエラルキーがより多くの死亡事故をもたらしている一方、登頂者もより多く出しているという点だ。なぜそうなるのか？　私がアニシック（研究チームのリーダー）に取材した際、彼は状況が深く関わると話してくれた。支配型ヒエラルキーは、安定した状況下で、メンバーが単純に協力して作業を速めれば問題解決できるような場合なら効果的だ。しかし、状況が複雑で常に変化し続けている場合は危険につながる。「複雑な状況下では、リーダーがメンバーの意見を聞くことが欠かせない」と彼は言う。
45 https://www.researchgate.net/publication/51169484_Differences_Between_Tight_and_Loose_Cultures_A_33-Nation_Study
46 Stephen Sales, 'Economic Threat as a Determinant of Conversion Rates in Authoritarian and Nonauthoritarian churches', *Journal of Personality and Social Psychology,* September 1972, 23(3), pp. 420–8.
47 https://www.independent.co.uk/news/obituaries/obituary-rob-hall-1348607.html
48 ホールが最後の言葉を遺したときには、ハリスもハンセンもすでに亡くなっていたと思われる。以下も参照のこと。Jon Krakauer, *Into Thin Air.*『空へ―「悪夢のエヴェレスト」』ジョン・クラカワー著、海津正彦訳、山と渓谷社、2013 年

第4章　イノベーション

1 Ian Morris, Why the West Rules – For Now: The Patterns of History and What They Reveal About the Future (Profile, 2011).『人類 5 万年文明の興亡―なぜ西洋が世界を支配しているのか』イアン・モリス著、北川知子訳、筑摩書房、2014 年
2 Erik Brynjolfsson and Andrew McAfee, *The Second Machine Age: Work, Progress, and Prosperity in a Time of Brilliant Technologies* (W. W. Norton, 2014).『ザ・セカンド・マシン・エイジ』エリック・ブリニョルフソン、アンドリュー・マカフィー著、村井章子訳、日経 BP、2015 年
3 同上。
4 Andrew McAfee and Erik Brynjolfsson, *Machine, Platform, Crowd: Harnessing Our Digital*

16 https://www.kaushik.net/avinash/seven-steps-to-creating-a-data-driven-decision-making-culture/
17 Jon Krakauer, *Into Thin Air.*『空へ―「悪夢のエヴェレスト」』ジョン・クラカワー著、海津正彦訳、山と渓谷社、2013 年
18 *Storm Over Everest* by David Breashears.（映画）
19 Jon Krakauer, *Into Thin Air.*『空へ―「悪夢のエヴェレスト」』ジョン・クラカワー著、海津正彦訳、山と渓谷社、2013 年
20 同上。
21 *Storm Over Everest* by David Breashears.（映画）
22 同上。
23 同上。
24 著者との会話より。
25 著者との会話より。以下も参照のこと。Leigh Thompson, *Creative Conspiracy: The New Rules of Breakthrough Collaboration* (Harvard Business Review Press, 2013).

トンプソンの調査結果は、カーネギーメロン大学の組織行動学の専門家、アニタ・ウーリーの研究とも符合する。ウーリーは 78 組を超す被験者のグループにそれぞれ異なるタスク（創造力や意思決定力を問うもの）を課した。予想では、もっとも IQ の高いグループがもっとも高い成績を挙げるだろうと考えられていた。

しかし実験の結果、IQ より重要な要素が 2 つ浮かび上がった。1 つは発言のバランスだ。メンバーが均等に発言していたグループのほうが、1 人か 2 人が主導権を握っていたグループより成績が高かった。（中略）もう 1 つの要素は「社会的感受性」だ。グループ内に他者の感情や意図を読み取る力の高いメンバーが多いと成績も高かった。女性は、平均的に見て、社会的感受性が高い傾向にあり、好成績のグループには女性が多かった。

こうした結果は極めて説得力がある。集団の中で 1 人が支配的立場に立つと、ほかのメンバーの意見はかき消されてしまう。しかしグループの社会的感受性が高ければ、各人が発言できるばかりでなく、それが適切に理解されて、集団内の情報の流れがスムーズになる。他者の話に耳を傾け、さらに理解するには、ときに「心の知能指数」を要する。ウーリーは言う。「IQ が高い人間を集めるだけでは、頭のいいグループにはなりませんでした。（中略）集合知をもたらしたのは、グループ内のコミュニケーションです。適切なコミュケーションがとれたグループは、個々人の能力を超える結果を出しました」

26 Cass Sunstein and Reid Hastie, *Wiser: Getting Beyond Groupthink to Make Groups Smarter* (Harvard Business Review Press, 2014).『賢い組織は「みんな」で決める―リーダーのための行動科学入門』キャス・サンスティーン、リード・ヘイスティ著、田総恵子訳、NTT 出版、2016 年
27 Adam Galinsky and Maurice Schweitzer, *Friend and Foe: When to Cooperate, When to Compete, and How to Succeed at Both* (Crown, 2015).『競争と協調のレッスン―コロンビア×ウォートン流 組織を生き抜く行動心理学』アダム・ガリンスキー、モーリス・シュヴァイツァー著、石崎比呂美訳、TAC 株式会社出版事業部、2018 年
28 https://journals.aom.org/doi/10.5465/ambpp.2017.313
29 Adam Galinsky and Maurice Schweitzer, *Friend and Foe.*『競争と協調のレッスン―コロンビア×ウォートン流 組織を生き抜く行動心理学』アダム・ガリンスキー、モーリス・シュヴァイツァー著、石崎比呂美訳、TAC 株式会社出版事業部、2018 年
30 以下より引用。Joseph Henrich, *The Secret of Our Success* (Princeton University Press, 2015).『文化がヒトを進化させた―人類の繁栄と〈文化-遺伝子革命〉』ジョセフ・ヘンリック著、今西康子訳、白揚社、2019 年
31 ヘンリックとフランシスコ・ギル゠ホワイト共著の独創的な論文より。https://www.ncbi.nlm.nih.gov/pubmed/11384884

8 Scott E. Page, *The Difference: How the Power of Diversity Creates Better Groups, Firms, Schools, and Societies* (Princeton University Press, 2007).『「多様な意見」はなぜ正しいのか』スコット・ペイジ著、水谷淳訳、日経 BP、2009 年
9 https://www.sciencenews.org/blog/scicurious/women-sports-are-often-underrepresented-science
10 Michael Smith, *The Secrets of Station X: How the Bletchley Park Codebreakers Helped Win the War* (Biteback, 2011).
11 同上。
12 Robin Denniston, *Thirty Secret Years, A. G. Denniston's Work in Signals Intelligence 1914–1944* (Polperro Heritage Press, 2007).
13 Michael Smith, *The Secrets of Station X.*
14 Sinclair McKay, *The Secret Life Bletchley Park: The History of the Wartime Codebreaking Centre by the Men and Women Who Were There* (Aurum Press, 2010).
15 Michael Smith, *The Secrets of Station X.*
16 同上。
17 https://www.telegraph.co.uk/history/world-war-two/11151478/Could-you-have-been-a-codebreaker-at-Bletchley-Park.html（＊申し送り：3 月 11 日現在「404 エラー」になっています。該当記事は同 URL 以外には見当たりませんでした）
18 同上。
19 Michael Smith, *The Secrets of Station X.*

第3章　不均衡なコミュニケーション

1 Jon Krakauer, *Into Thin Air: A Personal Account of the Mt. Everest Disaster* (Macmillan, 1997).『空へ―「悪夢のエヴェレスト」』ジョン・クラカワー著、海津正彦訳、山と渓谷社、2013 年
2 https://www.sheknows.com/entertainment/articles/1109945/interview-jan-arnold-rob-halls-wife-everest/
3 John Krakauer, *Into Thin Air.*『空へ―「悪夢のエヴェレスト」』ジョン・クラカワー著、海津正彦訳、山と渓谷社、2013 年
4 Edmund Hillary, *The View from the Summit* (Transworld, 1999).
5 1996 年当時のエベレスト登山者に関するデータ。
6 Jon Krakauer, *Into Thin Air.*『空へ―「悪夢のエヴェレスト」』ジョン・クラカワー著、海津正彦訳、山と渓谷社、2013 年
7 同上。
8 https://www.thetimes.co.uk/article/everest-film-assassinates-my-character-says-climber-87frkp3j87z
9 https://www.researchgate.net/publication/297918722_Dominance_and_Prestige_Dual_Strategies_for_Navigating_Social_Hierarchies
10 この点はマルコム・グラッドウェルが以下の著書で指摘している。*Outliers: The Story of Success* (Allen Lane, 2008).『天才！成功する人々の法則』マルコム・グラッドウェル著、勝間和代訳、講談社、2009 年
11 https://www.ncbi.nlm.nih.gov/pubmed/24507747
12 https://www.bbc.co.uk/news/health-33544778
13 https://www.bbc.co.uk/news/health-33544778
14 https://repub.eur.nl/pub/94633/
15 https://www.bbc.co.uk/news/business-39633499

22 以下より引用。Philip Shenon, *The Commission: The Uncensored History of the 9/11 Investigation* (Twelve, 2008).
23 *The 9/11 Commission Report.*『9/11委員会レポートダイジェスト―同時多発テロに関する独立調査委員会報告書、その衝撃の事実』同時多発テロに関する独立調査委員会著、松本利秋・ステファン丹沢・永田喜文訳、WAVE出版、2008年
24 当人への取材より。
25 Michael Scheuer, *Through Our Enemies' Eyes: Osama bin Laden, Radical Islam, and the Future of America* (Potomac Books, 2003).
26 Milo Jones and Philippe Silberzahn, *Constructing Cassandra.*
27 ジャーナリストのジョン・ミラーも、以下の共著の中で、同様の問題点について控えめな表現ながら鋭く指摘している。「(CIAは)中東を席巻するイスラム原理主義運動の威力を完全に見過ごしたとは言わないまでも、過小評価し続けた」。*The Cell: Inside the 9/11 Plot, and Why the FBI and CIA Failed to Stop It* (Hyperion, 2002)
28 アルカイダの監視業務を担っていた唯一の部署は、バージニア州北部の施設に追いやられていた。責任者は出世コースから外され、CIA長官にアルカイダについて警告した際には、さらに下級司書に降格された。
29 ピラーが言及しているのは核・生物・化学攻撃だが、ジョーンズとシルバーザンは次のように指摘する。「(ピラーは)従来の方法でも『大々的な』テロ攻撃を達成できる可能性を見落としていた」。以下も参照のこと。*Constructing Cassandra* および Paul Pillar, *Terrorism and U.S. Foreign Policy* (Brookings Institution Press, 2003).
30 テロ攻撃が始まったときにはパキスタンにいたという情報もある。
31 一連の行動の時系列に関しては、主に以下を参照した。*Der Spiegel, Inside 9-11: What Really Happened* (St Martin's Press, 2002) および Lawrence Wright, *The Looming Tower: Al Qaeda's Road to 9/11* (Penguin, 2007).『倒壊する巨塔―アルカイダと「9・11」への道』ローレンス・ライト著、平賀秀明訳、白水社、2009年
32 *The 9/11 Commission Report.*『9/11委員会レポートダイジェスト―同時多発テロに関する独立調査委員会報告書、その衝撃の事実』同時多発テロに関する独立調査委員会著、松本利秋・ステファン丹沢・永田喜文訳、WAVE出版、2008年
33 CIAが同意した点にばかり焦点が当てられ、それ以外は十分に取り沙汰されなかった。研究者のエイミー・ゼガートは、著書『*Spying Blind: The CIA, the FBI, and the Origins of 9/11*(盲目の諜報活動―CIA、FBI、そして9・11の発端)』でCIAの組織的な脆弱性を明らかにした。ほかにも複数の研究者がさまざまな懸念事項を挙げているが、CIAはそれにおおむね同意している。

第2章　クローン対反逆者

1 下記参照。http://aris.ss.uci.edu/~lin/52.pdf
2 Anthony King and Ivor Crewe, *The Blunders of Our Governments* (Oneworld, 2013).
3 同上。
4 https://www.linkedin.com/pulse/forget-culture-fit-your-team-needs-add-shane-snow
5 James Surowiecki, *The Wisdom of the Crowds: Why the Many Are Smarter Than the Few* (Abacus, 2005).『「みんなの意見」は案外正しい』ジェームズ・スロウィッキー著、小高尚子訳、角川書店、2006年
6 https://www.researchgate.net/publication/232513627_The_Differential_Contributions_of_Majority_and_Minority_Influence
7 Scott E. Page, *The Diversity Bonus: How Great Teams Pay off in the Knowledge Economy* (Princeton University Press, 2017).

注記

第1章　画一的集団の「死角」

1　ムサウイが航空訓練学校に入学した日については情報が錯綜している。本書では監察官室〔連邦・州機関の監督査察部門〕が公表した以下のデータを参照した。https://oig.justice.gov/sites/default/files/archive/special/s0606/chapter4.htm

2　さらに詳しい背景については下記参照。http://edition.cnn.com/2006/US/03/02/moussaoui.school/index.html

3　Bruce Hoffman, 'The Modern Terrorist Mindset,' in R. D. Howard and R. L. Sawyer (eds), *Terrorism and Counterterrorism: Understanding the New Security Environment, Readings and Interpretations* (McGraw-Hill, 2011). 以下も参照のこと。Milo Jones and Philippe Silberzahn, *Constructing Cassandra: Reframing Intelligence Failure at the CIA, 1947–2001* (Stanford Security Studies, 2013).

4　*The 9/11 Commission Report: Final Report of the National Commission on Terrorist Attacks Upon the United States* (W. W. Norton, 2004).『9/11委員会レポートダイジェスト―同時多発テロに関する独立調査委員会報告書、その衝撃の事実』同時多発テロに関する独立調査委員会著、松本利秋・ステファン丹沢・永田喜文訳、WAVE出版、2008年

5　'Russian Files on Al Qaeda Ignored,' *Jane's Intelligence Digest*, 5 October 2001.

6　https://www.researchgate.net/publication/223213727_I_Knew_It_Would_Happen_Remembered_Probabilities_of_Once-Future_Things

7　Malcolm Gladwell, 'Connecting the Dots: The Paradoxes of Intelligence Reform', *New Yorker*, 10 March 2003.

8　Amy B. Zegart, *Spying Blind: The CIA, the FBI, and the Origins of 9/11* (Princeton University Press, 2009).

9　匿名の情報提供者への取材より。

10　Milo Jones and Philippe Silberzahn, *Constructing Cassandra.*

11　https://www.tandfonline.com/doi/pdf/10.1080/08850600150501317?needAccess=true

12　当人への取材より。

13　Robert Gates, *From the Shadows: The Ultimate Insider's Story of Five Presidents and How They Won the Cold War* (Simon & Schuster, 2008).

14　Milo Jones and Philippe Silberzahn, *Constructing Cassandra.*

15　同上。

16　https://www.youtube.com/watch?v=SbgNSk95Vkk

17　下記参照。http://reasoninglab.psych.ucla.edu/KH%20pdfs/Gick-Holyoak%281980%29Analogical%20Problem%20Solving.pdf

18　http://reasoninglab.psych.ucla.edu/KH%20pdfs/Gick-Holyoak%281980%29Analogical%20Problem%20Solving.pdf

19　Reni Eddo-Lodge, *Why I'm No Longer Talking to White People About Race* (Bloomsbury, 2017).

20　Sparber 'Racial Diversity and Aggregate Productivity'; Florida and Gates 'Technology and Tolerance: The Importance of Diversity to High-Tech Growth', *Research in Urban Policy,* 9:199–219, December 2003.

21　仏企業については、自己資本利益率の差は大きくなかった。

多様性の科学

画一的で凋落する組織、複数の視点で問題を解決する組織

発行日　2021年6月25日　第1刷
　　　　2024年9月25日　第19刷

Author　マシュー・サイド
Translator　株式会社トランネット（翻訳協力）
Book Designer　竹内雄二

Publication　株式会社ディスカヴァー・トゥエンティワン
〒102-0093　東京都千代田区平河町2-16-1 平河町森タワー11F
TEL　03-3237-8321（代表）03-3237-8345（営業）
FAX　03-3237-8323
https://d21.co.jp/

Publisher　谷口奈緒美
Editor　千葉正幸　安達正

Distribution Company
飯田智樹　蛯原昇　古矢薫　佐藤昌幸　青木翔平　磯部隆　井筒浩　北野風生　副島杏南
廣内悠理　松ノ下直輝　三輪真也　八木眸　山田諭志　鈴木雄大　高原未来子　小山怜那
千葉潤子　町田加奈子

Online Store & Rights Company
庄司知世　杉田彰子　阿知波淳平　大﨑双葉　近江花渚　滝口景太郎　田山礼真　徳間凜太郎
古川菜津子　藤井多穂子　厚見アレックス太郎　金野美穂　陳玟萱　松浦麻恵

Product Management Company
大山聡子　大竹朝子　藤田浩芳　三谷祐一　千葉正幸　中島俊平　伊東佑真　榎本明日香
大田原恵美　小石亜季　舘瑞恵　西川なつか　野﨑竜海　野中保奈美　野村美空　橋本莉奈
林秀樹　原典宏　牧野類　村尾純司　元木優子　安永姫菜　浅野目七重　神日登美　小林亜由美
波塚みなみ　林佳菜

Digital Solution & Production Company
大星多聞　小野航平　馮東平　森谷真一　宇賀神実　津野主揮　林秀規　斎藤悠人　福田章平

Headquarters
川島理　小関勝則　田中亜紀　山中麻吏　井上竜之介　奥田千晶　小田木もも　佐藤淳基
福永友紀　俵敬子　池田望　石橋佐知子　伊藤香　伊藤由美　鈴木洋子　藤井かおり　丸山香織

ISBN978-4-7993-2752-4